층간소음 반려동물 주차문제 간접흡연 등

이웃간의 분쟁!

이렇게
해결하세요!

대한법률콘텐츠연구회

법문북스

머 리 말

   산업이 급속히 발달하면서 인구가 도시로 집중하게 되어 좁은 면적에 많은 사람들이 생활하기 위하여 아파트가 고층화 되었으며, 우리나라 국민의 약 70퍼센트가 공동주택, 즉 아파트에 거주하고 있습니다. 그런데 아파트가 고층화되면서 층간소음이 발생하는 등 상호 간의 편의가 침해되는 사례가 빈번하게 일어나고 있습니다. 층간소음이란 입주자 등이 공동주택에서 뛰거나 걷는 동작에서 발생하는 소음이나 음향기기를 사용하는 등의 활동에서 발생하는 소음 및 벽간 소음 등 인접한 세대 간의 소음을 말합니다. 그래서 이웃 간에 분쟁, 즉 생활 속의 분쟁, 환경 관련 분쟁, 건축 관련 분쟁이 발생하는 사례가 비일비재하고 있습니다.

   이 책에서는 이와 같이 복잡하고 다양한 일상생활에서 발생하는 이웃 간에 분쟁을, 제1편에서는 생활 속의 분쟁(층간소음 분쟁, 반려동물 분쟁, 간접흡연 피해 분쟁, 주차 분쟁), 환경 관련 분쟁(생활 쓰레기 관련 분쟁, 일조권 관련 분쟁, 빛공해 분쟁), 건축 관련 분쟁(건물 하자 분쟁, 경계 분쟁) 등을 법적 규제에 대한 해설로, 제2편에서는 분쟁의 해결(소송 외 분쟁 해결, 민사소송을 통한 분쟁 해결)에 대하여 관련 서식과 함께 상담사례를, 제3편에서는 층간소음 분쟁 해결하는 민원 사례들을 알기 쉽게 풀이하여 체계적으로 정리하여 수록하였습니다.

이러한 자료들은 법제처의 생활법령과 대한법률구조공단의 서식 및 환경부, 한국환경공단의 층간소음 상담 매뉴얼 및 민원사례집 등을 참고하였으며, 이를 종합적으로 정리·분석하여 일목요연하게 편집하였습니다.

　이 책이 일상생활에서 자주 발생하는 이웃 간의 분쟁, 특히 층간소음 등에 대한 분쟁조정 절차를 잘 몰라서 억울하게 피해을 받으신 분이나 손해를 당한 분, 현재 분쟁 중인 분, 또 이들에게 조언을 하고자 하는 실무자에게 큰 도움이 되리라 믿으며, 열악한 출판시장임에도 불구하고 흔쾌히 출간에 응해 주신 법문북스 김현호 대표에게 감사를 드립니다.

2023. 07.
편저자 드림

목차

제1편
이웃 간 분쟁 해결

제1장 생활 속 분쟁

[1] 층간소음 분쟁

1. 층간소음 범위 및 기준

1-1. "층간소음"이란?

"층간소음"이란 공동주택에서 뛰거나 걷는 동작에서 발생하는 소음이나 음향기기를 사용하는 등의 활동에서 발생하는 소음 등[벽간소음 등 인접한 세대 간의 소음(대각선에 위치한 세대 간의 소음 포함)을 포함]을 말합니다(「공동주택관리법」 제20조 제1항 참조).

1-2. 층간소음의 범위

공동주택 층간소음의 범위는 입주자 또는 사용자의 활동으로 발생하는 소음으로서 다른 입주자 또는 사용자에게 피해를 주는 다음의 소음으로 합니다(「공동주택관리법」 제20조 제5항 및 「공동주택 층간소음의 범위와 기준에 관한 규칙」 제2조 본문).

- 직접충격 소음 : 뛰거나 걷는 동작 등으로 인해 발생하는 소음
- 공기전달 소음 : 텔레비전, 음향기기 등의 사용으로 인해 발생하는 소음

1-3. 층간소음의 기준

① 공동주택의 입주자 및 사용자는 공동주택에서 발생하는 층간소음을 다음의 기준 이하가 되도록 노력해야 합니다(「공동주택 층간소음의 범위와 기준에 관한 규칙」 제3조 및 별표).

층간소음의 기준(제3조 관련)

층간소음의 구분		층간소음의 기준 [단위: dB(A)]	
		주간 (06:00 ~ 22:00)	야간 (22:00 ~ 06:00)
1. 제2조제1호에 따른 직접충격 소음	1분간 등가소음도 (Leq)	39	34
	최고소음도 (Lmax)	57	52
2. 제2조제2호에 따른 공기전달 소음	5분간 등가소음도 (Leq)	45	40

② 1분간 및 5분간 등가소음도는 측정한 값 중 가장 높은 값으로 하며, 최고소음도는 1시간에 3회 이상 초과할 경우 그 기준을 초과한 것으로 봅니다(「공동주택 층간소음의 범위와 기준에 관한 규칙」 별표 비고 4. 및 5.).

1-4. 입주자·사용자의 주의

공동주택의 입주자·사용자는 공동주택에서 층간소음으로 인해 다른 입주자·사용자에게 피해를 주지 않도록 노력해야 합니다(「공동주택관리법」 제20조 제1항).

2. 층간소음 발생 시 조치

2-1. 관리주체의 조치 등

① 층간소음으로 피해를 입은 입주자·사용자는 관리주체에게 층간소음 발생 사실을 알리고, 관리주체가 층간소음 피해를 끼친 해당 입주자·사용자에게 층간소음 발생을 중단하거나 소음차단 조치를 권고하도록 요청할 수 있습니다(「공동주택관리법」 제20조 제2항 전단).

② 이 경우 관리주체는 사실관계 확인을 위해 세대 내 확인 등 필요한 조사를 할 수 있습니다(「공동주택관리법」 제20조 제2항 후단).

③ 층간소음 피해를 끼친 입주자·사용자는 위에 따른 관리주체의 조치 및 권고에 협조해야 합니다(「공동주택관리법」 제20조 제3항).

④ "관리주체"란 공동주택을 관리하는 다음의 자를 말합니다(「공동주택관리법」 제2조 제1항 제10호).

- 자치관리기구(「공동주택관리법」 제6조 제1항)의 대표자인 공동주택의 관리사무소장
- 「공동주택관리법」 제13조 제1항에 따라 관리업무를 인계하기 전의 사업주체
- 주택관리업자
- 임대사업자
- 「민간임대주택에 관한 특별법」 제2조 제11호에 따른 주택 임대관리업자(시설물 유지·보수·개량 및 그 밖의 주택관리 업무를 수행하는 경우에 한정)

2-2. 분쟁조정 신청

① 위에 따른 관리주체의 조치에도 불구하고 층간소음 발생이 계속될 경우에는 층간소음 피해를 입은 입주자·사용자는 공동주택관리 분쟁조정위원회나 환경분쟁조정위원회에 조정을 신청할 수 있습니다(「공동주택관리법」 제20조 제4항).

② 분쟁조정위원회 외에도 한국환경공단에서 운영하는 "층간소음 이웃사이센터"의 상담 또는 현장진단 서비스를 통해 층간소음 갈등 해결의 도움을 받을 수 있습니다.

- 인터넷신청 :

국가소음정보시스템(https://www.noiseinfo.or.kr) - 층간소음 이웃
사이센터 - 상담신청

- 전화 신청: ☎ 1661-2642

2-3. 소유권방해제거 또는 손해배상 청구

층간소음 행위가 사회통념상 수인한도를 넘은 경우에는 소유권
방해의 제거를 청구하거나 손해배상을 청구할 수 있습니다(「민법」 제
214조 전단 및 제750조 참조).

답 변 서

사 건   2018가단○○○ 건물철거 및 대지인도 청구
원 고   □□□
피 고   △△△

위 사건에 관하여 피고의 소송대리인은 아래와 같이 답변합니다.

청구취지에 대한 답변

1. 원고의 청구를 기각한다.
2. 소송비용은 원고가 부담한다.
라는 재판을 구합니다.

청구원인에 대한 답변

1. 원고의 주장의 요지
원고는 별지목록 기재 토지의 법률상 소유자에 해당하며, 피고는 별지목록 기재 토지 위에 별지목록 기재 건물을 건립하여 소유하면서 아무런 권원 없이 불법으로 위 토지를 점유하여 원고에게 임료 상당의 손해를 입히고 있다고 주장하고 있습니다.

2. 원고 주장의 부당성
가. 매수인으로서 피고의 점유권원의 존재
피고는 1997. 7. 1. 원고로부터 별지목록 기재 각 부동산(이하 '이 사건 각 부동산'이라 합니다)을 대금 200,000,000원에 매수함에 있어 계약당일 계약금으로 20,000,000원을, 같은 해 8. 1.

중도금 및 잔금으로 180,000,000원을 지급하였습니다.

그런데 원고는 1997. 8. 1. 위와 같이 중도금 및 잔금을 수령하고 이 사건 각 부동산의 인도를 이행하였으나, 지금까지 소유권이전등기절차는 이행하지 아니하고 있는바, 피고는 이 사건 각 부동산에 대하여 정당한 점유권원이 존재한다고 할 것이며, 원고는 피고에게 위 매매계약을 원인으로 한 소유권이전등기절차를 이행할 의무가 있다고 할 것입니다.

나. 점유취득시효의 완성 및 원고 청구의 부당성

가사 이 사건 매매사실이 인정되지 않는다 하더라도 원고는 위 1997. 8. 1. 이후 현재까지 이 사건 각 토지를 소유의 의사로 계속하여 평온, 공연하게 점유사용하고 있으므로, 위 점유를 개시한 날인 1997. 8. 1.로부터 20년이 되는 2017. 8. 1.이 경과함으로써 점유취득시효기간이 완성되었다 할 것입니다.

판례에 따르면 "점유자가 소유자의 대지 일부를 소유의 의사로 평온, 공연하게 20년간 점유하였다면 점유자는 소유자에게 소유권이전등기절차의 이행을 청구할 수 있고 소유자는 이에 응할 의무가 있으므로 점유자가 위 대지에 관하여 소유권이전등기를 경료하지 못한 상태에 있다고 해서 소유자가 점유자에 대하여 그 대지에 대한 불법점유임을 이유로 그 지상건물의 철거와 대지의 인도를 청구할 수는 없다."(대법원 1988. 5. 10 선고, 87다카1979 판결)라고 판시하고 있는바, 원고의 청구는 부당하다고 할 것입니다.

3. 결론

따라서 이 사건 각 부동산에 대하여 피고는 매수인으로서 정당한 점유권원이 존재하며, 가사 이 사건 매매사실이 인정되지 않는다 하더라도 점유취득시효 완성으로 인하여 점유권원이 인정된다고 할 것이므로 원고의 이 사건 청구는 이유 없다 할 것입니다.

입 증 방 법

1. 을 제1호증   부동산 매매계약서
1. 을 제2호증   사실 확인서(♤♤♤)

첨 부 서 류

1. 위 입증방법   각 1통
2. 위임장   1통
3. 납부서   1통
4. 소장부본   1통

20○○.   ○○.   ○○.
위 피고 소송 대리인 (서명 또는 날인)

○○지방법원 제○○민사단독   귀중

[별지]

부동산의 표시

1. ○○시 ○○구 ○○동 ○○ 대 296.6㎡
2. 위 지상 라멘조 및 조적조 슬래브지붕 3층 점포, 사무실 및 주택

   1층 점포 115.25㎡ 주택 51㎡

   2층 주택 166.25㎡

   지하창고 59.25㎡

   부속건물 조적조 슬래브지붕 단층부속 13.14㎡. 끝.

3. 층간소음 문제에 대한 Q&A

■ Q1) 층간소음 전문기관 및 업무의 대상·범위·내용·절차·방법은?

층간소음 전문기관 및 업무의 대상·범위·내용·절차·방법은 다음과 같습니다.

1) 층간소음 전문기관

「한국환경공단법」에 따른 한국환경공단

* 「소음·진동관리법」 제21조의2(층간소음기준 등)제2항 및 같은 법 시행령 제3조(층간소음 관리 등) 제1항 제1호
  환경보전협회(환경부고시 제2020-295호, 2020.12.31)

* 「소음·진동관리법」 제21조의2(층간소음기준 등)제2항 및 같은 법 시행령 제3조(층간소음 관리 등) 제1항제2호

※ 2021년 4월 1일부터 "한국환경공단에서는 서울을 제외한 지역", "환경보전협회에서는 서울지역"을 대상으로 층간소음 피해사례 조사·상담, 피해조정지원, 층간소음 측정업무를 수행합니다.

2) 업무의 대상·범위·내용

대상: 공동주택(아파트, 연립주택, 다세대 주택)

* 자세한 사항은 Q2)에 설명된 공동주택의 정의와 종류(층간소음 관련)를 참고하시기 바랍니다.
  범위: 직접충격 소음(뛰거나 걷는 동작 등으로 인하여 발생하는 소음), 공기전달 소음(텔레비전, 음향기기 등의 사용으로 인하여 발생하는 소음)

* 자세한 사항은 Q3)에 설명된 층간소음의 범위를 참고하시기

바랍니다.

내용: 「소음·진동관리법」 제21조의2(층간소음기준 등)제2항 및 같은 법 시행령 제3조(층간소음 관리 등)에 따른 층간소음 피해사례 조사·상담, 피해조정지원, 층간소음 측정

* 자세한 사항은 Q4)에 설명된 층간소음 전문기관의 업무 내용을 참고하시기 바랍니다.

3) 업무의 절차·방법

「층간소음 피해사례 조사·상담 등의 절차 및 방법에 관한 규정(환경부 고시 제2020-176호, 2020.08.10.)」에 따름

* 자세한 사항은 Q5)에 설명된 층간소음 전문기관의 업무절차 및 방법 및 자료실의 138번을 참고하시기 바랍니다.

■ Q2) 공동주택의 정의와 종류는(층간소음 관련)?

층간소음 업무와 관련된 공동주택의 정의와 종류 등은 다음과 같습니다.

1) 「주택법」 제2조(정의) 제3호(공동주택)

"공동주택"이란 건축물의 벽·복도·계단이나 그 밖의 설비 등의 전부 또는 일부를 공동으로 사용하는 각 세대가 하나의 건축물 안에서 각각 독립된 주거생활을 할 수 있는 구조로 된 주택을 말하며, 그 종류와 범위는 대통령령(시행령)으로 정한다.

2) 「주택법 시행령」 제3조(공동주택의 종류와 범위)

① 법 제2조제3호에 따른 공동주택의 종류와 범위는 다음 각 호와 같다.

(1) 「건축법 시행령」 별표 1 제2호가목에 따른 아파트(이하 "아파트"라 한다)

(2) 「건축법 시행령」 별표 1 제2호나목에 따른 연립주택(이하 "연립주택"이라 한다)

(3) 「건축법 시행령」 별표 1 제2호다목에 따른 다세대주택(이하 "다세대주택"이라 한다)

3) 「건축법 시행령」 [별표 1] 용도별 건축물의 종류

※ 공동주택

· 가목이나 나목에서 층수를 산정할 때 1층 전부를 필로티 구조로 하여 주차장으로 사용하는 경우에는 필로티 부분을 층수에서 제외하고, 다목에서 층수를 산정할 때 1층의 전부 또는 일부를 필로티 구조로 하여 주차장으로 사용하고 나머지 부분을 주택 외의 용도로 쓰는 경우에는 해당 층을 주택의 층수에서 제외하며, 층수를 산정할 때 지하층을 주택의 층수에서 제외한다.

(1) 아파트: 주택으로 쓰는 층수가 5개 층 이상인 주택

(2) 연립주택: 주택으로 쓰는 1개 동의 바닥면적(2개 이상의 동을 지하주차장으로 연결하는 경우에는 각각의 동으로 본다) 합계가 660제곱미터를 초과하고, 층수가 4개 층 이하인 주택

(3) 다세대주택: 주택으로 쓰는 1개 동의 바닥면적 합계가 660제곱미터 이하이고, 층수가 4개 층 이하인 주택(2개 이상의 동을 지하주차장으로 연결하는 경우에는 각각의 동으로 본다)

※ 공동주택에 해당하지 않는 원룸, 단독주택, 오피스텔, 상가(주상복합 상가 포함) 등은 층간소음 전문기관의 업무 대상에 해당하지 않습니다.

■ Q3) 층간소음의 범위는?

층간소음의 범위는 다음과 같습니다.

1) 「소음·진동관리법」 제21조의2(층간소음기준 등)제3항

③ 제1항에 따른 층간소음의 범위와 기준은 환경부와 국토교통부의 공동부령으로 정한다.

2) 「공동주택 층간소음의 범위와 기준에 관한 규칙」(환경부·국토교통부 공동부령, 2014.06.03)

제2조(층간소음의 범위) 공동주택 층간소음의 범위는 입주자 또는 사용자의 활동으로 인하여 발생하는 소음으로서 다른 입주자 또는 사용자에게 피해를 주는 다음 각 호의 소음으로 한다.
다만, 욕실, 화장실 및 다용도실 등에서 급수·배수로 인하여 발생하는 소음은 제외한다.

(1) 직접충격 소음: 뛰거나 걷는 동작 등으로 인하여 발생하는 소음

(2) 공기전달 소음: 텔레비전, 음향기기 등의 사용으로 인하여 발생하는 소음

※ 층간소음의 범위에 해당하지 않는 아래의 경우에는 층간소음 전문기관의 업무 범위에 해당하지 않습니다.
  - 기계소음 및 진동: 보일러, 냉장고, 에어컨(실외기 포함), 세탁기, 건조기, 운동기구, 청소기, 안마기 등에서 발생되는 소음·진동(단, 운동기구, 청소기, 안마기 사용으로 인하여 발생되는 마찰·충격·타격음은 제외)
  - 인테리어 공사소음, 동물 활동으로 인한 소음: 공동주택별관리규약 참고(관리사무소에 문의)
    상가(주상복합 상가 포함) 소음: 「임대차 보호법」 제20조(상가건물임대차분쟁조정위원회) 또는 「집합건물의 소유 및 관리에 관한 법률」 제52조의2(집합건물분쟁조정위원회)에 해당

사람 육성(대화·싸움·고성방가 등), 우퍼소리: 「경범죄 처벌법」 제3조 제1항제21호 '인근소란죄'에 해당(관할 경찰서로 문의)

코골이, 도로 소음, 공사장 소음, 원인불명 소음, 냄새(담배·음식 등) 등

■ Q4) 층간소음 전문기관의 업무 내용은?

층간소음 전문기관의 업무 내용은 다음과 같습니다.

1) 층간소음 전문기관에서는 공동주택에서 층간소음으로 인하여 입주민 간 갈등이 발생할 경우 전화상담, 방문상담, 소음측정 등을 실시하여 입주민 간 층간소음 갈등을 완화하는데 필요한 서비스를 제공하고 있습니다.

- 전화상담: 콜센터[1661-2642(전국), 평일 09시~18시 운영   (12 시~13시 중식시간 제외)]

- 방문상담 신청: 인터넷('국가소음정보시스템' → '층간소음' → '상 담신청') 또는 콜센터

- 소음측정 신청: 이메일(2642call@epa.or.kr) 또는 팩스 (070-4009-9128)

※ 공동주택 및 층간소음의 범위에 해당되지 않는 사항은 층간소음 전문기 관의 업무 내용에 해당하지 않으며, 공동주택 및 층간소음의 범위에 해 당이 되지만, 소음의 발생원을 모르는 경우에는 상대세대와의 상담이 불 가능하여 중재상담 업무 수행이 불가능합니다.

■ Q5) 층간소음 전문기관의 업무절차 및 방법은?

층간소음 전문기관의 업무절차 및 방법은 다음과 같습니다.

1) 층간소음 전문기관의 업무는 전화상담, 방문상담, 소음측정 순

으로 진행됩니다.

- 전화상담을 원하는 경우, 콜센터[1661-2642(전국, 단일번호)]에서 상담을 받으실 수 있습니다.

  ☞ 운영시간 : 평일 09시~18시(12시~ 13시 중식시간 제외)

- 방문상담을 원하는 경우, 인터넷('국가소음정보시스템' → '층간소음' → '상담신청') 또는 콜센터(1661-2642)에서 신청이 가능하며, 방문상담, 소음측정 순으로 진행됩니다.

※ 소음측정 신청은 방문상담 후, 갈등 지속 시 수음세대에서 신청 가능합니다.

2) 방문상담은 관리주체(관리사무소장 등)의 유·무를 구분하여 진행됩니다.

- 신청인이 층간소음 전문기관에 방문상담 신청(인터넷 또는 콜센터)

- 층간소음 전문기관에서는 관리주체(관리사무소장 등) 유·무를 구분하여 접수(신청 후, 평일기준 5일 이내), 접수완료 시 문자메시지 발송

- '관리주체가 있는 공동주택'의 경우 관리주체(우선 중재상담 요청 및 관리주체가 실시하는 중재상담에 참여 요청의 상대 세대용 동봉)에게 안내문 발송(접수완료 후, 평일기준 5일 이내) → 관리주체가 중재상담을 실시하였으나, 갈등이 지속되는 경우 관리주체가 중재상담 결과서 등을 첨부하여 층간소음 전문기관에 신청 → 층간소음 전문기관에서 접수(서류확인 후), 방문상담 일정 협의 및 진행(신청 및 접수 순)

- '관리주체가 없는 공동주택'의 경우 상대세대(층간소음 전문기관의 중재상담에 참여 요청)에게 안내문 발송(접수완료 후, 평일기준 5일 이내) → 층간소음 전문기관에서 상대세대 동의여부 등을 확인한 후, 방문상담 일정 협의 및 진행(신청 및 접수 순)

3) 소음측정은 층간소음 전문기관에서 방문상담을 실시한 후에도

갈등이 지속되어, 수음세대가 신청할 경우 진행됩니다.

- 소음세대가 층간소음 전문기관에 소음측정 신청(방문상담 후 30일 이내, 이메일: 2642call@epa.or.kr 또는 팩스: 070-4009-9128) → 층간소음 전문기관에서 접수(신청 후, 평일기준 5일 이내) → 소음측정 일정 협의(소음측정 신청세대에 한함) 및 소음측정 진행(신청 및 접수 순)

※ 소음측정(1시간 이상 ~ 24시간 이내): 소음측정 기간에는 정확한 측정(수음세대에서 발생된 소음의 영향을 배제)을 위하여 반드시 내부의 소음원 및 재실자가 없어야 합니다.

※ 방문상담과 소음측정은 신청 및 상대세대가 동일한 경우(신청세대가 상대세대가 되거나, 상대세대가 신청세대가 되는 경우에도 동일함), 1회에 한하여 제공됩니다(단, 소음측정의 경우에는 수음세대가 다른 경우에만 별도 신청이 가능함).

※ 관리주체의 유·무에 따른 자세한 업무절차는 아래의 그림을 참고하시기 바랍니다.

■ 관리주체 있는 공동주택 업무절차도

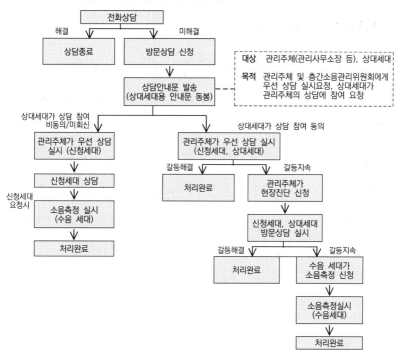

■ 관리주체 없는 공동주택 업무절차도

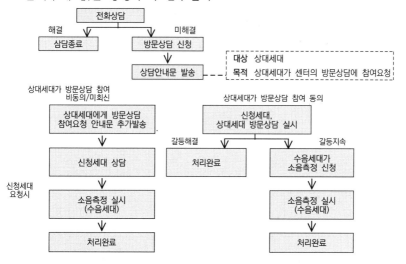

■ Q6) 층간소음의 기준은?

층간소음의 기준은 다음과 같습니다.

1) 「소음·진동관리법」 제21조의2(층간소음기준 등)제3항

③ 제1항에 따른 층간소음의 범위와 기준은 환경부와 국토교통부의 공동부령으로 정한다.

2) 「공동주택 층간소음의 범위와 기준에 관한 규칙」(환경부·국토교통부 공동부령, 2023.1.2.일부개정)제3조(층간소음의 기준)

공동주택의 입주자 및 사용자는 공동주택에서 발생하는 층간소음을 [별표]에 따른 기준 이하가 되도록 노력하여야 한다.

[별표] 층간소음의 기준(제3조 관련)

층간소음의 구분		층간소음의 기준[단위: dB(A)]	
		주간 (06:00 ~ 22:00)	야간 (22:00 ~ 06:00)
1. 제2조제1호에 따른 직접충격 소음	1분간 등가소음도 (Leq)	39	34
	최고소음도 (Lmax)	57	52
2. 제2조제2호에 따른 공기전달 소음	5분간 등가소음도 (Leq)	45	40

비고

1. 직접충격 소음은 1분간 등가소음도(Leq) 및 최고소음도(Lmax)로 평가하고, 공기전달 소음은 5분간 등가소음도(Leq)로 평가한다.

2. 위 표의 기준에도 불구하고 「공동주택관리법」 제2조제1항제1호가목에 따른 공동주택으로서 「건축법」 제11조에 따라 건축허가를 받은 공동주택과 2005년 6월 30일 이전에 「주택법」 제15조에 따라 사업승인을 받은 공동주택의 직접충격 소음 기준에 대해서는 2024년 12월 31일까지는 위 표 제1호에 따른 기준에 5dB(A)을 더한 값을 적용하고, 2025년 1월 1일부터는 2dB(A)을 더한 값을 적용한다.

3. 층간소음의 측정방법은 「환경분야 시험·검사 등에 관한 법률」 제6조제1항제2호에 따른 소음·진동 분야의 공정시험기준에 따른다.

4. 1분간 등가소음도(Leq) 및 5분간 등가소음도(Leq)는 비고 제3호에 따라 측정한 값 중 가장 높은 값으로 한다.

5. 최고소음도(Lmax)는 1시간에 3회 이상 초과할 경우 그 기준을 초과한 것으로 본다.

■ Q7) 방문상담 결과서 및 층간소음 측정결과서의 제공이 가능한가요?

층간소음 전문기관에서 제공이 가능한 자료는 다음과 같습니다.

1) 방문상담 결과서

「층간소음 피해사례 조사·상담 등의 절차 및 방법에 관한 규정(환경부 고시 제2020-176호, 2020.08.10.)」 제6조(방문상담)제6항에 따라 해당세대에게만 제공이 가능합니다.

2) 층간소음 측정결과서

「층간소음 피해사례 조사·상담 등의 절차 및 방법에 관한 규정(환경부 고시 제2020-176호, 2020.08.10.)」 제7조(소음측정)제4항에 따라 신청세대에게만 제공이 가능합니다.

※ 국가소음정보시스템 자료실(121번)의 '서면자료 요청서'를 작성하신 후 층간소음 전문기관에 제출할 경우 수령이 가능합니다(등기, 메일, 팩스 중 택 1). 수령 방법은 '서면자료 요청서' 제출시 선택할 수 있습니다.
   서울지역: 환경보전협회(이메일: noise@epa.or.kr 또는 팩스: 02-3409-8352)
   서울 제외 지역: 한국환경공단(이메일: 16612642@keco.or.kr 또는 팩스: 032-590-3579)

※ 층간소음 전문기관에서 제공이 가능한 이외의 자료(상대가 되는 세대의 자료 포함)는 「개인정보 보호법」 제17조(개인정보의 제공) 및 「공공기관의 정보공개에 관한 법률」 제9조(비공개 대상 정보)제1항제6호 등에 따라 제공이 불가능합니다.

※ 층간소음 전문기관에서 제공하는 방문상담 결과서 및 층간소음 측정결과서는 층간소음 중재상담을 목적으로 작성한 것으로 목적 이외의 용도로는 제공 및 사용이 불가합니다.

■ Q8) 방문상담을 신청한 후, 취소가 가능한가요?

방문상담을 신청한 후, 취소가 가능하며, 취소하는 방법은 다음과 같습니다.

1) 인터넷으로 신청 후, 취소하는 방법

접수가 완료되지 않은 경우(접수 완료 문자메세지 미수신), 직접 수정하여 취소처리가 가능합니다.

접수가 완료된 경우(접수 완료 문자메세지 수신), 층간소음 콜센터 (1661-2642)에 연락하여 상담사에게 취소를 요청하면 취소처리가 가능하며, 취소처리 결과를 문자메세지로 안내해 드립니다.

2) 콜센터로 신청한 후, 취소하는 방법

접수 유·무에 상관없이 층간소음 콜센터(1661-2642)에 연락하여 상담사에게 취소를 요청하면 취소처리가 가능하며, 취소처리 결과를 문자메세지로 안내해 드립니다.

※ 층간소음 전문기관에서는 방문상담 접수 후, 관리주체(관리사무소장 등, 관리주체의 중재상담에 참여를 요청하는 상대세대용 동봉) 또는 상대세대에게 중재상담 등에 필요한 안내문을 발송하고 있으며, 안내문이 발송된 후, 신청하신 방문상담을 취소할 경우에는 재접수가 불가합니다.

※ 층간소음 전문기관의 중재상담 및 소음측정 이후에도 입주민 간 갈등이 지속되는 경우, 다음 절차는 무엇인가요?

층간소음 전문기관의 중재상담 및 소음측정 이후에도 입주민 간 갈등이 지속되는 경우에는 분쟁조정위원회의 도움을 받으시기 바랍니다.

(1)「환경분쟁조정법」제4조에 따른 중앙환경분쟁조정위원회 또는 관할 시·도에 설치된 지방환경분쟁조정위원회에 조정을 신청하실 수 있습니다.

(2) 「공동주택관리법」 제71조에 따른 중앙공동주택관리 분쟁조정위원회 또는 관할 시·군·구에 설치된 공동주택관리 분쟁조정위원회 조정을 신청할 수 있습니다.

(3) 기관별 층간소음 업무 담당 기관
환경부: 중앙환경분쟁조정위원회(044-201-7969)
국토교통부: 중앙공동주택관리 분쟁조정위원(031-738-3300)

■ Q9) 공동주택 입주민 간 층간소음 갈등을 법적으로 해결할 수 있는 방법은?

공동주택 입주민 간 층간소음 문제를 법적으로 해결하기 위한 방법은 다음과 같습니다.

1) 「민사소송법」에 따른 민사소송 또는 「환경분쟁조정법」에 따른 환경분쟁조정위원회를 통하여 진행하실 수 있습니다. 자세한 사항은 대한법률구조공단(132) 또는 지역별 환경분쟁조정위원회로 문의하시기 바랍니다.

2) 다만, 곧바로 법적으로 해결하는 것보다 관리사무소, 층간소음관리위원회 또는 상담센터 등을 통해 협의점을 모색하는 것을 권해 드립니다.

〈지역별 환경분쟁조정위원회 연락처〉

지역별	전화번호	지역별	전화번호
서울특별시	02-2133-3546,8~9	경기도 (남부)	031-8008-3536
부산광역시	051-888-3614	경기도 (북부)	031-8030-2483
대구광역시	053-803-2682	충청북도	043-220-4342
인천광역시	032-440-8583	충청남도	041-635-4414
광주광역시	062-613-4332	전라북도	063-286-7051
대전광역시	042-270-5432	전라남도	061-286-7051
울산광역시	052-229-7592	경상북도	054-880-3515
세종 특별자치시	044-300-4216	경상남도	055-211-6624
강원도	033-249-4141	제주 특별자치도	064-710-4112

※ 전화번호는 변경될 수 있으니, 해당 지자체에 반드시 문의하시기 바랍니다.

〈층간소음 업무 담당기관〉

기관명	위원회	전화번호
환경부	중앙환경분쟁조정위원회	044-201-7999
국토교통부	중앙공동주택관리 분쟁조정위원회	031-738-3300
	중앙공동주택관리지원센터	1600-7004

■ Q10) 지자체별로 운영하는 층간소음 상담실은?

지자체별로 운영하는 층간소음 상담실은 다음과 같습니다.

(1) 지자체에서 운영하는 층간소음 상담실로 문의하시면 도움을 받으실 수 있습니다.

(2) 다만, 지자체에서 자체적으로 운영 중인 상담실이 없는 경우는 관할 지자체의 「공동주택 관리규약 준칙」을 담당하는 주택과 또는 건축과 등으로 문의하시기 바랍니다.

〈지자체별 층간소음 상담실〉

지역별	상담센터	전화번호
서울특별시	층간소음 상담실	02-2133-7298
서울특별시	이웃분쟁조정센터	02-2133-1380
경기도 광명시	층간소음 갈등해소 지원센터	02-2682-6567
충청북도 청주시	공동주택 상담실	043-201-2502
광주광역시 남구	광주마을분쟁해결센터	062-607-4967
인천광역시 부평구	이웃소통방	032-509-8828

※ 전화번호는 변경될 수 있으니, 해당 지자체에 반드시 문의하시기 바랍니다.

■ Q11) 윗층 화장실에서 물을 사용하는 소리가 너무 크게 들립니다. 이런 소음도 층간소음에 해당하나요?

Q. 윗층 화장실에서 물을 사용하는 소리가 너무 크게 들립니다. 이런 소음도 층간소음에 해당하나요?

A. 층간소음에는 입주자 또는 사용자의 활동으로 인해 발생하는 소음으로 직접충격소음, 공기전달소음이 있습니다(「공동주택 층간소음의 범위와 기준에 관한 규칙」 제2조 본문).
다만, 욕실, 화장실 및 다용도실 등에서 급수·배수로 인해 발생하는 소음은 층간소음 범위에서 제외하고 있습니다(「공동주택 층간소음의 범위와 기준에 관한 규칙」 제2조 단서).
따라서 윗층 화장실 사용으로 인해 발생하는 소음은 층간소음으로 규제하기 어렵습니다.

■ Q12) 층간소음이 심할 경우에는 신고를 하신다고 하는데 대체 어느 정도로 소리가 나지 않게 조심해야 할지, 아파트 층간 소음에도 기준이 있나요?

Q. 저는 아파트에 살면서 아이를 키우고 있습니다. 아랫집에서 아이들이 뛰어다니는 소리가 시끄럽다고 항의를 하곤 합니다. 아이들에게 주의도 주고 해서 뛰어다니거나 하는 일이 거의 없어졌는데도 항의를 하시면서 계속해서 층간소음이 심할 경우에는 신고를 하신다고 합니다. 대체 어느 정도로 소리가 나지 않게 조심해야 할지, 아파트 층간 소음에도 기준이 있나요?

A. 소음·진동관리법 제21조의2 제3항 및 주택법 제44조의2 제5항, 공동주택 층간소음의 범위와 기준에 관한 규칙 제2조에 의한 층간소음에 관하여 공동주택의 입주자 및 사용자는 공동주택에서 발생하는 층간소음을 동 규칙 제3조의 별표에 따른 기준 이하가

되도록 노력하여야 합니다. 해당 별표에 의하면 직접충격 소음의 경우 1분간 등가소음도 주간 43dB, 야간 38dB, 최고소음도 주간 57dB, 야간 52dB이며, 공기전달 소음의 경우 5분간 등가소음도 주간 45dB, 야간 40dB입니다. 따라서 다른 제반사정도 고려하여야 하나 위 기준의 층간소음을 넘어선다면 수인한도를 넘는 소음으로 평가될 수 있습니다.

■ Q13) 소음 방지매트를 설치하고 여러 가지 노력은 하고 있지만, 계속적인 불만제기로 아래층에 사는 이웃과 감정의 골만 깊어진 상태인데요. 이런 경우, 어떻게 문제를 해결할 수 있을까요?

Q. 소음 방지매트를 설치하고 여러 가지 노력은 하고 있지만, 계속적인 불만제기로 아래층에 사는 이웃과 감정의 골만 깊어진 상태인데요. 이런 경우, 어떻게 문제를 해결할 수 있을까요?

A. 실제 이와 유사한 사례를 보면, 층간소음 문제로 집안에 층간소음방지용 매트를 시공하고 아이들에게 주의를 주었지만 아래층에서 계속적으로 항의를 하고 분쟁이 지속되면서 "중앙 공동주택관리 분쟁조정위원회"에 조정신청을 한 사례가 있었습니다.
양 당사자는 장기간 분쟁으로 상대방에 대한 불신과 불만이 팽배한 상황이었으며, 사전중재기간이 개시된 직후 당사자 간 심한 언쟁과 항의로 합의점 도출이 어려울 것으로 예상이 됐습니다.
"중앙 공동주택관리 분쟁조정위원회"에서는 위측 거주자에게는 층간소음 분쟁 특성 상 윗층 거주자로서의 책임과 노력의 중요성을 강조 및 설득하고, 아래층 거주자에게는 층간소음은 시간을 두고 점차적으로 개선되는 사항임을 충분히 설명하여, 서로 조금 더 이해하는 마음을 가지도록 권유를 하였습니다. 결국 양 당사자에 대한 적극적인 설득과 이해를 바탕으로 2주 동안의 사전중재기간을 거쳐 서로 노력과 개선의 여지를 확인하고 합의가 성립되었습니다.

이와 같이 층간소음으로 분쟁이 발생한 경우, 소송이나 법적절차를 거치지 않더라도 "중앙 공동주택관리 분쟁조정위원회" 또는 "환경분쟁조정위원회"를 통해 해결방법을 찾을 수 있습니다.

4. 층간소음 발생 시 제재

4-1. 경범죄 처벌

악기·라디오·텔레비전·전축·종·확성기·전동기 등의 소리를 지나치게 크게 내거나 큰소리로 떠들거나 노래를 불러 이웃을 시끄럽게 하는 경우에는 인근소란죄로 범칙금 처벌을 받을 수 있습니다(「경범죄 처벌법」 제3조 제1항 제21호).

4-2. 스토킹 범죄 처벌

이웃을 괴롭히기 위해 지속적으로 층간소음을 내거나 연락을 하는 행위, 현관문에 쪽지를 남기는 행위 등을 하여 상대방에게 불안감 또는 공포심을 일으키는 경우에는 스토킹범죄로 처벌을 받을 수 있습니다(「스토킹범죄의 처벌 등에 관한 법률」 제2조 제1호·제2호 및 제18조 참조).

5. 층간소음에 대한 관련 법령

5-1. 공동주택관리법(제20조)

> **제20조(층간소음의 방지 등)**
>
> ① 공동주택의 입주자등은 공동주택에서 뛰거나 걷는 동작에서 발생하는 소음이나 음향기기를 사용하는 등의 활동에서 발생하는 소음 등 층간소음[벽간소음 등 인접한 세대 간의 소음(대각선에 위치한 세대 간의 소음을 포함한다)을 포함하며, 이하 "층간소음"이라 한다]으로 인하여 다른 입주자등에게 피해를 주지 아니하도록 노력하여야 한다. 〈개정 2017. 8. 9.〉
>
> ② 제1항에 따른 층간소음으로 피해를 입은 입주자등은 관리주체에게 층간소음 발생 사실을 알리고, 관리주체가 층간소음 피해를 끼친 해당 입주자등에게 층간소음 발생을 중단하거나 소음차단 조치를 권고하도록 요청할 수 있다. 이 경우 관리주체는 사실관계 확인을 위하여 세대 내 확인 등 필요한 조사를 할 수 있다. 〈개정 2020. 6. 9.〉
>
> ③ 층간소음 피해를 끼친 입주자등은 제2항에 따른 관리주체의 조치 및 권고에 협조하여야 한다. 〈개정 2017. 8. 9.〉
>
> ④ 제2항에 따른 관리주체의 조치에도 불구하고 층간소음 발생이 계속될 경우에는 층간소음 피해를 입은 입주자등은 제71조에 따른 공동주택관리 분쟁조정위원회나 「환경분쟁 조정법」 제4조에 따른 환경분쟁조정위원회에 조정을 신청할 수 있다.
>
> ⑤ 공동주택 층간소음의 범위와 기준은 국토교통부와 환경부의 공동부령으로 정한다.
>
> ⑥ 관리주체는 필요한 경우 입주자등을 대상으로 층간소음의 예방, 분쟁의 조정 등을 위한 교육을 실시할 수 있다.
>
> ⑦ 입주자등은 필요한 경우 층간소음에 따른 분쟁의 예방, 조정, 교육 등을 위하여 자치적인 조직을 구성하여 운영할 수 있다.

5-2. 공동주택 층간소음의 범위와 기준에 관한 규칙

> **제1조(목적)**
>
> 이 규칙은 「소음 · 진동관리법」 제21조의2제3항 및 「공동주택관리법」 제

20조제5항에 따라 공동주택 층간소음의 범위와 기준을 규정함을 목적으로 한다. 〈개정 2023. 1. 2.〉

제2조(층간소음의 범위)

공동주택 층간소음의 범위는 입주자 또는 사용자의 활동으로 인하여 발생하는 소음으로서 다른 입주자 또는 사용자에게 피해를 주는 다음 각 호의 소음으로 한다. 다만, 욕실, 화장실 및 다용도실 등에서 급수 · 배수로 인하여 발생하는 소음은 제외한다.

1. 직접충격 소음: 뛰거나 걷는 동작 등으로 인하여 발생하는 소음
2. 공기전달 소음: 텔레비전, 음향기기 등의 사용으로 인하여 발생하는 소음

제3조(층간소음의 기준)

공동주택의 입주자 및 사용자는 공동주택에서 발생하는 층간소음을 별표에 따른 기준 이하가 되도록 노력하여야 한다.

부칙 〈제1185호, 2023. 1. 2.〉

이 규칙은 공포한 날부터 시행한다.

[별표] 공동주택 층간소음의 범위와 기준에 관한 규칙 〈개정 2023. 1. 2.〉

층간소음의 기준(제3조 관련)

층간소음의 구분		층간소음의 기준[단위: dB(A)]	
		주간 (06:00~22:00)	야간 (22:00~06:00)
1. 제2조제1호에 따른 직접충격 소음	1분간 등가소음도 (Leq)	39	34
	최고소음도 (Lmax)	57	52
2. 제2조제2호에 따른 공기전달 소음	5분간 등가소음도 (Leq)	45	40

비고

1. 직접충격 소음은 1분간 등가소음도(Leq) 및 최고소음도(Lmax)로 평가하고, 공기전달 소음은 5분간 등가소음도(Leq)로 평가한다.
2. 위 표의 기준에도 불구하고 「공동주택관리법」 제2조제1항제1호가목에 따른 공동주택으로서 「건축법」 제11조에 따라 건축허가를 받은 공동주택과 2005년 6월 30일 이전에 「주택법」 제15조에 따라 사업승인을 받은 공동주택의 직접충격 소음 기준에 대해서는 2024년 12월 31일까지는 위 표 제1호에 따른 기준에 5dB(A)을 더한 값을 적용하고, 2025년 1월 1일부터는 2dB(A)을 더한 값을 적용한다.
3. 층간소음의 측정방법은 「환경분야 시험 · 검사 등에 관한 법률」 제6조제1항제2호에 따른 소음 · 진동 분야의 공정시험기준에 따른다.
4. 1분간 등가소음도(Leq) 및 5분간 등가소음도(Leq)는 비고 제3호에 따라 측정한 값 중 가장 높은 값으로 한다.
5. 최고소음도(Lmax)는 1시간에 3회 이상 초과할 경우 그 기준을 초과한 것으로 본다.

5-3. 경범죄처벌법(제3조 제21호)

제3조 (경범죄의 종류)

① 다음 각 호의 어느 하나에 해당하는 사람은 10만원 이하의 벌금, 구류 또는 과료(科料)의 형으로 처벌한다.

　21. (인근소란 등) 악기·라디오·텔레비전·전축·종·확성기·전동기(電動機) 등의 소리를 지나치게 크게 내거나 큰소리로 떠들거나 노래를 불러 이웃을 시끄럽게 한 사람

5-4. 환경분쟁조정법

제1조(목적)

　이 법은 환경분쟁의 알선(斡旋) · 조정(調停) · 재정(裁定) 및 중재(仲裁)의 절차 등을 규정함으로써 환경분쟁을 신속 · 공정하고 효율적으로 해결하여

환경을 보전하고 국민의 건강과 재산상의 피해를 구제함을 목적으로 한다. 〈개정 2015. 12. 22.〉

[전문개정 2012. 2. 1.]

제16조(조정의 신청 등)

① 조정을 신청하려는 자는 제6조에 따른 관할 위원회에 알선·조정(調停) ·재정 또는 중재 신청서를 제출하여야 한다. 〈개정 2015. 12. 22.〉

② 국가를 당사자로 하는 조정에서는 환경부장관이 국가를 대표한다. 이 경우 환경부장관은 해당 사건의 소관 행정청 소속 공무원을 조정수행자로 지정할 수 있다.

③ 위원회는 제1항에 따라 조정신청을 받았을 때에는 지체 없이 조정절차를 시작하여야 한다.

④ 위원회는 제3항에 따른 조정절차를 시작하기 전에 이해관계인이나 주무관청의 의견을 들을 수 있다.

⑤ 제1항에 따른 신청서의 기재 사항은 대통령령으로 정한다.

⑥ 위원회는 당사자의 분쟁 조정신청을 받았을 때에는 대통령령으로 정하는 기간 내에 그 절차를 완료하여야 한다.

[전문개정 2012. 2. 1.]

제16조의2(합의 권고)

① 위원회의 위원장은 조정신청을 받으면 당사자에게 피해배상에 관한 합의를 권고할 수 있다. 〈개정 2015. 12. 22.〉

② 제1항에 따른 권고는 조정절차의 진행에 영향을 미치지 아니한다.

[전문개정 2012. 2. 1.]

제17조(신청의 각하 등)

① 위원회는 조정신청이 적법하지 아니한 경우에는 적절한 기간을 정하여 그 기간 내에 흠을 바로 잡을 것을 명할 수 있다.

② 위원회는 신청인이 제1항에 따른 명령에 따르지 아니하거나 흠을 바로잡을 수 없는 경우에는 결정으로 조정신청을 각하(却下)한다.

③ 위원회는 다른 법률에서 정하고 있는 조정절차를 이미 거쳤거나 거치고 있는 분쟁에 대한 조정신청은 결정으로 각하한다.

[전문개정 2012. 2. 1.]

제18조(관계 행정기관의 협조)

① 위원회는 분쟁의 조정을 위하여 필요하다고 인정하면 관계 행정기관의 장에게 자료 또는 의견의 제출, 기술적 지식의 제공, 환경오염물질의 측정 및 분석 등 필요한 협조를 요청할 수 있다.

② 위원회는 분쟁의 조정 시에 환경피해의 제거 또는 예방을 위하여 필요하다고 인정하면 관계 행정기관의 장에게 환경피해의 원인을 제공하는 자에 대한 개선명령, 조업정지명령 또는 공사중지명령 등 필요한 행정조치를 하도록 권고할 수 있다.

③ 제1항 및 제2항에 따른 협조를 요청받거나 권고를 받은 관계 행정기관의 장은 정당한 사유가 없으면 이에 따라야 한다.

[전문개정 2012. 2. 1.]

제19조(선정대표자)

① 다수인이 공동으로 조정의 당사자가 되는 경우에는 그 중에서 3명 이하의 대표자를 선정할 수 있다.

② 위원회는 당사자가 제1항에 따라 대표자를 선정하지 아니한 경우에 필요하다고 인정할 때에는 당사자들에게 대표자를 선정할 것을 권고할 수 있다.

③ 제1항에 따라 선정된 대표자(이하 "선정대표자"라 한다)는 다른 신청인이나 피신청인을 위하여 해당 사건의 조정에 관한 모든 행위를 할 수 있다. 다만, 신청의 철회, 제33조제1항에 따른 합의 및 제33조의2제4항에 따른 이의신청에 대해서는 다른 당사자들로부터 서면으로 동의를 받아야 한다. *〈개정 2018. 10. 16.〉*

④ 대표자가 선정되었을 때에는 다른 당사자들은 그 선정대표자를 통하여만 해당 사건에 관한 행위를 할 수 있다.

⑤ 대표자를 선정한 당사자들은 필요하다고 인정하면 선정대표자를 해임하거나 변경할 수 있다. 이 경우 당사자들은 그 사실을 지체 없이 위원회에 통지하여야 한다.

[전문개정 2012. 2. 1.]

제20조(참가)

① 분쟁이 조정절차에 계류(繫留)되어 있는 경우에 같은 원인에 의한 환경피해를 주장하는 자는 위원회의 승인을 받아 당사자로서 해당 절차에 참가할 수 있다.

② 위원회는 제1항에 따른 승인을 하려는 경우에는 당사자의 의견을 들어야

한다.

[전문개정 2012. 2. 1.]

제21조(피신청인의 경정)

① 위원회의 위원장은 신청인이 피신청인을 잘못 지정한 것이 명백할 때에는 신청인의 신청을 받아 피신청인의 경정(更正)을 허가할 수 있다.

② 위원회의 위원장은 제1항에 따른 허가를 하였을 때에는 그 사실을 당사자와 새로운 피신청인에게 통보하여야 한다.

③ 제1항에 따른 허가가 있는 때에는 종전의 피신청인에 대한 조정신청은 철회되고 새로운 피신청인에 대한 조정신청이 제1항에 따른 경정신청이 있은 때에 있은 것으로 본다.

[전문개정 2012. 2. 1.]

제22조(대리인)

① 당사자는 다음 각 호에 해당하는 사람을 대리인으로 선임할 수 있다.

   1. 당사자의 배우자, 직계존비속 또는 형제자매
   2. 당사자인 법인의 임직원
   3. 변호사
   4. 환경부장관 또는 지방자치단체의 장이 지명하는 소속 공무원

② 제1항제1호 또는 제2호의 사람을 대리인으로 선임하려는 당사자는 위원회 위원장의 허가를 받아야 한다.

③ 대리인의 권한은 서면으로 소명(疎明)하여야 한다.

④ 대리인은 다음 각 호의 행위에 대하여는 특별히 위임을 받아야 한다. *〈개정 2018. 10. 16.〉*

   1. 신청의 철회
   2. 제33조 제1항에 따른 합의 및 제33조의2 제4항에 따른 이의 신청
   3. 복대리인(復代理人)의 선임

[전문개정 2012. 2. 1.]

제23조(중간결정에 대한 불복)

① 조정절차와 관련된 위원회의 중간결정에 대하여는 그 결정이 있음을 안 날부터 14일 이내에 해당 위원회에 이의를 제기할 수 있다.

② 위원회는 제1항에 따른 이의 제기가 이유 있다고 인정할 때에는 그 결정을 경정하여야 하며, 이의 제기가 이유 없다고 인정할 때에는 이를 기

각(棄却)하여야 한다.

[전문개정 2012. 2. 1.]

제24조(조정절차의 위임)

제31조제1항에 따른 조정위원회(調停委員會), 제36조제1항에 따른 재정위원회(裁定委員會) 또는 제45조의3제1항에 따른 중재위원회(仲裁委員會)는 각 소속 위원에게 조정(調停)·재정(裁定) 또는 중재(仲裁) 절차의 일부를 실시하도록 위임할 수 있다.

[전문개정 2015. 12. 22.]

제25조(절차의 비공개)

위원회가 수행하는 조정의 절차는 이 법에 특별한 규정이 있는 경우를 제외하고는 공개하지 아니한다.

[전문개정 2012. 2. 1.]

제26조(환경단체의 조정신청)

① 다음 각 호의 요건을 모두 갖춘 환경단체는 중대한 자연생태계 파괴로 인한 피해가 발생하였거나 발생할 위험이 현저한 경우에는 위원회의 허가를 받아 분쟁 당사자를 대리하여 위원회에 조정을 신청할 수 있다.

　　1. 「민법」 제32조에 따라 환경부장관의 허가를 받아 설립된 비영리법인일 것

　　2. 정관에 따라 환경보호 등 공익의 보호와 증진을 목적으로 하는 단체일 것

　　3. 그 밖에 대통령령으로 정하는 요건에 해당할 것

② 제1항에 따라 조정을 신청하는 환경단체에 대하여는 제22조제3항 및 제4항을 준용한다.

[전문개정 2012. 2. 1.]

제30조(직권조정)

① 중앙조정위원회는 환경오염으로 인한 사람의 생명·신체에 대한 중대한 피해, 제2조제2호의 환경시설의 설치 또는 관리와 관련된 다툼 등 사회적으로 파급효과가 클 것으로 우려되는 분쟁에 대하여는 당사자의 신청이 없는 경우에도 직권으로 조정절차를 시작할 수 있다.

② 시·도지사, 시장·군수·구청장(자치구의 구청장을 말한다) 또는 유역환경청장·지방환경청장은 제1항에 따른 직권조정이 필요하다고 판단되는 분쟁에 대해서는 중앙조정위원회에 직권조정을 요청할 수 있다. 〈신설 2015. 12. 22.〉

③ 제1항에 따른 직권조정의 대상, 조정절차 및 직권조정을 수행하는 사람에 관한 사항은 대통령령으로 정한다. 〈개정 2015. 12. 22.〉

[전문개정 2012. 2. 1.]

제32조(조정위원회의 조사권 등)

① 조정위원회는 분쟁의 조정을 위하여 필요하다고 인정할 때에는 조정위원회의 위원 또는 심사관으로 하여금 당사자가 점유하고 있는 공장, 사업장 또는 그 밖에 사건과 관련된 장소에 출입하여 관계 문서 또는 물건을 조사·열람 또는 복사하도록 하거나 참고인의 진술을 들을 수 있도록 할 수 있다.

② 조정위원회는 제1항에 따른 조사결과를 조정의 자료로 할 때에는 당사자의 의견을 들어야 한다.

③ 제1항의 경우에 조정위원회의 위원 또는 심사관은 그 권한을 나타내는 증표를 지니고 이를 관계인에게 보여주어야 한다.

[전문개정 2012. 2. 1.]

제33조(조정의 성립)

① 조정은 당사자 간에 합의된 사항을 조서에 적음으로써 성립한다.

② 조정위원회가 제1항에 따른 조서를 작성하였을 때에는 지체 없이 조서의 정본(正本)을 당사자나 대리인에게 송달하여야 한다.

[전문개정 2018. 10. 16.]

제34조(조정을 하지 아니하는 경우)

① 조정위원회는 해당 분쟁이 그 성질상 조정을 하기에 적당하지 아니하다고 인정하거나 당사자가 부당한 목적으로 조정을 신청한 것으로 인정할 때에는 조정을 하지 아니할 수 있다.

② 조정위원회는 제1항에 따라 조정을 하지 아니하기로 결정하였을 때에는 그 사실을 당사자에게 통지하여야 한다.

[전문개정 2012. 2. 1.]

제35조(조정의 종결)

① 조정위원회는 해당 조정사건에 관하여 당사자 간에 합의가 이루어질 가능성이 없다고 인정할 때에는 조정을 하지 아니한다는 결정으로 조정을 종결시킬 수 있다.

② 조정결정에 대하여 제33조의2제4항에 따른 이의신청이 있는 경우에는 당사자 간의 조정은 종결된다. 〈개정 2018. 10. 16.〉

③ 조정절차가 진행 중인 분쟁에 대하여 재정 또는 중재 신청이 있으면 그 조정은 종결된다. *〈신설 2015. 12. 22.〉*

④ 조정위원회는 제1항 또는 제2항에 따라 조정이 종결되었을 때에는 그 사실을 당사자에게 통지하여야 한다. *〈개정 2015. 12. 22.〉*

⑤ 제4항에 따라 통지를 받은 당사자가 통지를 받은 날부터 30일 이내에 소송을 제기한 경우 시효의 중단 및 제소기간의 계산에 있어서는 조정의 신청을 재판상의 청구로 본다. *〈개정 2015. 12. 22.〉*

[전문개정 2012. 2. 1.]

제35조의2(조정의 효력)

제33조제1항에 따라 성립된 조정과 제33조의2제4항에 따른 이의신청이 없는 조정결정은 재판상 화해와 동일한 효력이 있다. 다만, 당사자가 임의로 처분할 수 없는 사항에 대해서는 그러하지 아니하다.

제40조(재정)

① 재정은 문서로써 하여야 하며, 재정문서에는 다음 각 호의 사항을 적고 재정위원이 기명날인하여야 한다.

  1. 사건번호와 사건명

  2. 당사자, 선정대표자, 대표당사자 및 대리인의 주소 및 성명(법인의 경우에는 명칭을 말한다)

  3. 주문(主文)

  4. 신청의 취지

  5. 이유

  6. 재정한 날짜

② 제1항제5호에 따른 이유를 적을 때에는 주문의 내용이 정당함을 인정할 수 있는 한도에서 당사자의 주장 등에 대한 판단을 표시하여야 한다.

③ 재정위원회는 재정을 하였을 때에는 지체 없이 재정문서의 정본을 당사자나 대리인에게 송달하여야 한다. *〈개정 2018. 10. 16.〉*

[전문개정 2012. 2. 1.]

제42조(재정의 효력 등)

① 지방조정위원회의 재정위원회가 한 책임재정에 불복하는 당사자는 재정문서의 정본이 당사자에게 송달된 날부터 60일 이내에 중앙조정위원회에 책임재정을 신청할 수 있다. *〈개정 2018. 10. 16.〉*

② 재정위원회가 제35조의3제1호에 따른 원인재정(이하 "원인재정"이라 한

다)을 하여 재정문서의 정본을 송달받은 당사자는 이 법에 따른 알선, 조정, 책임재정 및 중재를 신청할 수 있다. 〈신설 2018. 10. 16.〉

③ 재정위원회가 책임재정을 한 경우에 재정문서의 정본이 당사자에게 송달된 날부터 60일 이내에 당사자 양쪽 또는 어느 한쪽으로부터 그 재정의 대상인 환경피해를 원인으로 하는 소송이 제기되지 아니하거나 그 소송이 철회된 경우 또는 제1항에 따른 신청이 되지 아니한 경우에는 그 재정문서는 재판상 화해와 동일한 효력이 있다. 다만, 당사자가 임의로 처분할 수 없는 사항에 관한 것은 그러하지 아니하다. 〈개정 2018. 10. 16.〉

[전문개정 2012. 2. 1.]

제43조(조정에의 회부)

① 재정위원회는 재정신청된 사건을 조정(調停)에 회부하는 것이 적합하다고 인정할 때에는 직권으로 직접 조정하거나 관할 위원회에 송부하여 조정하게 할 수 있다.

② 제1항에 따라 조정에 회부된 사건에 관하여 당사자 간에 합의가 이루어지지 아니하였을 때에는 재정절차를 계속 진행하고, 합의가 이루어졌을 때에는 재정의 신청은 철회된 것으로 본다.

[전문개정 2012. 2. 1.]

제43조의2(재정신청의 철회)

재정절차가 진행 중인 분쟁에 대하여 중재신청이 있으면 그 재정신청은 철회된 것으로 본다.

[본조신설 2015. 12. 22.]

제44조(시효의 중단 등)

당사자가 책임재정에 불복하여 소송을 제기한 경우 시효의 중단 및 제소기간의 계산에 있어서는 책임재정의 신청을 재판상의 청구로 본다. 〈개정 2018. 10. 16.〉

[전문개정 2012. 2. 1.]

제45조(소송과의 관계)

① 재정이 신청된 사건에 대한 소송이 진행 중일 때에는 수소법원(受訴法院)은 재정이 있을 때까지 소송절차를 중지할 수 있다.

② 재정위원회는 제1항에 따른 소송절차의 중지가 없는 경우에는 해당 사건의 재정절차를 중지하여야 한다. 다만, 제4항에 따라 원인재정을 하는 경우는 제외한다. 〈개정 2018. 10. 16.〉

③ 재정위원회는 재정이 신청된 사건과 같은 원인으로 다수인이 관련되는

같은 종류의 사건 또는 유사한 사건에 대한 소송이 진행 중인 경우에는 결정으로 재정절차를 중지할 수 있다.

④ 환경분쟁에 대한 소송과 관련하여 수소법원은 분쟁의 인과관계 여부를 판단하기 위하여 필요한 경우에는 중앙조정위원회에 원인재정을 촉탁할 수 있다. 이 경우 제16조제1항에 따른 당사자의 신청이 있는 것으로 본다. 〈신설 2018. 10. 16.〉

⑤ 제4항에 따라 진행되는 원인재정 절차에 필요한 비용 중 제63조제1항에 따라 각 당사자가 부담하여야 하는 비용은 「민사소송비용법」에 따른 소송비용으로 본다. 〈신설 2018. 10. 16.〉

[전문개정 2012. 2. 1.]

제62조(「국가배상법」과의 관계)

「국가배상법」을 적용받는 분쟁으로서 이 법에 따른 조정절차(調整節次)를 거친 경우(제34조 및 제35조를 포함한다)에는 「국가배상법」에 따른 배상심의회의 심의·의결을 거친 것으로 본다.

[전문개정 2012. 2. 1.]

제63조(조정비용 등)

① 위원회가 진행하는 조정절차(調整節次)에 필요한 비용은 대통령령으로 정하는 사항을 제외하고는 각 당사자가 부담한다.

② 위원회에 조정(調整) 등의 신청을 하는 자는 대통령령(지방조정위원회의 경우에는 해당 시·도의 조례)으로 정하는 바에 따라 수수료를 내야 한다.[전문개정 2012. 2. 1.]

6. 층간소음에 대한 판결문

대 구 지 방 법 원
판   결

사 건	2018가단103263 손해배상(기)	

원   고   1. 김○○

               2. 이○○

               3. 김●●

               4. 김◎◎

               원고들 주소   대구

               원고 3, 4의 법정대리인 친권자 부 김○○,

               친권자 모 이○○

               원고들 소송대리인 변호사 ○○○

피   고   1. 이◇◇

               2. 김◆◆

               피고들 주소   대구

               피고들 소송대리인 변호사 ○○○

변 론 종 결   2019. 4. 26.

판 결 선 고   2019. 7. 12.

주   문

1. 피고 이◇◇는 원고들에게 각 1,000,000원과 이에 대하여 2018. 2. 3.부터 2019. 7.12.까지는 연 5%의, 그 다음날부터 다 갚는 날까지는 연 15%의 각 비율로 계산한 돈을 지급하라.
2. 원고들의 피고 김◆◆에 대한 청구 및 피고 이◇◇에 대한 나머지 청구를 각 기각한다.
3. 소송비용 중 원고들과 피고 이◇◇ 사이에 생긴 부분은 각자

부담하고, 원고들과 피고 김◆◆ 사이에 생긴 부분은 원고들이 부담한다.
4. 제1항은 가집행할 수 있다.

청 구 취 지

피고들은 공동하여 원고 김○○에게 7,500,000원, 원고 이○○ 에게 7,592,240원, 원고 김●●에게 7,500,000원, 원고 김◎◎ 에게 9,081,160원과 위 각 돈에 대하여 이 사건 소장부본 송달 다음날부터 다 갚는 날까지 연 15%의 비율로 계산한 돈을 지급 하라.

이 유

1. 기초사실
가. 원고들은 2017. 1. 22.부터 2018. 2. 26.까지 대구 아파트 (이하 '이 사건 아파트'라 한다) A호에 거주하였고, 피고들은 위 기간 이전부터 현재까지 위 A호의 바로 아래층인 이 사건 아파트 B호에 거주하고 있다.
나. 원고들이 2017. 1. 22. 위 A호로 이사하여 거주하기 시작한 이후 원고들과 피고들 사이에 층간소음과 관련한 다툼이 발생 하였다.
   [인정근거] 다툼 없는 사실, 갑 제1호증의 기재, 변론 전체의 취지
2. 당사자들의 주장 요지
가. 원고들의 주장
피고들은 원고들이 이 사건 아파트A호로 이사한 당일인 2017. 1. 22.경부터 2018. 2.초경에 이르기까지 1년이 넘는 기간 동 안 원고들이 별다른 소음을 유발하지 않았음에도 불구하고 수 차례에 걸쳐서 직접 찾아오거나 인터폰을 하고, 관리사무소 직

원에게 민원을 넣어 관리사무소 직원들로 하여금 원고들에게 인터폰 또는 전화를 하게 하는 등의 방식으로 원고들에게 층간소음 항의 명목으로 지속적으로 참기 힘든 정신적 고통을 가하였는데, 이는 이웃으로서의 수인한도를 넘는 위법한 행위로서 불법행위에 해당한다. 또한 피고들은 원고 김○○, 이○○를 공연히 모욕하고 원고 김●●, 김◎◎에게 정서적인 아동학대를 하였으며, 마치 원고 김●●, 김◎◎에게 해를 가할 것처럼 협박하거나 허위 사실을 적시하여 원고들의 명예를 훼손하고, 2017. 11.경부터 이 사건 아파트 B호의 천장을 심하게 두드려 소음을 발생시키기도 하였던바 이러한 피고들의 행위 역시 불법행위에 해당한다. 따라서 피고들은 공동불법행위자로서 원고들에게 위자료로 각 7,500,000원을, 피고들의 불법행위로 인하여 원고 이○○가 치료를 받음으로써 지출한 치료비 92,240원, 원고 김◎◎가 치료를 받음으로써 지출한 치료비1,581,160원과 그에 대한 지연손해금을 각 지급하여야 한다.

나. 피고들의 주장

원고들과 피고들은 층간소음 문제로 갈등을 겪어 왔는데, 피고들이 원고들에게 직접 인터폰으로 항의한 것은 7회에 불과하고, 관리사무소 직원들이 원고들에게 인터폰을 하거나 찾아가서 소음 발생 자제를 요청한 것은 관리사무소 직원들의 판단 하에 한 것이어서 이를 들어 피고들의 불법행위라고 할 수 없다. 피고들은 원고들과의 층간소음 갈등과정에서 여러 차례 다툼이 있었고, 그러한 다툼과정에서 원고들에게 다소 거친 언사를 한 적은 있지만 이것이 원고들이 주장하는 협박, 아동학대, 모욕, 명예훼손 등 불법행위에 이를 정도라고는 할 수 없다.

3. 판단

가. 인정사실

아래 각 사실은 갑 제3, 4, 8, 9, 14호증의 각 기재 또는 영상에 변론 전체의 취지를 종합하여 인정할 수 있다.

1) 피고 이◇◇는 2017. 3. 12.경 인터폰으로 원고들과 통화를

하면서 말다툼을 하였는데, 위 피고는 원고 이○○에게 '싸가지 년이! 이게 왜 이래? 지금?', '미친 년 아니야! 진짜 미친 년이!' 등의 욕설을 하였고, 같은 날 다시 이루어진 인터폰 통화에서 원고 이○○에게 '두더쥐처럼, 박쥐처럼', '하는 짓거리가 왜 이래?' 등의 표현을 사용하면서 반말을 계속하였다.

2) 원고들은 2017. 3. 12. 1)항과 같이 인터폰 통화 후 피고들의 집에 직접 찾아가 피고 김◆◆와 먼저 대화를 나누었는데, 인터폰 통화 당시 원고들이 심한 말을 한 것에 대해 사과하였고, 소음이 원고들의 집에서 나는 것이 아니고 다른 집에는 나는 것 같다는 취지로 설명하면서 피고 이◇◇가 원고들에게 반말하거나 욕설하는 것을 삼가달라고 요청하였는데, 뒤늦게 피고 이◇◇가 집에서 나와 원고들과 말다툼을 하였다. 피고 이◇◇는 위 말다툼 과정에서 원고 이○○가 초등학교 교사임을 알고 있다고 말하였고, 이에 원고 이○○도 피고 이◇◇가 방과후 교사임을 알고 있다고 하자 서로 개인정보를 어떻게 알게 되었는지를 따지면서 다툼이 격화되었다.

3) 2017. 3. 12.경 피고 이◇◇가 이 사건 아파트 6층에서 4층으로 내려가던 중 A호 현관에서 밖을 내다보고 있던 원고 김●●, 김◎◎를 보게 되었고, 위 원고들에게 '너희가 범인인 것 다 알아'라고 말하고 갔다.

4) 피고 이◇◇는 2017. 4. 16.경 원고들의 집에 5회에 걸쳐 인터폰을 하였고, 소음발생에 대해 사과하라고 말하던 중, 원고 이○○가 애들이 자고 있어 소음을 발생시키지 않았다고 하자, '야 너는 남한테 민폐 끼치는 게 취미니?, 그 따위 싸가지 없다는 소리 듣지, 입만 떼면 거짓말이고, 나이를 몇 개 처먹었는데, 어?, 너 거짓말쟁이인거 몰라?, 말귀 못 알아먹냐고? 내가 당신 애들 똑바로 가르쳐 줄테니까' 등의 말을 하였다.

5) 피고 이◇◇는 2017. 4. 29.경 원고들의 집에 8회에 걸쳐 인터폰을 하였는데, 소음발생을 이유로 다투면서 원고 이○○

에게 '뭐 이런 쌍년이 다 있어? 그렇게 말 잘하는 년이 어디 사라졌나 물었다. 너거가 먼저 시작했는거 몰라? ...년이 무슨 말이 많아 지금? 학교 가서 아이들 가르치니? 니나 똑바로 가르쳐라 이년아! 바보 아니가 이거! 그 머리로 학교 아이들 가르치니? 니가 더 싸가지 없어! 진짜! 당신 아이 무열대 유치원에 다니는 것 다 알아' 등의 말을 하였다.

6) 피고 이◇◇는 2017. 4. 30.경에도 원고들의 집에 인터폰을 하여 원고 이○○와 다투면서 '입만 떼면 거짓말이니? 그게 학교 선생이니? 머리가 모자란 건 아니고? 자식 앞에서 미안하다고 사과를 먼저 하는게 가정교육이야.' 등의 말을 하였다.

7) 피고 이◇◇는 2017. 5. 2. 대구광역시교육청 장학사에게 '원고 이○○가 공직자로서 공중도덕을 준수하지 않고 주민에게 민폐를 끼치는 행동을 하여 고발한다'는 취지의 민원을 제기하였고, 그 후로 2017. 9.경 4차례, 2017. 10. 17. 1차례 위와 유사한 민원이 제기되었다.

8) 원고 이○○는 2017. 9. 12.경 엘리베이터에 '층간소음에 유의하고 서로를 배려하자'는 취지의 게시물을 부착하였는데, 피고 이◇◇가 위 게시물에 '너나 잘해라'라고 써 두었다.

9) 원고 김○○은 2018. 2. 3. 피고들의 가족과 함께 엘리베이터를 타게 되었는데, 피고 이◇◇는 위 원고에게서 담배냄새가 난다는 이유로 '아 냄새'라고 말하며 얼굴을 찌푸렸다.

나. 손해배상책임의 발생

1) 공동주택인 아파트에 거주하는 피고로서는 이웃 집에서 발생하는 통상적인 수준의 소음은 어느 정도 감내하여야 할 의무가 있고, 원고들 역시 마찬가지로 공동주택에 거주하고 있으므로 이웃을 배려하여 과다한 소음을 발생시키지 않을 의무가 있다고 할 것이다.

그런데 위 인정사실에 더하여 갑 제5 내지 7, 10, 15 내지 17, 22 내지 24, 30 내지 34, 39, 40, 48 내지 54호증의 각 기재 또는 영상에 변론 전체의 취지를 종합하여 알 수 있는 아래와 같은 사정들, 즉 ① 아랫집에 거주하는 피고들이 느끼는 소음을 모두 원고들이 발생시킨 것이라고 단정할 수 없는 상황으로 보이고, 원고들이 소음의 진원지가 자신들이 아니라고 항변함에 대하여 피고들이 사실확인도 해 보지 않은 채 거짓말로 치부하였던 점, ② 아파트와 같은 공동주택의 거주자로서 스스로의 주거안녕과 심신의 평온을 위하여 이웃 거주자가 참을 수 없을 정도의 소음을 발생시킨다면 이에 대하여 항의하거나 이의를 제기하여 바로잡을 수는 있는 것이지만, 서로간에 갈등이 있다고 하더라도 상대방에게 '쥐새끼같은.. 바퀴벌레.. 싸가지 없다.. 이년아.. 머리가 모자라다..'는 등의 표현을 사용하는 것은 일반적으로 감내할 수준을 벗어난 것으로 보아야 할 것인 점, ③ 원고들은 피고들이 직접 하는 인터폰 외에도 관리사무소 직원들이나 경비실 직원으로부터도 수십 차례에 걸쳐 인터폰으로 소음 자제 요청을 받았는데, 이는 피고들이 관리사무소 등에 항의하거나 요청함으로써 이루어진 것으로 볼 수밖에 없는 점, ④ 피고 이◇◇는 원고 이○○가 교육청 장학사에게 원고 이○○가 교사임에도 불구하고 공중도덕을 지키지 않고 이웃에 피해를 준다는 취지로 민원을 제기한 것으로 보이는데, 이는 단순히 이웃 간의 갈등을 넘어서 원고 이○○의 직업과 관련한 생활에도 영향을 미치려는 의도로 한 행위로 보이는 점, ⑤ 피고 이◇◇는 아직 어린 원고 김●●, 김◎◎에게 '범인'이라는 말을 사용하였는데, 어린 위 원고들로서는 피고 이◇◇의 위와 같은 말에 큰 정신적 충격을 받았던 것으로 보이는 점, ⑥ 원고 이○○가 이웃들 사이에 배려하자는 취지로 엘리베이터에 부착한 게시물에 피고 이◇◇가 써 둔 '너나 잘해라'는 조롱의 의미를 담고 있는 점, ⑦ 원고들은 피고 이◇◇가 자꾸 집 앞으로 찾아와 항의를 거듭하자 원고들의 집 현관문 앞을 촬영할 수 있는 CCTV를 설치 하기도 하였는데, 비록 직접적인 증거는 나타나지 않지만 원고 김○○, 이○○로서는 어린 자녀들인 원고 김●●, 김

◎◎를 보호하여야 할 정도로 피고 이◇◇의 행동이 과격한 면이 있었음을 추단할 수 있는 점 등을 종합하여 보면, 비록 원고들 역시 윗집 거주자로서 생활소음을 다소 발생시켰다거나 원고 김○○, 이○○가 다툼 과정에서 거친 말을 사용하기도 하였더라도 앞서 인정한 피고 이◇◇의 욕설, 민원제기, 게시물에 조롱의 의미를 담은 낙서를 한 행위 등은 포괄적으로 원고들의 평온한 생활을 과도하게 침해하여 수인하기 어려운 고통을 가하는 것이어서 민법상 불법행위가 성립한다고 봄이 상당하고, 이로 인하여 원고들이 정신적 고통을 받았을 것 또한 경험칙상 명백하므로, 피고 이◇◇는 위와 같은 불법행위로 인하여 원고들이 입은 정신적 손해를 배상할 책임이 있다.

2) 한편, 원고들이 제출한 녹취록(갑 제3호증)에 의하면, 피고 김◆◆는 배우자인 피고 이◇◇가 위와 같이 행동하는 사실을 일부 알았던 것으로 보이고, 원고들에게 소음 발생에 대해 항의하면서 피고 이◇◇와 입장을 같이 한다고 말하기도 한 사실이 인정되기는 하나, 피고 김◆◆는 피고 이◇◇와 원고들 사이의 말다툼이 심해지자 피고 이◇◇를 말리기도 하였고, 원고들에게 직접 욕설이나 반말을 사용하지도 않았던 점, 앞서 인정한 원고들에 대한 욕설, 민원제기 등은 대부분 피고 이◇◇가 하였던 점에 비추어 피고 김◆◆의 행위를 피고 이◇◇와 동등하게 평가할 수는 없으므로, 원고들의 피고 김◆◆에 대한 청구는 받아들이지 아니한다.

다. 손해배상책임의 범위

1) 피고 이◇◇는 원고들이 입은 정신적 손해에 대하여 금전적으로 위자할 책임이 있다고 할 것이고, 층간소음이 발단이 되어 이 사건 다툼에 이르게 되었던 점, 피고 이◇◇가 한 불법행위의 기간 및 정도, 피고 이◇◇의 행위로 정서적 안정이 절실한 유년의 원고 김●●, 김◎◎가 크나큰 정신적 충격을 받은 것으로 보이는 점, 원고들이 침해받은 주거의 평온, 원고들이 당초 예정한 전세 기간 이전에 이사하게 되어 입었을 것

으로 보이는 재산적 손실 등의 사정과 다툼의 과정에서 원고 김○○ 또한 피고 이◇◇에게 거친 표현을 사용한 것으로 보이는 점 등 이 사건 변론에 나타난 모든 사정을 종합하면, 피고 이◇◇가 원고들에게 지급하여야 할 위자료는 원고별로 각 1,000,000원으로 정함이 상당하다.

2) 한편, 원고 이○○, 원고 김◎◎는 피고들의 불법행위로 인하여 위 원고들이 치료를 받게 되었다면서 원고 이○○가 2017. 12. 25. 지출한 92,240원의 치료비와 김◎◎가 2017. 9. 16부터 같은 해 11. 17.까지 지출한 합계 1,581,160원의 치료비에 대해서도 그 지급을 구하고 있으나, 원고들이 제출한 증거만으로는 위와 같은 치료비의 지출이 오로지 피고들의 행위로 인한 것임을 인정하기에는 부족하고 달리 이를 인정할 증거가 없어 이 부분 청구는 받아들이지 아니한다.

라. 소결론

따라서 피고 이◇◇는 위에서 살펴본 불법행위에 대한 손해배상책임으로 원고들에게 각 1,000,000원과 위 각 돈에 대하여 이 사건 불법행위일 이후로서 원고들이 구하는 바에 따라 이 사건 소장 부본 송달일 다음날임이 기록상 명백한 2018. 2. 3.부터 피고 이◇◇가 그 이행의무의 존부나 범위에 관하여 항쟁함이 상당하다고 인정되는 이 사건 판결 선고일인 2019. 7. 12.까지는 민법이 정한 연 5%의, 그 다음날부터 갚는 날까지는 소송촉진 등에 관한 특례법이 정한 연 15%의 각 비율로 계산한 지연손해금을 각 지급할 의무가 있다.

4. 결론

그렇다면 원고들의 피고 이◇◇에 대한 청구는 위 인정범위 내에서 이유 있어 인용하고, 나머지 청구는 이유 없어 기각하며, 피고 김◆◆에 대한 청구는 이유 없어 기각하기로 하여 주문과 같이 판결한다.

[2] 반려동물 분쟁

1. 공동주택 내 반려동물과 생활하기

1-1. 관리주체 동의 필요

① 입주자·사용자는 가축(장애인 보조견은 제외)을 사육함으로써 공동 주거생활에 피해를 미치는 행위를 하려는 경우에는 관리주체의 동 의를 받아야 합니다(「공동주택관리법 시행령」 제19조 제2항 제4 호).

② 또한, 공동주택 내에서 반려동물과 생활할 수 있는지 여부는 각 공동주택의 관리규약을 확인해야 합니다.

③ "관리주체"란 공동주택을 관리하는 다음의 자를 말합니다(「공동주 택관리법」 제2조 제1항 제10호).

- 자치관리기구(「공동주택관리법」 제6조 제1항)의 대표자인 공동주택의 관리사무소장
- 「공동주택관리법」 제13조 제1항에 따라 관리업무를 인계하기 전의 사 업주체
- 주택관리업자
- 임대사업자
- 「민간임대주택에 관한 특별법」 제2조 제11호에 따른 주택임대관리업 자(시설물 유지·보수·개량 및 그 밖의 주택관리 업무를 수행하는 경우 에 한정)

1-2. 반려동물 관리하기

1-2-1. 등록대상동물의 등록

① 등록대상동물의 소유자는 동물의 보호와 유실·유기방지 등을 위해

시장·군수·구청장(자치구의 구청장을 말함)·특별자치시장(이하 "시장·군수·구청장"이라 함)에게 등록대상동물을 등록해야 합니다(「동물보호법」 제12조 제1항 본문).

② 이를 위반하여 등록대상동물을 등록하지 않은 경우에는 100만원 이하의 과태료가 부과됩니다(「동물보호법」 제47조 제2항 제5호).

③ "등록대상동물"이란 다음의 어느 하나에 해당하는 월령(月齡) 2개월 이상인 개를 말합니다(「동물보호법」 제2조 제2호 및 「동물보호법 시행령」 제3조).

1. 주택(「주택법」 제2조제1호)·준주택(「주택법」 제2조제4호)에서 기르는 개

2. 위 1.에 따른 주택·준주택 외의 장소에서 반려(伴侶) 목적으로 기르는 개

1-2-2. 인식표 부착하기

① 소유자 등은 등록대상동물을 기르는 곳에서 벗어나게 하는 경우에는 소유자의 성명, 전화번호, 동물등록번호(등록한 동물만 해당)를 표시한 인식표를 등록대상동물에 부착해야 합니다(「동물보호법」 제13조 제1항 및 「동물보호법 시행규칙」 제11조).

② 이를 위반하여 인식표를 부착하지 않은 경우에는 50만원 이하의 과태료가 부과됩니다(「동물보호법」 제47조 제3항 제3호).

③ "소유자 등"이란 동물의 소유자와 일시적 또는 영구적으로 동물을 사육·관리 또는 보호하는 사람을 말합니다(「동물보호법」 제2조 제3호).

1-2-3. 목줄 등 안전조치하기

① 소유자 등은 등록대상동물을 동반하고 외출할 때에는 목줄 또는 가슴줄을 하거나 이동장치를 사용해야 합니다(「동물보호법」 제13

조 제2항 및 「동물보호법 시행규칙」 제12조 제1항 본문).

② 다만, 소유자등이 월령 3개월 미만인 등록대상동물을 직접 안아서 외출하는 경우에는 해당 안전조치를 하지 않을 수 있습니다(「동물보호법 시행규칙」 제12조 제1항 단서).

③ 위의 목줄 또는 가슴줄은 2m 이내의 길이여야 합니다(「동물보호법 시행규칙」 제12조 제2항).

④ 소유자등은 다중주택 및 다가구주택, 공동주택의 건물 내부의 공용공간에서는 등록대상동물을 직접 안거나 목줄의 목덜미 부분 또는 가슴줄의 손잡이 부분을 잡는 등 등록대상동물이 이동할 수 없도록 안전조치를 해야 합니다(「동물보호법 시행규칙」 제12조 제3항).

⑤ 이를 위반하여 안전조치를 하지 않은 경우에는 50만원 이하의 과태료가 부과됩니다(「동물보호법」 제47조 제3항 제4호).

1-2-4. 맹견(猛犬)관리

① 맹견의 소유자 등은 소유자 등 없이 맹견을 기르는 곳에서 벗어나지 않게 해야 합니다(「동물보호법」 제13조의2 제1항 제1호).

② 월령이 3개월 이상인 맹견을 동반하고 외출할 때에는 다음의 사항을 준수해야 합니다(「동물보호법」 제13조의2 제1항제2호 및 「동물보호법 시행규칙」 제12조의2 제1항).

　1. 목줄을 할 것
　2. 맹견이 호흡 또는 체온조절을 하거나 물을 마시는 데 지장이 없는 범위에서 사람에 대한 공격을 효과적으로 차단할 수 있는 크기의 입마개를 할 것

③ 위의 1.과 2.에도 불구하고 다음의 기준을 충족하는 이동장치를 사용하여 맹견을 이동시킬 때에는 맹견에게 목줄 및 입마개를 하지 않을 수 있습니다(「동물보호법 시행규칙」 제12조의2 제2항).

1. 맹견이 이동장치에서 탈출할 수 없도록 잠금장치를 갖출 것
2. 이동장치의 입구, 잠금장치 및 외벽은 충격 등에 따라 쉽게 파손되지 않는 견고한 재질일 것

④ 맹견의 소유자는 맹견으로 인한 다른 사람의 생명·신체나 재산상의 피해를 보상하기 위하여 「동물보호법 시행령」 제6조의2에 따라 보험에 가입해야 합니다(「동물보호법」 제13조의2 제4항).

⑤ 이를 위반하여 맹견을 소유자 등 없이 기르는 곳에서 벗어나게 하거나 안전장치 등을 하지 않는 경우 또는 보험에 가입하지 않은 경우에는 300만원 이하의 과태료가 부과됩니다(「동물보호법」 제47조 제1항 제2호의2, 제2호의3 및 제2조의6).

⑥ "맹견"은 다음과 같습니다(「동물보호법」 제13조의2 제1항 제2호 및 「동물보호법 시행규칙」 제1조의2).

1. 도사견과 그 잡종의 개
2. 아메리칸 핏불 테리어와 그 잡종의 개
3. 아메리칸 스태퍼드셔 테리어와 그 잡종의 개
4. 스태퍼드셔 불 테리어와 그 잡종의 개
5. 로트와일러와 그 잡종의 개

1-2-5. 배설물 수거하기

① 소유자 등은 등록대상동물을 동반하고 외출할 때에는 배설물(소변의 경우에는 공동주택의 엘리베이터·계단 등 건물 내부의 공용공간 및 평상·의자 등 사람이 눕거나 앉을 수 있는 기구 위의 것으로 한정함)이 생겼을 때에 즉시 수거해야 합니다(「동물보호법」 제13조 제2항).

② 이를 위반하여 배설물을 수거하지 않은 경우에는 50만원 이하의 과태료가 부과됩니다(「동물보호법」 제47조 제3항 제4호).

2. 반려동물 관리 책임

2-1. 손해배상책임

① 반려동물이 사람의 다리를 물어 상처를 내는 등 고의 또는 과실로 다른 사람에게 손해를 끼쳤다면 치료비 등 그 손해를 배상해 주어야 합니다(「민법」 제750조 및 제759조 제1항 전단).

② 이 때 손해를 배상해야 하는 자는 반려동물의 소유자뿐만 아니라 소유자를 위해 사육·관리 또는 보호에 종사한 사람도 해당됩니다(「민법」 제759조 제2항).

2-2. 손해배상 책임 인정 사례

甲이 애완견을 데리고 공원에서 휴식을 취하던 중 애완견의 목줄을 놓치는 바람에 애완견이 부근에 있던 만 4세의 乙을 물어 상해를 입게 한 사안에서, 甲은 애완견이 주변 사람들에게 위해를 가하지 못하도록 목줄을 단단히 잡고 있을 의무를 위반한 과실로 乙로 하여금 상해를 입게 하였으므로 乙이 입은 손해를 배상할 의무가 있고, 어린아이의 보호자로서는 아이에게 위해를 가할 수 있는 주변 상황을 잘 살필 의무가 있고 아이 주변에 동물이 있을 경우 동물이 아이를 공격할 가능성에 대비할 필요가 있으나, 주인이 동행하는 애완견의 경우 주인이 사고 가능성을 예방하는 적절한 조치를 취할 것으로 믿는 것이 일반적이고, 乙의 보호자가 사고 예방을 위하여 마땅히 취해야 할 조치를 방임하였다고 볼 수 없다고 판단한다(서울동부지법 2015. 5. 13., 선고 2014나22750 판결).

2-3. 동물학대 시 처벌

① 반려동물을 죽음에 이르게 하는 학대행위를 한 경우에는 3년 이하의 징역 또는 3천만 원 이하의 벌금에 처해집니다(「동물보호법」

제46조 제1항 제1호).

② 반려동물을 학대한 경우에는 2년 이하의 징역 또는 2천만 원 이하의 벌금에 처해집니다(「동물보호법」 제46조 제2항 제1호).

2-4. 안전조치 및 준수사항 위반으로 사망·상해 발생 시 처벌

① 반려동물의 목줄 등 안전조치를 하지 않거나 맹견 관리를 위한 준수사항을 위반하여 사람을 사망에 이르게 한 경우에는 3년 이하의 징역 또는 3천만 원 이하의 벌금에 처해집니다(「동물보호법」 제46조 제1항 제2호).

② 반려동물의 목줄 등 안전조치를 하지 않거나 맹견 관리를 위한 준수사항을 위반하여 사람의 신체를 상해에 이르게 한 경우에는 2년 이하의 징역 또는 2천만원 이하의 벌금에 처해집니다(「동물보호법」 제46조 제2항 제1호의3 및 제1호의4).

2-5. 경범죄 처벌

다음의 어느 하나에 해당하는 경우에는 다음의 구분에 따라 범칙금을 납부해야 합니다(「경범죄 처벌법」 제3조 제1항 제25호·제26호, 제6조 제1항, 「경범죄 처벌법 시행령」 제2조 및 별표).

- 사람이나 가축에 해를 끼치는 버릇이 있는 반려동물을 함부로 풀어 놓거나 제대로 살피지 않아 나다니게 한 경우: 5만 원

- 개나 그 밖의 동물을 시켜 사람이나 가축에게 달려들게 한 경우: 8만 원

3. 반려동물 분쟁의 발생

■ "분쟁 사례"의 해결: 반려견 주인의 손해배상 책임

[질문] 이웃의 반려견에게 물려 부상을 당한 경우, 피해의 보상은 어떻게 받을
수 있나요?

[답변] 반려견의 주인은 해당 반려견이 다른 사람에게 위해를 가하지 않도록 반
려견과 외출할 때에는 목줄을 하거나 맹견의 경우에는 입마개를 하는 등
기본적인 사항을 준수해야 하고, 위해 방지를 위해 적절한 조치를 할 의
무를 부담합니다.
따라서 반려견 주인이 반려견의 목줄을 놓치는 등 반려견 주인으로서의
의무를 위반한 과실이 인정된다면, 반려견의 주인은 그에 따라 발생한 손
해를 배상할 책임이 있습니다.

4. 반려동물에 대한 관련 법령

4-1. 공동주택관리법시행령

> **제19조(관리규약의 준칙)**
> ② 입주자등은 다음 각 호의 어느 하나에 해당하는 행위를 하려는 경우에는 관리주체의 동의를 받아야 한다. 〈개정 2017. 1. 10., 2018. 11. 20., 2022. 11. 29.〉
> 　4. 가축(장애인 보조견은 제외한다)을 사육하거나 방송시설 등을 사용함으로써 공동주거생활에 피해를 미치는 행위

4-2. 동물보호법

> **제12조(등록대상동물의 등록 등)**
> ① 등록대상동물의 소유자는 동물의 보호와 유실·유기방지 등을 위하여 시장·군수·구청장(자치구의 구청장을 말한다. 이하 같다)·특별자치시장(이하 "시장·군수·구청장"이라 한다)에게 등록대상동물을 등록하여야 한다. 다만, 등록대상동물이 맹견이 아닌 경우로서 농림축산식품부령으로 정하는 바에 따라 시·도의 조례로 정하는 지역에서는 그러하지 아니하다. 〈개정 2013. 3. 23., 2018. 3. 20.〉
> ② 제1항에 따라 등록된 등록대상동물의 소유자는 다음 각 호의 어느 하나에 해당하는 경우에는 해당 각 호의 구분에 따른 기간에 시장·군수·구청장에게 신고하여야 한다. 〈개정 2013. 3. 23., 2017. 3. 21.〉
> 　1. 등록대상동물을 잃어버린 경우에는 등록대상동물을 잃어버린 날부터 10일 이내
> 　2. 등록대상동물에 대하여 농림축산식품부령으로 정하는 사항이 변경된 경우에는 변경 사유 발생일부터 30일 이내
> ③ 제1항에 따른 등록대상동물의 소유권을 이전받은 자 중 제1항에 따른 등록을 실시하는 지역에 거주하는 자는 그 사실을 소유권을 이전받은 날부터 30일 이내에 자신의 주소지를 관할하는 시장·군수·구청장에게 신고하여야 한다.
> ④ 시장·군수·구청장은 농림축산식품부령으로 정하는 자(이하 이 조에서

"동물등록대행자"라 한다)로 하여금 제1항부터 제3항까지의 규정에 따른 업무를 대행하게 할 수 있다. 이 경우 그에 따른 수수료를 지급할 수 있다. 〈개정 2013. 3. 23., 2020. 2. 11.〉

⑤ 등록대상동물의 등록 사항 및 방법·절차, 변경신고 절차, 동물등록대행자 준수사항 등에 관한 사항은 농림축산식품부령으로 정하며, 그 밖에 등록에 필요한 사항은 시·도의 조례로 정한다. 〈개정 2013. 3. 23., 2020. 2. 11.〉

제13조(등록대상동물의 관리 등)

① 소유자등은 등록대상동물을 기르는 곳에서 벗어나게 하는 경우에는 소유자등의 연락처 등 농림축산식품부령으로 정하는 사항을 표시한 인식표를 등록대상동물에게 부착하여야 한다. 〈개정 2013. 3. 23.〉

② 소유자등은 등록대상동물을 동반하고 외출할 때에는 농림축산식품부령으로 정하는 바에 따라 목줄 등 안전조치를 하여야 하며, 배설물(소변의 경우에는 공동주택의 엘리베이터·계단 등 건물 내부의 공용공간 및 평상·의자 등 사람이 눕거나 앉을 수 있는 기구 위의 것으로 한정한다)이 생겼을 때에는 즉시 수거하여야 한다. 〈개정 2013. 3. 23., 2015. 1. 20.〉

③ 시·도지사는 등록대상동물의 유실·유기 또는 공중위생상의 위해 방지를 위하여 필요할 때에는 시·도의 조례로 정하는 바에 따라 소유자등으로 하여금 등록대상동물에 대하여 예방접종을 하게 하거나 특정 지역 또는 장소에서의 사육 또는 출입을 제한하게 하는 등 필요한 조치를 할 수 있다.

제13조의2(맹견의 관리)

① 맹견의 소유자등은 다음 각 호의 사항을 준수하여야 한다.
  1. 소유자등 없이 맹견을 기르는 곳에서 벗어나지 아니하게 할 것
  2. 월령이 3개월 이상인 맹견을 동반하고 외출할 때에는 농림축산식품부령으로 정하는 바에 따라 목줄 및 입마개 등 안전장치를 하거나 맹견의 탈출을 방지할 수 있는 적정한 이동장치를 할 것
  3. 그 밖에 맹견이 사람에게 신체적 피해를 주지 아니하도록 하기 위하여 농림축산식품부령으로 정하는 사항을 따를 것

② 시·도지사와 시장·군수·구청장은 맹견이 사람에게 신체적 피해를 주는 경우 농림축산식품부령으로 정하는 바에 따라 소유자등의 동의 없이 맹견에 대하여 격리조치 등 필요한 조치를 취할 수 있다.

③ 맹견의 소유자는 맹견의 안전한 사육 및 관리에 관하여 농림축산식품부

령으로 정하는 바에 따라 정기적으로 교육을 받아야 한다.

④ 맹견의 소유자는 맹견으로 인한 다른 사람의 생명·신체나 재산상의 피해를 보상하기 위하여 대통령령으로 정하는 바에 따라 보험에 가입하여야 한다. 〈신설 2020. 2. 11.〉

[본조신설 2018. 3. 20.]

제13조의3(맹견의 출입금지 등)

맹견의 소유자등은 다음 각 호의 어느 하나에 해당하는 장소에 맹견이 출입하지 아니하도록 하여야 한다.

1. 「영유아보육법」 제2조제3호에 따른 어린이집
2. 「유아교육법」 제2조제2호에 따른 유치원
3. 「초·중등교육법」 제38조에 따른 초등학교 및 같은 법 제55조에 따른 특수학교
4. 그 밖에 불특정 다수인이 이용하는 장소로서 시·도의 조례로 정하는 장소

[본조신설 2018. 3. 20.]

4-3. 경범죄처벌법

제3조(경범죄의 종류)

① 다음 각 호의 어느 하나에 해당하는 사람은 10만원 이하의 벌금, 구류 또는 과료(科料)의 형으로 처벌한다. 〈개정 2014. 11. 19., 2017. 7. 26., 2017. 10. 24.〉

25. (위험한 동물의 관리 소홀) 사람이나 가축에 해를 끼치는 버릇이 있는 개나 그 밖의 동물을 함부로 풀어놓거나 제대로 살피지 아니하여 나다니게 한 사람

26. (동물 등에 의한 행패 등) 소나 말을 놀라게 하여 달아나게 하거나 개나 그 밖의 동물을 시켜 사람이나 가축에게 달려들게 한 사람

[3] 간접흡연 피해 분쟁

1. 간접흡연 방지 조치

1-1. 입주자·사용자의 주의

공동주택의 입주자·사용자는 발코니, 화장실 등 세대 내에서의 흡연으로 인해 다른 입주자등에게 피해를 주지 않도록 노력해야 합니다(「공동주택관리법」 제20조의2 제1항).

1-2. 관리주체의 조치 등

① 간접흡연으로 피해를 입은 입주자·사용자는 관리주체에게 간접흡연 발생 사실을 알리고, 관리주체가 간접흡연 피해를 끼친 해당 입주자·사용자에게 일정한 장소에서 흡연을 중단하도록 권고할 것을 요청할 수 있습니다(「공동주택관리법」 제20조의2 제2항 전단).

② 이 경우 관리주체는 사실관계 확인을 위해 세대 내 확인 등 필요한 조사를 할 수 있습니다(「공동주택관리법」 제20조의2 제2항 후단).

③ 간접흡연 피해를 끼친 입주자·사용자는 위에 따른 관리주체의 권고에 협조해야 합니다(「공동주택관리법」 제20조의2 제3항).

④ "관리주체"란 공동주택을 관리하는 다음의 자를 말합니다(「공동주택관리법」 제2조 제1항 제10호).
  - 자치관리기구(「공동주택관리법」 제6조 제1항)의 대표자인 공동주택의 관리사무소장
  - 「공동주택관리법」 제13조 제1항에 따라 관리업무를 인계하기 전의 사업주체
  - 주택관리업자
  - 임대사업자

- 「민간임대주택에 관한 특별법」 제2조 제11호에 따른 주택임대관리업자(시설물 유지·보수·개량 및 그 밖의 주택관리 업무를 수행하는 경우에 한정)

1-3. 간접흡연 예방 등

① 관리주체는 필요한 경우 입주자·사용자를 대상으로 간접흡연의 예방, 분쟁의 조정 등을 위한 교육을 실시할 수 있습니다(「공동주택관리법」 제20조의2 제4항).

② 입주자·사용자는 필요한 경우 간접흡연에 따른 분쟁의 예방, 조정, 교육 등을 위해 자치적인 조직을 구성하여 운영할 수 있습니다(「공동주택관리법」 제20조의2 제5항).

2. 금연구역 지정 및 제재

2-1. 공용 공간 금연구역 지정

특별자치시장·특별자치도지사·시장·군수·구청장은 공동주택의 거주세대 중 2분의 1 이상이 그 공동주택의 복도, 계단, 엘리베이터 및 지하주차장의 전부 또는 일부를 금연구역으로 지정하여 줄 것을 신청하면 그 구역을 금연구역으로 지정합니다(「국민건강증진법」 제9조 제5항 전단).

2-2. 금연구역 안내표지 설치

특별자치시장·특별자치도지사·시장·군수·구청장은 금연구역을 지정한 경우에는 해당 공동주택의 출입구 및 금연구역 지정 시설의 출입구 등에 다음의 사항이 포함된 금연구역 안내표지를 설치해야 합니다(「국민건강증진법」 제9조 제5항 및 「국민건강증진법 시행규칙」 제6조의3 제1항·제2항).

- 금연을 상징하는 그림 또는 문자

- 금연구역에서 흡연한 경우 과태료 부과대상이 된다는 사실
  위반사항에 대한 신고전화번호
- 그 밖에 금연구역의 안내를 위해 보건복지부장관이 필요하다고 인정
  하는 사항

2-3. 금연구역 내 흡연 시 제재

① 누구든지 지정된 금연구역에서 흡연해서는 안 됩니다(「국민건강증
진법」 제9조 제8항).

② 지정된 금연구역에서 흡연을 한 경우에게는 10만 원 이하의 과태
료가 부과됩니다(「국민건강증진법」 제34조 제3항 제2호).

3. 간접흡연 피해 분쟁의 발생

■ 베란다 통한 간접흡연의 피해가 심각할 경우 층간소음처럼 조정을
신청할 수 있나요?

[질문] 베란다 통한 간접흡연의 피해가 심각할 경우 층간소음처럼 공동주택관리
분쟁조정위원회 또는 환경분쟁조정위원회에 조정을 신청할 수 있나요?

[답변] 간접흡연은 층간소음과는 달리 명확한 기준이나 측정방법이 없기 때문에
일정하게 규제하기에는 힘든 점이 있습니다. 때문에 현재는 간접흡연과
관련된 분쟁으로 공동주택관리분쟁조정위원회 또는 환경분쟁조정위원회에
조정 신청을 할 수 있는 법적 근거가 없는 실정입니다.
또한, 공동주택 내에서 금연구역으로 지정할 수 있는 곳은 복도, 계단,
엘리베이터, 지하주차장과 같은 공용구역이기 때문에 베란다를 금연구역
으로 지정하기도 힘듭니다.
따라서 간접흡연 분쟁은 피해를 최소화하려는 주민들의 자발적인 노력과
원만한 분쟁해결 의지를 통해 해결책을 찾는 것이 바람직하며, 각 공동주
택에서는 개별 관리규약을 통해 분쟁을 원만하게 해결할 수 있는 방안을
마련하는 것이 필요할 것입니다.

■ 아래층 베란다에서 피우는 담배연기 때문에 피해를 받고 있는데요. 금연구역으로 지정할 수 없나요?

[질문] 아래층 베란다에서 피우는 담배연기 때문에 피해를 받고 있는데요. 베란다는 금연구역으로 지정할 수 없나요?

[답변] 공동주택에서 금연구역으로 지정할 수 있는 곳은 복도, 계단, 엘리베이터, 지하주차장과 같은 공용구역이므로, 베란다는 금연구역으로 지정할 수 없습니다.

◇ 공용 공간 금연구역 지정

특별자치시장·특별자치도지사·시장·군수·구청장은 공동주택의 거주세대 중 2분의 1 이상이 그 공동주택의 복도, 계단, 엘리베이터 및 지하주차장의 전부 또는 일부를 금연구역으로 지정하여 줄 것을 신청하면 그 구역을 금연구역으로 지정하고, 금연구역임을 알리는 안내표지를 설치해야 합니다.

◇ 관리주체의 조치 등

① 간접흡연으로 피해를 입은 입주자·사용자는 관리주체에게 간접흡연 발생 사실을 알리고, 관리주체가 간접흡연 피해를 끼친 해당 입주자·사용자에게 일정한 장소에서 흡연을 중단하도록 권고할 것을 요청할 수 있습니다.

② 이 경우 관리주체는 사실관계 확인을 위해 세대 내 확인 등 필요한 조사를 할 수 있습니다.

4. 간접흡연에 대한 관련 법령

4-1. 공동주택관리법

제20조의2(간접흡연의 방지 등)

① 공동주택의 입주자등은 발코니, 화장실 등 세대 내에서의 흡연으로 인하여 다른 입주자등에게 피해를 주지 아니하도록 노력하여야 한다.

② 간접흡연으로 피해를 입은 입주자등은 관리주체에게 간접흡연 발생 사실을 알리고, 관리주체가 간접흡연 피해를 끼친 해당 입주자등에게 일정한 장소에서 흡연을 중단하도록 권고할 것을 요청할 수 있다. 이 경우 관리주체는 사실관계 확인을 위하여 세대 내 확인 등 필요한 조사를 할 수 있다.

③ 간접흡연 피해를 끼친 입주자등은 제2항에 따른 관리주체의 권고에 협조하여야 한다.

④ 관리주체는 필요한 경우 입주자등을 대상으로 간접흡연의 예방, 분쟁의 조정 등을 위한 교육을 실시할 수 있다.

⑤ 입주자등은 필요한 경우 간접흡연에 따른 분쟁의 예방, 조정, 교육 등을 위하여 자치적인 조직을 구성하여 운영할 수 있다.

[본조신설 2017. 8. 9.]

4-2. 국민건강증진법

제9조(금연을 위한 조치)

④ 다음 각 호의 공중이 이용하는 시설의 소유자·점유자 또는 관리자는 해당 시설의 전체를 금연구역으로 지정하고 금연구역을 알리는 표지를 설치하여야 한다. 이 경우 흡연자를 위한 흡연실을 설치할 수 있으며, 금연구역을 알리는 표지와 흡연실을 설치하는 기준·방법 등은 보건복지부령으로 정한다. *〈개정 2011. 6. 7., 2014. 1. 21., 2016. 12. 2., 2017. 12. 30., 2021. 12. 21.〉*

1. 국회의 청사
2. 정부 및 지방자치단체의 청사
3. 「법원조직법」에 따른 법원과 그 소속 기관의 청사
4. 「공공기관의 운영에 관한 법률」에 따른 공공기관의 청사

5. 「지방공기업법」에 따른 지방공기업의 청사
6. 「유아교육법」·「초·중등교육법」에 따른 학교[교사(校舍)와 운동장 등 모든 구역을 포함한다]
7. 「고등교육법」에 따른 학교의 교사
8. 「의료법」에 따른 의료기관, 「지역보건법」에 따른 보건소·보건의료원·보건지소
9. 「영유아보육법」에 따른 어린이집
10. 「청소년활동 진흥법」에 따른 청소년수련관, 청소년수련원, 청소년문화의집, 청소년특화시설, 청소년야영장, 유스호스텔, 청소년이용시설 등 청소년활동시설
11. 「도서관법」에 따른 도서관
12. 「어린이놀이시설 안전관리법」에 따른 어린이놀이시설
13. 「학원의 설립·운영 및 과외교습에 관한 법률」에 따른 학원 중 학교교과교습학원과 연면적 1천제곱미터 이상의 학원
14. 공항·여객부두·철도역·여객자동차터미널 등 교통 관련시설의 대기실·승강장, 지하보도 및 16인승 이상의 교통수단으로서 여객 또는 화물을 유상으로 운송하는 것
15. 「자동차관리법」에 따른 어린이운송용 승합자동차
16. 연면적 1천제곱미터 이상의 사무용건축물, 공장 및 복합용도의 건축물
17. 「공연법」에 따른 공연장으로서 객석 수 300석 이상의 공연장
18. 「유통산업발전법」에 따라 개설등록된 대규모점포와 같은 법에 따른 상점가 중 지하도에 있는 상점가
19. 「관광진흥법」에 따른 관광숙박업소
20. 「체육시설의 설치·이용에 관한 법률」에 따른 체육시설로서 1천명 이상의 관객을 수용할 수 있는 체육시설과 같은 법 제10조에 따른 체육시설업에 해당하는 체육시설로서 실내에 설치된 체육시설
21. 「사회복지사업법」에 따른 사회복지시설
22. 「공중위생관리법」에 따른 목욕장
23. 「게임산업진흥에 관한 법률」에 따른 청소년게임제공업소, 일반게임제공업소, 인터넷컴퓨터게임시설제공업소 및 복합유통 게임제공업소
24. 「식품위생법」에 따른 식품접객업 중 영업장의 넓이가 보건복지부령으로 정하는 넓이 이상인 휴게음식점영업소, 일반음식 점영업소 및 제과점영업소와 같은 법에 따른 식품소분·판매업 중 보건복지부령으로 정하는

넓이 이상인 실내 휴게공간을 마련하여 운영하는 식품자동판매기 영업소

25. 「청소년보호법」에 따른 만화대여업소

26. 그 밖에 보건복지부령으로 정하는 시설 또는 기관

⑤ 특별자치시장·특별자치도지사·시장·군수·구청장은 「주택법」 제2조제3호에 따른 공동주택의 거주 세대 중 2분의 1 이상이 그 공동주택의 복도, 계단, 엘리베이터 및 지하주차장의 전부 또는 일부를 금연구역으로 지정하여 줄 것을 신청하면 그 구역을 금연구역으로 지정하고, 금연구역임을 알리는 안내표지를 설치하여야 한다. 이 경우 금연구역 지정 절차 및 금연구역 안내표지 설치 방법 등은 보건복지부령으로 정한다. 〈신설 2016. 3. 2., 2017. 12. 30.〉

⑥ 특별자치시장·특별자치도지사·시장·군수·구청장은 흡연으로 인한 피해 방지와 주민의 건강 증진을 위하여 다음 각 호에 해당하는 장소를 금연구역으로 지정하고, 금연구역임을 알리는 안내표지를 설치하여야 한다. 이 경우 금연구역 안내표지 설치 방법 등에 필요한 사항은 보건복지부령으로 정한다. 〈신설 2017. 12. 30.〉

1. 「유아교육법」에 따른 유치원 시설의 경계선으로부터 10미터 이내의 구역(일반 공중의 통행·이용 등에 제공된 구역을 말한다)

2. 「영유아보육법」에 따른 어린이집 시설의 경계선으로부터 10미터 이내의 구역(일반 공중의 통행·이용 등에 제공된 구역을 말한다)

⑦ 지방자치단체는 흡연으로 인한 피해 방지와 주민의 건강 증진을 위하여 필요하다고 인정하는 경우 조례로 다수인이 모이거나 오고가는 관할 구역 안의 일정한 장소를 금연구역으로 지정할 수 있다. 〈신설 2010. 5. 27., 2016. 3. 2., 2017. 12. 30.〉

⑧ 누구든지 제4항부터 제7항까지의 규정에 따라 지정된 금연구역에서 흡연하여서는 아니 된다. 〈개정 2010. 5. 27., 2016. 3. 2., 2017. 12. 30.〉

⑨ 특별자치시장·특별자치도지사·시장·군수·구청장은 제4항 각 호에 따른 시설의 소유자·점유자 또는 관리자가 다음 각 호의 어느 하나에 해당하면 일정한 기간을 정하여 그 시정을 명할 수 있다. 〈신설 2016. 12. 2., 2017. 12. 30.〉

1. 제4항 전단을 위반하여 금연구역을 지정하지 아니하거나 금연구역을 알리는 표지를 설치하지 아니한 경우

2. 제4항 후단에 따른 금연구역을 알리는 표지 또는 흡연실의 설치 기준·방법 등을 위반한 경우

[제목개정 2016. 12. 2.]

[4] 주차 분쟁

1. 주차 금지

1-1. 금지 장소

모든 차의 운전자는 다음 어느 하나에 해당하는 곳에서는 차를 정차하거나 주차해서는 안 됩니다(「도로교통법」 제32조 본문 및 「도로교통법 시행령」 제10조의3 제1항).

- 교차로·횡단보도·건널목이나 보도와 차도가 구분된 도로의 보도(「주차장법」에 따라 차도와 보도에 걸쳐서 설치된 노상 주차장은 제외)

- 교차로의 가장자리나 도로의 모퉁이로부터 5미터 이내인 곳

- 안전지대가 설치된 도로에서는 그 안전지대의 사방으로부터 각각 10미터 이내인 곳

- 버스여객자동차의 정류지(停留地)임을 표시하는 기둥이나 표지판 또는 선이 설치된 곳으로부터 10미터 이내인 곳(다만, 버스여객자동차의 운전자가 그 버스여객자동차의 운행시간 중에 운행노선에 따르는 정류장에서 승객을 태우거나 내리기 위해 차를 정차하거나 주차하는 경우에는 예외로 함)

- 건널목의 가장자리 또는 횡단보도로부터 10미터 이내인 곳

- 다음의 곳으로부터 5미터 이내인 곳

    √ 「소방기본법」 제10조에 따른 소방용수시설 또는 비상소 화장치가 설치된 곳

    √ 「소방시설 설치 및 관리에 관한 법률 시행령」 별표 1 제 1호 다목부터 마목까지의 규정에 따른 옥내소화전설비(호스릴옥내소화전설비를 포함)·스프링클러설비등·물분무등소화설비의 송수구

    √ 「소방시설 설치 및 관리에 관한 법률 시행령」 별표 1 제 4호에 따른

소화용수설비

√ 「소방시설 설치 및 관리에 관한 법률 시행령」 별표 1 제 5호 나목·다목·바목에 따른 연결송수관설비·연결살수설비·연소방지설비의 송수구 및 「소방시설 설치 및 관리에 관한 법률 시행령」 별표 1 제5호마목에 따른 무선통신보조설비의 무선기기접속단자

- 시·도경찰청장이 도로에서의 위험을 방지하고 교통의 안전과 원활한 소통을 확보하기 위해 필요하다고 인정하여 지정한 곳

- 특별시장·광역시장·제주특별자치도지사 또는 시장·군수(광역시의 군수는 제외)(「도로교통법」제3조제1항 참조)가 「도로교통법」 제12조 제1항에 따라 지정한 어린이 보호구역

2. 주차 방법

2-1. 도로 또는 노상주차장 주차 방법

도로 또는 노상주차장에 정차하거나 주차하려고 하는 차의 운전자는 다음의 방법 및 시간을 지켜야 합니다(「도로교통법」 제34조 및 「도로교통법 시행령」 제11조 제1항).

- 모든 차의 운전자는 도로에서 정차할 때에는 차도의 오른쪽 가장자리에 정차할 것(다만, 차도와 보도의 구별이 없는 도로의 경우에는 도로의 오른쪽 가장자리로부터 중앙으로 50센티미터 이상의 거리를 두어야 함)

- 여객자동차의 운전자는 승객을 태우거나 내려주기 위해 정류소 또는 이에 준하는 장소에서 정차하였을 때에는 승객이 타거나 내린 즉시 출발해야 하며 뒤따르는 다른 차의 정차를 방해하지 않을 것

- 모든 차의 운전자는 도로에서 주차할 때에는 시·도 경찰청장이 정하는 주차의 장소·시간 및 방법에 따를 것

2-2. 경사진 곳에서 주차의 방법

① 경사진 곳에 정차하거나 주차(도로 외의 경사진 곳에서 정차하거나 주차하는 경우를 포함)하려는 자동차의 운전자는 자동차의 주차제동장치를 작동한 후에 다음의 조치를 취해야 합니다(「도로교통법」 제34조의3 및 「도로교통법 시행령」 제11조제3항 본문).

  1. 경사의 내리막 방향으로 바퀴에 고임목, 고임돌, 그 밖에 고무, 플라스틱 등 자동차의 미끄럼 사고를 방지할 수 있는 것을 설치할 것

  2. 조향장치(操向裝置)를 도로의 가장자리(자동차에서 가까운 쪽을 말함) 방향으로 돌려놓을 것

  3. 그 밖에 위 1. 또는 2.에 준하는 방법으로 미끄럼 사고의 발생 방지를 위한 조치를 취할 것

② 다만, 운전자가 운전석을 떠나지 않고 직접 제동장치를 작동하고 있는 경우는 위의 조치를 하지 않아도 됩니다(「도로교통법 시행령」 제11조 제3항 단서).

3. 거주자 우선 주차

3-1. 거주자 전용주차구획의 설치

① 특별시장·광역시장, 시장·군수 또는 구청장은 교통의 원활한 소통과 노상주차장의 효율적인 이용을 위해 필요한 경우에는 주거지역에 설치된 노상주차장으로서 인근 주민의 자동차를 위한 전용주차구획을 설치할 수 있습니다(「주차장법」 제10조 제1항 제3호 및 「주차장법 시행규칙」 제6조의2 제1항 제1호).

② 시장·군수 또는 구청장은 위 전용주차구획의 효율적인 이용을 위해 필요하다고 인정하는 경우에는 해당 전용주차구획에 주차가 허용되는 자동차(이하 "전용주차자동차"라 함)가 주차되지 않는 시간대에 전용주차자동차 외의 자동차의 주차를 허용할 수 있습니다

(「주차장법 시행규칙」 제6조의2 제2항).

3-2. 주차행위 제한

특별시장·광역시장, 시장·군수 또는 구청장은 전용주차구획에 지정받지 않은 차량이 주차하는 경우에는 해당 자동차의 운전자 또는 관리책임이 있는 자에게 주차방법을 변경하거나 그 곳으로부터 다른 장소로 이동시킬 것을 명할 수 있습니다(「주차장법」 제8조의2 제1항 제3호).

3-3. 전용주차구획의 설치·운영

① 전용주차구획의 설치·운영에 필요한 사항은 해당 지방자치단체의 조례로 정하고 있습니다(「주차장법 시행규칙」 제6조의2제3항).

② (예시) 「서울특별시 서초구 주차장 설치 및 관리 조례」(서울특별시 서초구조례 제1421호, 2021. 12. 30. 발령·시행)

③ 거주자우선주차 전용구획 운영

- 「주차장법」 제10조 제1항 제3호 및 「주차장법 시행규칙」 제6조의2 제1항 제1호에 따라 설치된 전용주차구획을 거주자우선주차 전용구획이라 하고, 거주자우선주차 전용구획 표지판을 설치해야 합니다(「서울특별시 서초구 주차장 설치 및 관리 조례」 제15조 제1항).

- 거주자우선주차 전용구획 내 자동차의 주차(부정주차) 발견 시 「서울특별시 서초구 주차장 설치 및 관리 조례」 별표 2의 주차요금과 해당 주차요금 4배의 가산금(「주차장법」 제9조 제3항)을 부과하고, 「주차장법」 제8조의2에 따라 견인조치 할 수 있습니다(「서울특별시 서초구 주차장 설치 및 관리조례」 제15조제4항).

- 구청장은 노상주차장 내 전용주차구획의 효율적 운영을 위해 주차장을 사용하지 않는 시간대에 전용주차구획을 다른 사람의 이용에 제공할 수 있습니다(「서울특별시 서초구 주차장 설치 및 관리 조례」 제15조 제5항).

4. 주차 분쟁의 발생

■ 아파트 주차장 입구를 막고 불법주차를 한 경우, 처벌할 수 있는 방법이 없나요?

[질문] 아파트 주차장 입구를 막고 불법주차를 한 경우, 처벌할 수 있는 방법이 없나요?

[답변] 최근 아파트 관리사무소 측이 자신의 차량에 주차위반 스티커를 부착한 데에 불만을 품고 주차장 입구를 자신의 차량으로 막아 다른 주민들에게 큰 불편을 겪게 한 일이 있었는데요. 이와 같은 불법주차는 경우에 따라 형법상 일반교통방해죄, 업무방해죄 등의 형사처벌로 이어질 수 있습니다. 따라서 다른 차량의 통행을 방해하거나 위험을 일으키게 하는 행위를 하지 않도록 유의해야 합니다.

제2장 환경 관련 분쟁

[1] 생활쓰레기 관련 분쟁

1. 생활폐기물(쓰레기) 배출의 원칙

1-1. 쓰레기 용기 등 설치

주택단지에는 생활폐기물보관시설 또는 용기를 설치해야 하며, 그 설치장소는 차량의 출입이 가능하고 주민의 이용에 편리한 곳이어야 합니다(「주택건설기준 등에 관한 규정」 제38조).

1-2. 무단투기 금지

누구든지 특별자치시장, 특별자치도지사, 시장·군수·구청장이나 공원·도로 등 시설의 관리자가 폐기물의 수집을 위해 마련한 장소나 설비 외의 장소에 폐기물을 버리거나, 특별자치시, 특별자치도, 시·군·구의 조례로 정하는 방법 또는 공원·도로 등 시설의 관리자가 지정한 방법을 따르지 않고 생활폐기물을 버려서는 안 됩니다(「폐기물관리법」 제8조 제1항).

2. 생활폐기물의 처리

2-1. 생활폐기물 배출방법

① 생활폐기물이 배출되는 토지나 건물의 소유자·점유자 또는 관리자(이하 "생활폐기물배출자"라 함)는 관할 특별자치시, 특별자치도, 시·군·구의 조례로 정하는 바에 따라 생활환경 보전상 지장이 없는 방법으로 그 폐기물을 스스로 처리하거나 양을 줄여서 배출해야 합니다(「폐기물관리법」 제15조 제1항).

② 생활폐기물배출자는 스스로 처리할 수 없는 생활폐기물의 분리·보관에 필요한 보관시설을 설치하고, 그 생활폐기물을 종류별, 성질·상태별로 분리하여 보관해야 합니다(「폐기물관리법」 제15조 제2항).

2-2. 생활폐기물 배출방법

① 생활폐기물 배출방법에 대한 자세한 내용은 관할 지방자치단체의 조례로 정하고 있습니다(「폐기물관리법」 제15조제1항·제2항).

② (예시) 「세종특별자치시 폐기물 관리 조례」(세종특별자치시조례 제2005호, 2022. 11. 14. 발령·시행)

③ 생활폐기물 배출자는 스스로 처리할 수 없는 생활폐기물을 다음의 기준에 따라 종류·성상별로 분리하여 보관하고, 시장이 정하는 장소에 배출해야 합니다(「세종특별자치시 폐기물 관리 조례」 제6조 제1항).

　1. 생활폐기물은 종량제봉투 묶는 선 아래까지 담아 묶은 후 배출해야 합니다.

　2. 「세종특별자치시 음식물류 폐기물의 발생억제, 수집·운반 및 재활용에 관한 조례」 제2조 제1항 제1호 따른 음식물류폐기물은 「세종특별자치시 음식물류 폐기물의 발생억제, 수집·운반 및 재활용에 관한 조례」에서 정한 방법에 따라 배출해야 합니다.

　3. 재활용품은 환경부장관이 정한 「재활용가능자원의 분리수거 등에 관한 지침」 별표 1의 배출요령에 따라 배출해야 합니다.

　4. 연탄재는 식별과 수거가 용이한 비닐봉투나 별도용기에 담아 원형의 상태로 배출해야 합니다.

　5. 대형폐기물은 배출자가 「세종특별자치시 폐기물 관리 조례」 별표 4에 따른 신고필증을 시장이 지정한 종량제 물품 판매장소에서 구입하거나 시가 운영하는 인터넷 판매망으로 구입하여 해당 폐기물에 부착한 후 지정된 장소에 배출해야 하며, 이 경우 신고필증에 배출품

명, 배출시간 및 배출장소 등을 기입해야 합니다.

6. 가정에서 배출되는 불용의약품과 폐의약품은 무상 배출하되, 약국, 보건소(통합보건지소, 보건지소, 건강생활지원센터, 보건진료소 포함), 읍·면사무소, 동주민센터 및 읍·면·동행정복지센터 등에 배출해야 합 이다.

2-3. 생활폐기물 처리 수수료 징수

특별자치시장, 특별자치도지사, 시장·군수·구청장은 생활폐기물 을 처리할 때에는 배출되는 생활폐기물의 종류, 양 등에 따라 수수료 를 징수할 수 있습니다(「폐기물관리법」 제14조 제5항 전단).

2-4. 생활폐기물 처리 수수료 징수 방법

① 수수료는 해당 지방자치단체의 조례로 정하는 바에 따라 폐기물 종량제(從量制) 봉투 또는 폐기물임을 표시하는 표지 등을 판매하 는 방법으로 징수하되, 음식물류 폐기물의 경우에는 배출량에 따 라 산출한 금액을 부과하는 방법으로 징수할 수 있습니다(「폐기물 관리법」 제14조 제5항 후단).

② (예시) 「세종특별자치시 폐기물 관리 조례」(세종특별자치시조례 제 2005호, 2022. 11. 14. 발령·시행)

③ 생활폐기물의 처리에 관한 수수료의 징수는 다음의 기준에 따릅니 다(「세종특별자치시 폐기물 관리 조례」 제14조 제1항).

1. 생활쓰레기의 수수료는 배출자가 종량제봉투 또는 납부필증을 구입· 사용하도록 함으로써 수수료의 징수를 갈음합니다.

2. 대형폐기물의 수수료는 배출자가 신고필증을 구입·사용하도록 함으로 써 수수료의 징수를 갈음합니다.

3. 연탄재 및 재활용이 가능한 폐기물의 수수료는 징수하지 않습니다.

3. 쓰레기 등 무단투기 시 제재

3-1. 과태료 부과

생활폐기물을 마련된 장소나 설비 외의 장소에 버리거나 폐기물처리시설이 아닌 곳에서 폐기물을 매립 또는 소각하는 경우에는 100만원 이하의 과태료가 부과됩니다(「폐기물관리법」 제68조 제3항 제1호).

3-2. 경범죄 처벌

쓰레기를 아무 곳에 버린 경우에는 다음의 구분에 따라 범칙금을 납부해야 합니다(「경범죄 처벌법」 제3조 제1항 제11호, 제6조 제1항, 「경범죄 처벌법 시행령」 제2조 및 별표)

1. 쓰레기, 죽은 짐승, 그 밖의 더러운 물건(아래 2.에서 정한 것은 제외)이나 못쓰게 된 물건을 함부로 아무 곳에나 버린 경우: 5만원

2. 담배꽁초, 껌, 휴지를 아무 곳에나 버린 경우: 3만원

4. 생활쓰레기 관련 분쟁의 발생

■ "분쟁 사례"의 해결: 환경분쟁조정 사례 참조(중앙환조 17-3-224)

[사건] 시 면 길에 거주하는 등 39명이 인근 축사에서 발생하는 악취로 인해 '05년부터 재정신청일('17.11.28.)까지 정신적 피해를 입었다며, 을·상대로 774,000천원의 피해배상을 요구한 사건임

[조정결과] (악취로 인한 정신적 피해) 신청인들의 주거지가 피신청인 악취 배출시설에서 측정·분석한 자료를 토대로 전문가가 평가한 악취 피해지역 범위 안에 위치하고 있으므로, 신청인들이 악취로 인해 정신적 피해를 입었을 개연성이 인정됨

(배상책임) 피신청인 은 이 사건 돼지 농장을 현실적으로 지배하는 지위에 있으

므로, 악취로 인한 정신적 피해에 대한 원인자에 해당됨

(배상범위) 피신청인 농장의 악취로 인한 정신적 피해에 대한 평가 악취 세기가 수인한도를 초과하는 것으로 나타난 신청인 등 39명에 대해 배상하며, 악취세기와 실제 피해기간(풍향빈도, 거주기간 반영)을 반영하여 산정한 피해배상액은 1인당 250천원~1,110천원으로 함. 또한, 피신청인 농장의 악취로 인해 신청인들이 장기간에 걸쳐 피해를 입은 점, 이러한 피해가 지속됨에도 피신청인이 악취배출시설에 대해 차폐 및 방지시설 설치 등 피해 저감을 위한 노력을 이행하지 않은 점 등을 종합적으로 고려하여 배상액에 50%를 가산함

[2] 일조권 방해 분쟁

1. 일조 등의 확보를 위한 건축물 높이 제한 등

1-1. 건축물 간격

　　전용주거지역이나 일반주거지역에서 건축물을 건축하는 경우에는 건축물의 각 부분을 정북(正北) 방향으로의 인접 대지경계선으로부터 다음의 범위에서 건축조례로 정하는 거리 이상을 띄어 건축해야 합니다(「건축법」 제61조 제1항 및 「건축법 시행령」 제86조 제1항).

- 높이 9미터 이하인 부분: 인접 대지경계선으로부터 1.5미터 이상

- 높이 9미터를 초과하는 부분: 인접 대지경계선으로부터 해당 건축물 각 부분 높이의 2분의 1 이상

1-2. 공동주택 높이 제한 및 간격

　　인접 대지경계선 등의 방향으로 채광을 위한 창문 등을 두거나 하나의 대지에 두 동 이상을 건축하는 경우의 공동주택(일반상업지역과 중심상업지역에 건축하는 것은 제외)은 채광(採光) 등의 확보를 위해 다음의 기준을 충족해야 합니다(「건축법」 제61조 제2항 및 「건축법 시행령」 제86조 제3항 본문).

1. 건축물(기숙사는 제외)의 각 부분의 높이는 그 부분으로부터 채광을 위한 창문 등이 있는 벽면에서 직각 방향으로 인접 대지경계선까지의 수평거리의 2배(근린상업지역 또는 준주거지역의 건축물은 4배) 이하로 할 것

2. 같은 대지에서 두 동(棟) 이상의 건축물이 서로 마주보고 있는 경우(한 동의 건축물 각 부분이 서로 마주보고 있는 경우를 포함)에 건축물 각 부분 사이의 거리는 다음의 거리 이상을 띄어 건축할 것(다만, 그 대지의 모든 세대가 동지(冬至)를 기준으로 9시에서 15시 사이에 2시간 이상을 계속하여 일조(日照)를 확보할 수 있는 거리 이상으로 할 수 있음)

○ 채광을 위한 창문 등이 있는 벽면으로부터 직각방향으로 건축물 각 부분 높이의 0.5배(도시형 생활주택의 경우에는 0.25배) 이상의 범위에서 건축조례로 정하는 거리 이상

○ 위 ○에도 불구하고 서로 마주보는 건축물 중 높은 건축물(높은 건축물을 중심으로 마주보는 두 동의 축이 시계방향으로 정동에서 정서 방향인 경우만 해당)의 주된 개구부(거실과 주된 침실이 있는 부분의 개구부를 말함)의 방향이 낮은 건축물을 향하는 경우에는 10미터 이상으로서 낮은 건축물 각 부분의 높이의 0.5배(도시형 생활주택의 경우에는 0.25배) 이상의 범위에서 건축조례로 정하는 거리 이상

○ 위 ○에도 불구하고 건축물과 부대시설 또는 복리시설이 서로 마주보고 있는 경우에는 부대시설 또는 복리시설 각 부분 높이의 1배 이상

○ 채광창(창 넓이가 0.5제곱미터 이상인 창을 말함)이 없는 벽면과 측벽이 마주보는 경우에는 8미터 이상

○ 측벽과 측벽이 마주보는 경우[마주보는 측벽 중 하나의 측벽에 채광을 위한 창문 등이 설치되어 있지 않은 바닥면적 3제곱미터 이하의 발코니(출입을 위한 개구부를 포함)를 설치하는 경우를 포함]에는 4미터 이상

3. 주택단지(「건축법 시행령」 제3조 제1항 제4호)에 두 동 이상의 건축물이 도로를 사이에 두고 서로 마주보고 있는 경우에는 위 ○부터 ○까지의 규정을 적용하지 않고, 해당 도로의 중심선을 인접 대지경계선으로 보아 위 1.을 적용

2. 일조권 방해 기준

2-1. 사회통념상 수인한도

일조방해행위가 있더라도 다음의 어느 하나에 해당하는 경우는 사회통념상 일반적으로 수인할 수 있는 정도로 보고 있습니다(대법원 2007. 9. 7. 선고, 2005다72485 판결 참조).

- 동지일을 기준으로 9시부터 15시까지 사이의 6시간 중 일조시간이 연속하여 2시간 이상 확보되는 경우
- 동지일을 기준으로 8시에서 16시까지 사이의 8시간 중 일조시간이 통틀어서 최소한 4시간 이상 확보되는 경우

2-2. 수인한도 초과 판단기준

일조방해행위가 사회통념상 수인한도를 넘었는지 여부는 피해의 정도, 피해이익의 성질 및 그에 대한 사회적 평가, 가해 건물의 용도, 지역성, 토지이용의 선후관계, 가해 방지 및 피해 회피의 가능성, 공법적 규제의 위반 여부, 교섭 경과 등 모든 사정을 종합적으로 고려하여 판단해야 합니다(대법원 2014. 2. 27. 선고, 2009다40462 판결).

2-3. 수인한도를 초과한 위법행위로 본 사례

건축 후에 신설된 일조권에 관한 새로운 공법적 규제 역시 이러한 위법성의 평가에 있어서 의미 있는 자료가 될 수 있고 건축법 등 관계 법령에 일조방해에 관한 직접적인 단속법규가 있다면 그 법규에 적합한지 여부가 사법상 위법성을 판단함에 있어서 중요한 판단자료가 될 것이지만, 이러한 공법적 규제에 의하여 확보하고자 하는 일조는 원래 사법상 보호되는 일조권을 공법적인 면에서도 가능한 한 보장하려는 것으로서 특별한 사정이 없는 한 일조권 보호를 위한 최소한도의 기준으로 봄이 상당하고, 구체적인 경우에 있어서는 어떠한 건물 신축이 건축 당시의 공법적 규제에 형식적으로 적합하다고 하더라도 현실적인 일조방해의 정도가 현저하게 커서 사회통념상 수인한

도를 넘은 경우에는 위법행위로 평가될 수 있다고 판단함(대법원 2014. 2. 27. 선고, 2009다40462 판결).

3. 일조권 방해 시 가능한 조치

3-1. 공사 금지 가처분 신청

건축단계에 있는 건축물로 인해 일조권이 방해되는 경우에는 공사 금지 가처분 신청을 제기하여 해당 공사를 중지시킬 수 있습니다(「민사집행법」 제300조 참조).

공사중지 가처분신청서

신 청 인   ○ ○ ○(-   )
　　　　　　○○시 ○○구 ○○○길 ○○○
　　　　　　전화번호 :
피신청인   1. □ □ □(-   )
　　　　　　○○시 ○○구 ○○길 □□□
　　　　　　2. □□ 건설 주식회사
　　　　　　○○시 ○○구 ○○길 □□□
　　　　　　대표이사 □□□

목적물 가액   금○○○○○○원

목적물의 표시
별지기재와 같음

피보전권리의요지
신청인의 소유권에 기한 방해배제청구권 및 손해배상 청구권

신 청 취 지
1. 피신청인들은 별지목록기재 부동산에 대한 지하굴착공사를 하여서는 아니 된다.
2. 집행관은 위 취지를 적당한 방법으로 공시하여야 한다.
3. 담보제공은 채권자와 ○○보증보험주식회사간에 체결한 지급 보증위탁계약 문서 의 제출에 의한다.
4. 신청비용은 피신청인들의 부담으로 한다.
　　라는 재판을 구합니다.

신 청 이 유

1. 신청인은 ○○시 ○○구 ○○○동 ○○○ 대지상 연와조 스라브위 기와지붕 지상 1,2층 각 110.76평방미터, 지하실 25.08평방미터(이하 이 사건 건물이라고 한다)의 소유자이며, 피신청인 1.은 이 사건 건물과 인접한 같은동 □□□ 대 275.6평방미터의 소유자입니다.

2. 피신청인 1.은 20○○. ○. 초순경 ○○구청장으로부터 피신청인 1.명의로 건축허가를 받아 위 지상에 지하1층, 지상4층 건평 821.14평방미터의 주거용 근린생활시설을 세우기 위하여 피신청인 2.와 건축도급계약을 체결하였고, 피신청인 2.는 장비를 동원하여 이 사건 건물의 지층으로부터 근접한 거리에서 굴토작업을 하고 있습니다.

3. 위 굴토공사후인 20○○. ○. 16:00경부터 굴토면에 접한 이 사건 건물의 담장이 약 13내지 15미터 가량 붕괴되고, 위 담장과 이 사건 건물사이의 폭 약 1미터의 시멘트바닥이 약 10센티미터 침하되면서 이 사건 건물의 내,외벽 및 바닥에 수많은 균열이 발생하게 된 사실이 있습니다.

4. 위 지하굴착작업을 시행하게 되면 지하수 및 토사가 유출되거나 진동이 발생되고 이에 따른 인접지반의 교란에 의한 부동침하나 진동의 전달로 인하여 인접지 건물에 균열을 발생시키거나 심한 경우에는 붕괴에 이르게할 위험성이 불구하고 피신청인들은 이를 방지하기 위한 제반안전조치를 취하지 아니한채 굴토면에 콘크리트기둥을 설치하는 씨.아이.피공법을 사용하여 지하 약 4미터 깊이로 굴토공사를 강행하고 있습니다.

5. 이 사건 건물과 인접대지에서 공사를 시행하는 피신청인들로서는 위와같은 지하굴토작업을 할 경우 위와 같은 위험 이 당연히 예상되므로 사전에 지하수 및 토사유출방지를 위하여 흙막이 시공을 철저히 하고 지반이 동요되지 않도록 받

침대를 세우거나 진동전달 방지를 위한 안전조치를 취하여야 할 주의의무가 있음에도 이를 게을리하고 공사를 진행하고 있어, 이는 신청인의 수인의 한도를 넘는 것이라고 할 것입니다.

6. 따라서, 신청인은 피신청인들을 상대로 소유권방해배제청구의 소와 발생된 손해에 대해 손해 배상 청구의 소제기를 준비 중입니다. 그러나, 재판 받기 까지는 상당한 시일이 소요되고 피신청인이 공사를 강행하고 있으므로 피신청인의 위 공사를 방치 한다면 신청인은 건축물 붕괴 등으로 신체 및 생명 그리고 금전상 막대한 손해를 입을 것이 명백하므로 시급히 공사 중지를 할 필요성이 있어 본안 소송에 앞서 이건 신청에 이르게 되었습니다.

7. 이 사건 담보제공은 보증보험회사와 체결한 지급보증위탁계약체결문서의 제출에 의할 수 있도록 허가하여 주시기 바랍니다.

첨 부 서 류

1. 부동산등기사항전부증명서	1통
1. 진정서	1통
1. 토지대장등본	1통
1. 사진	1통
1. 현장약도	1통
1. 주민등록표등본	1통
1. 법인등기사항전부증명서	1통

20 . . .

위 신청인 ○ ○ ○(서명 또는 날인)

○○지방법원   귀중

[별지]

목적물의 표시

○○시 ○○구 ○○동 □□□

대 275.6평방미터

3-2. 손해배상 청구

① 건축물이 완공된 상태라고 하더라도 주민의 일조권이 침해되는 경우에는 손해배상을 청구할 수 있습니다(「민법」 제750조 참조).

② 일조권 침해에 따른 피해금액이 얼마인지 한국부동산원을 통해 의뢰할 수 있으며, 감정평가사와 감정평가법인(「감정평가 및 감정평가사에 관한 법률」 제2조 제4호)은 일조침해 등으로 대상물건에 직접적 또는 간접적인 피해가 발생하여 대상물건의 가치가 하락한 경우 그 가치하락분을 감정평가할 때에 일조권 침해가 발생하기 전의 대상물건의 가액 및 원상회복비용 등을 고려해야 합니다(「감정평가에 관한 규칙」 제25조).

소 장

원 고   ○○○ (주민등록번호)
         ○○시 ○○구 ○○길 ○○(우편번호 ○○○○○)
         전화.휴대폰번호:
         팩스번호, 전자우편(e-mail)주소:
피 고   ◇◇건설주식회사
         ○○시 ○○구 ○○길 ○○(우편번호 ○○○○○)
         대표이사 ◇◇◇
         전화.휴대폰번호:
         팩스번호, 전자우편(e-mail)주소:

손해배상(기)청구의 소

청 구 취 지

1. 피고는 원고에게 금 ○○○원 및 이에 대하여 이 사건 소장
   부본 송달 다음날부터 이 사건 판결선고일까지는 연 5%의,
   그 다음날부터 다 갚는 날까지는 연 12%의 각 비율에 의한
   돈을 지급하라.
2. 소송비용은 피고의 부담으로 한다.
3. 위 제1항은 가집행 할 수 있다.
라는 판결을 원합니다.

청 구 원 인

1. 당사자들의 지위
   원고는 소외 주식회사 ◈◈건설이 신축하여 분양한 ○○시 ○

○구 ○○길 ○○ 소재 10층 높이의 아파트 중 1층 ○○○호를 분양 받아 사용하고 있는 사람이고, 피고는 원고가 분양 받은 위 아파트의 이웃에 13층 높이의 아파트 2개동 및 10층 높이의 아파트 1개동을 신축하여 일반 분양한 회사입니다.

2. 손해배상책임의 발생

가. 원고는 19○○. ○. ○. 소외 주식회사 ◆◆건설이 신축하여 분양한 ○○시 ○○구 ○○길 ○○ 소재 10층 건물의 아파트 중 1층 ○○○호에 대하여 분양계약을 체결하고 분양대금을 지급한 후 위 일자에 입주하여 생활하여 오고 있는바, 분양당시 위 1층 ○○○호는 거실 등이 남향으로 위치하여 있어 1층임에도 불구하고 일조량이 동지를 기준으로 최소한 4시간 정도는 확보가 되는 상황이었습니다.

나. 이러한 상태에서 20○○. ○. ○.부터 원고가 분양 받은 아파트의 이웃 지번이자 피고 소유인 ○○시 ○○구 ○○길 ○○○에 피고가 10층 높이의 아파트 3개동을 신축하게 되었고, 원고는 당시 이러한 피고의 아파트신축계획을 알게 된 후 위 높이의 아파트가 들어선다 하여도 통풍 및 전망에는 약간의 피해가 예상되지만 그 외의 피해가 없다는 사실 및 위 아파트의 신축이 건축법상 하자가 없다는 사실을 알고 위 신축아파트의 신축과정을 지켜볼 수밖에 없던 차에 20○○. ○.경부터 위 3개동의 아파트 중 2개동에 대하여 그 건축 높이를 10층에서 13층으로 건축허가를 변경하여 증축을 하게 된 사실을 알게 되었고, 이와 같이 아파트가 신축되게 되면 통풍 및 전망권에 대한 피해는 차치하고 동절기 기준으로 4시간 정도 확보되던 일조권의 혜택이 1시간 정도로 줄어들게 되어 이러한 이유를 들어 피고에 대하여 증축부분의 건축공사를 중지하여 줄 것을 여러 차례 요청하였음에도 불구하고, 피고는 행정상으로 하자가 없기에 건축공사를 중단할 수 없다고 하면서 계속 공사 진행을 하여 결국 20○○. ○○. ○○. 사용검

사를 받고 현재는 입주를 앞둔 시기에 있습니다.

　다. 피고가 신축한 위 아파트로 인하여 원고가 예상하는 원고 거주 아파트의 피해 일조량은 추분에서 동지, 춘분에 걸쳐 일일 확보되던 기존 일조시간에서 일일 많게는 7시간에서 6시간 정도의 일조침해가 예상되는바, 이 일조량의 침해에 대하여는 추후 현장검증 및 감정을 통하여 구체적으로 입증하기로 하되, 피고로서는 위와 같은 일조권 및 통풍, 전망권의 침해로 인하여 원고가 입은 손해를 배상할 책임이 있다 할 것입니다.

3. 손해배상의 범위

　주거의 일조는 쾌적하고 건강한 생활에 필요한 생활이익으로서 법적 보호의 대상이 되는 것이며, 어떤 토지의 거주자가 인접한 타인의 토지 위를 거쳐서 태양의 직사광선을 받고 있는데, 그 인접 토지의 사용권자가 건물 등을 건축함으로써 직사광선이 차단되는 불이익을 입게 되고, 그 일조방해의 정도가 사회통념상 일반적으로 인용하는 수인한도를 넘어서는 경우에는 그 건축행위는 정당한 권리행사로서의 범위를 벗어나거나 권리남용에 이르는 행위로서 위법한 가해행위로 평가되어 일조방해로 인한 불법행위가 성립한다고 할 것인데(대법원 2001. 6. 26. 선고 2000다44928 판결), 이 사건 피고의 신축건물이 건축법에 따라 건축되었다 하더라도 위 신축건물로 인하여 위에서와 같은 일조권 등의 침해가 인정되고 이러한 침해정도는 사회통념상 원고가 수인할 수 있는 범위내의 침해라 할 수 없으며, 따라서 이와 같은 일조권 등의 침해는 피침해자인 원고에 대한 불법행위를 구성한다고 볼 것이며 이에 대하여 피고는 금전으로나마 원고에게 배상을 할 의무가 있는바, 그 금액은 이 사건 일조권 침해의 경위, 일조권 침해의 정도와 현황, 피해회피의 가능성 등 제반 사정을 참작할 때 최소한 금 ○○○원은 되어야 할 것입니다.

4. 결론

따라서 원고는 피고로부터 금 ○○○원 및 이에 대한 원고의 일조권 등을 침해하기 시작한 날이라고 인정되는 피고가 신축한 위 아파트의 사용검사일인 20○○. ○○. ○○.부터 이 사건 소장부본 송달일까지는 민법에서 정한 연 5%의, 그 다음 날부터 다 갚는 날까지는 소송촉진등에관한특례법에서 정한 연 12%의 각 비율에 의한 지연손해금을 지급 받기 위하여 이 사건 청구에 이른 것입니다.

증 명 방 법

1. 갑 제1호증   부동산등기사항증명서
1. 갑 제2호증   주민등록등본
1. 갑 제3호증   지적도등본
1. 갑 제4호증   통고서

첨 부 서 류

1. 위 증명방법   각 1통
1. 법인등기사항증명서   1통
1. 소장부본   1통
1. 송달료납부서   1통

20○○.   ○.   ○.

위 원고   ○○○   (서명 또는 날인)

○○지방법원   귀중

3-3. 손해배상 청구 사례

일조방해로 인하여 인근 공작물 등 그 토지상에 정착한 물건을 더 이상 그 본래의 용법대로 사용할 수 없게 되었다면, 그 공작물 등의 소유자로서는 공작물 등의 이전이 불가능하거나, 그 이전으로 인하여 공작물 등을 종래의 용법대로 사용할 수 없게 되거나, 공작물 등의 이전비용이 그 공작물 등의 교환가치를 넘는다는 등의 특별한 사정이 없는 한, 그 이전비용 상당액을 통상의 손해로서 청구할 수 있고, 그 이전 과정에서 불가피하게 발생한 손해 역시 통상의 손해로서 청구할 수 있으며, 위와 같은 특별한 사정이 있는 경우에는 그 공작물 등의 교환가치 상당액을 통상의 손해로서 청구할 수 있다고 판단함(대법원 2011. 4. 28. 선고, 2009다98652 판결).

4. 일조권 방해 분쟁의 발생

■ "분쟁 사례"의 해결 판례

① 일조침해를 이유로 공사금지를 구하는 경우 수인한도를 엄격하게 판단하여야 하는 점 등에 비추어, 연속일조시간이 30분 미만이고 총일조시간이 1시간 미만인 세대만이 수인한도를 넘는 것으로 보아 건축공사의 금지를 청구할 수 있다고 판단한다(부산지법 2009. 8. 28. 자, 2009카합1295 결정).

② 공사중지를 명할 이 사건 아파트 103동의 층수에 관하여 보건대, 기록에 의하면, 이 사건 아파트 103동의 층수를 15층으로 제한할 경우 피해아파트 4호 라인의 12층 이상은 일조방해가 어느 정도 완화되지만 1층부터 11층까지는 일조상황에 아무런 변화가 없어 여전히 수인한도를 넘는 일조침해를 받게 되고, 층수를 그 보다 높일 경우 피해아파트 4호 라인의 수인한도를 넘는 피해 세대가 늘어나므로, 이 사건 아파트 103동의 층수를 신청취지와 같이 15

층으로 제한함이 상당하다(부산지법 2009. 8. 28. 자, 2009카합 1295 결정).

■ **저희 집 바로 앞에 있던 건물이 재건축되면서 햇빛을 가리고 있습니다. 어느 정도가 돼야 일조권을 침해한다고 볼 수 있나요?**

[질문] 저희 집 바로 앞에 있던 건물이 재건축되면서 햇빛을 가리고 있습니다. 어느 정도가 돼야 일조권을 침해한다고 볼 수 있나요?

[답변] 일조방해행위가 있더라도 사회통념상 일반적으로 수인할 수 있는 정도를 정하고 있는데요. 여러 가지 사정을 고려하여 이와 같은 수인한도를 초과하는 경우 일조권 방해에 따른 위법행위로 판단하고 있습니다.

◇ 일조권 사회통념상 수인한도

일조방해행위가 있더라도 다음의 어느 하나에 해당하는 경우는 사회통념상 일반적으로 수인할 수 있는 정도로 보고 있습니다.

· 동지일을 기준으로 9시부터 15시까지 사이의 6시간 중 일조시간이 연속하여 2시간 이상 확보되는 경우
· 동지일을 기준으로 8시에서 16시까지 사이의 8시간 중 일조시간이 통틀어서 최소한 4시간 이상 확보되는 경우

◇ 수인한도 초과 판단기준

일조방해행위가 사회통념상 수인한도를 넘었는지 여부는 피해의 정도, 피해이익의 성질 및 그에 대한 사회적 평가, 가해 건물의 용도, 지역성, 토지이용의 선후관계, 가해 방지 및 피해 회피의 가능성, 공법적 규제의 위반 여부, 교섭 경과 등 모든 사정을 종합적으로 고려하여 판단해야 합니다.

[관련판례 1]

【판시사항】

[1] 건물 신축으로 인한 일조방해행위가 사법상 위법한 가해행위로 평가되는 경우 및 일조방해행위가 사회통념상 수인한도를 넘었는지 여부의 판단 기준

[2] 조망이익이 법적인 보호의 대상이 되기 위한 요건

[3] 일조장해, 시야차단으로 인한 압박감 등과 같은 생활이익의 침해로 인하여 발생한 재산적 손해의 항목 중 토지·가옥의 가격 저하에 의한 손해의 산정 방법

【이 유】

상고이유 및 부대상고이유를 판단한다.

1. 원고들의 상고에 대한 판단

가. 상고이유 제1점에 대하여

건물의 신축으로 인하여 그 이웃 토지 상의 거주자가 직사광선이 차단되는 불이익을 받은 경우에 그 신축행위가 정당한 권리행사로서의 범위를 벗어나 사법상 위법한 가해행위로 평가되기 위해서는 그 일조방해의 정도가 사회통념상 일반적으로 인용하는 수인한도를 넘어야 하고, 일조방해행위가 사회통념상 수인한도를 넘었는지 여부는 피해의 정도, 피해이익의 성질 및 그에 대한 사회적 평가, 가해건물의 용도, 지역성, 토지이용의 선후관계, 가해 방지 및 피해 회피의 가능성, 공법적 규제의 위반 여부, 교섭 경과 등 모든 사정을 종합적으로 고려하여 판단하여야 한다(대법원 2004. 9. 13. 선고 2003다64602 판결 등 참조).

원심판결 이유에 의하면, 원심은 대도시 인구의 과밀화 및 토지의 효율적 이용을 위한 건물의 고층화 경향 등을 고려할 때 아파트와 같은 공동주택의 경우 동지를 기준으로 오전 9시부터 오후 3시까지 사이의 6시간 중 일조시간이 연속하여 2시간 이상 확보되는 경우 또는 동지를 기준으로 오전 8시부터 오후 4시까지 사이의 8시간 중 일조시간이 통틀어 4시간 이상 확보되는 경우에는 일응 수인한도를 넘지 않는 것으로 보아야 한다고 전제한 다음, 제1심 감정인 이영규의 감정 결과(각 세대별 동지일 기준 연속일조시간 및 총 일조시간)에 따라 이 사건 아파트의 건축으로 인한 일조침해의 정도가 위 수인한도의 범위 안에 있는 원고들에 대하여는 일조침해로 인한 손해배상청구를 기각하였다.

앞서 본 법리에 의하면, 원심의 이 부분에 관한 이유설시에 다소 부적절한 점은 있으나, 일조방해행위가 사회통념상 수인한도를 넘었는지 여부를 판단함에 있어서 가해건물의 신축 후 피해건물의 각 세대별 일조시간의 감소가 가장 중요한 기준임은 분명하고, 나아가 이 사건 기록에 나타난 그 밖의 모든 사정을 종합적으로 고려하여 보더라도 각 세대별 수인한도 초과 여부에 관한 원심의 결론은 정당한 것으로 수긍할 수 있으므로, 거기에 일조권 침해로 인한 불법행위에 있어서 수인의무의 범위에 관한 법리를 오해하여 판결에 영향을 미치는 등의 위법이 없다.

나. 상고이유 제2점에 대하여

어느 토지나 건물의 소유자가 종전부터 향유하고 있던 경관이나 조망이 그에게 하나의 생활이익으로서의 가치를 가지고 있다고 객관적으로 인정된다면 법적인 보호의 대상이 될 수 있는 것인바, 이와 같은 조망이익은 원칙적으로 특정의 장소가 그 장소로부터 외부를 조망함에 있어 특별한 가치를 가지고 있고, 그와 같은 조망이익의 향유를 하나의 중요한 목적으로 하여 그 장소에 건물이 건축된 경우와 같이 당해 건물의 소유자나 점유자가 그 건물로부터 향유하는 조망이익이 사회통념상 독자의 이익으로 승인되어야 할 정도로 중요성을 갖는다고 인정되는 경우에 비로소 법적인 보호의 대상이 되는 것이고, 그와 같은 정도에 이르지 못하는 조망이익의 경우에는 특별한 사정이 없는 한 법적인 보호의 대상이 될 수 없다(대법원 2004. 9. 13. 선고 2003다64602 판결, 2007. 6. 28. 선고 2004다54282 판결 등 참조).

원심판결 이유에 의하면 원심은 그 판시와 같은 사실, 특히 원고들 소유의 현대아파트는 도심의 일반주거지역에 위치한 아파트로서 그 부지는 원래부터 이 사건 아파트 부지보다 약 8m 정도 낮은 지대에 위치해 있어 한강을 조망하기에 적합한 장소가 아니었는데 고층의 현대아파트가 건축됨으로써 비로소 원고들이 조망의 이익을 누릴 수 있게 된 사실을 인정한 다음, 보통의 지역에 인공적으로 고층의 아파트를 축조하여 비로소 누릴 수 있게 된 조망의 이익은 법적으로 보호받을 수 없으며, 결국 원고들이 구분소유하는 현대아파트가 그 장소로부터 한강을 조망함에 있어 특별한 가치를 가지고 있어 그 조망의 이익이 사회통념상 독자의 이익으로 승인되어야 할 정도로 중요성을 갖는다고 인정하기 어렵다고 판단하였는바, 원심의 위와 같은 판단은 앞에서 본 법리에 비추어 정당하고, 거기에 상고이유에서 주장하는 바와 같은 조망권 침해에 관한 법리를 오해하는 등의 위법이 없다.

다. 상고이유 제3점에 대하여

원심이 그 판결에서 채용하고 있는 증거들을 종합하여 그 판시와 같은 사실을 인정한 다음, 그 판시와 같은 이유로 두산건설 주식회사가 이 사건 신축공사를 하는 과정에서 발생한 소음, 분진, 진동으로 인하여 원고들이 수인한도를 넘어서는 신체적, 정신적 손해를 입었다고 인정할 수 없다고 판단한 것은 정당하고, 거기에 소음, 분진, 진동으로 인한 불법행위책임에 관한 법리를 오해하였거나 심리를 다하지 아니하는 등의 위법이 없다.

2. 피고의 부대상고에 대한 판단

가. 부대상고이유 제1점에 대하여

건물의 신축으로 인하여 그 이웃 토지 상의 주택이나 아파트 소유자가 수인한도를 넘어서는 일조장해를 받고 있음은 물론 시야차단으로 인한 압박감(개방감의 상실) 등도 그 수인한도를 넘어서는 경우에는, 일조장해, 시야차단으로 인한 압박감 등과 같은 생활이익의 침해로 인하여 발생한 재산적 손해의 항목 중 토지·가옥의 가격 저하에 의한 손해를 부동산 감정 등의 방법으로 산정함에 있어서 일조장해 뿐만 아니라 개방감의 상실 등과 상당인과관계가 있는 정상가격의 감소액도 아울러 평가하여야 할 것이다(대법원 1999. 1. 26. 선고 98다23850 판결 참조).

같은 취지에서 원심이, 이 사건 아파트의 건축에 따른 일조침해로 말미암아 원고들 소유 현대아파트의 시가가 하락한 금액을 산정함에 있어서 일조침해로 인한 시가하락액뿐만 아니라 개방감 상실로 인한 시가하락액을 아울러 고려한 것은 정당하고, 거기에 일조침해 및 개방감 상실로 인한 불법행위책임의 성립에 관한 법리오해, 심리미진 등의 위법이 없다.

나. 부대상고이유 제2점에 대하여

불법행위로 입은 정신적 고통에 대한 위자료 액수에 관하여는 사실심법원이 제반 사정을 참작하여 그 직권에 속하는 재량에 의하여 이를 확정할 수 있다고 할 것인바(대법원 2006. 1. 26. 선고 2005다47014, 47021(병합), 47038(병합) 판결 참조), 이러한 법리에 비추어 기록을 살펴보면, 이 사건 아파트의 골조공사 완공시를 기준으로 일조침해가 수인한도를 넘는 세대에 계속 거주해 온 원고들에게는 피고가 그 정신적 고통에 대한 위자료를 지급할 의무가 있다고 판단하고, 나아가 그 위자료의 액수를, 위 원고들이 현대아파트 각 세대에 거주해 온 기간 등 이 사건 변론에 나타난 모든 사정을 종합하여, 원고들별로 100만 원 내지 300만 원으로 정한 원심의 조치는 정당하고, 거기에 일조침해로 인한 불법행위책임의 성립에 관한 법리오해 등의 위법이 없다.

3. 결 론

그러므로 상고 및 부대상고를 모두 기각하고, 상고 및 부대상고비용은 각자가 부담하는 것으로 하여 관여 대법관의 일치된 의견으로 주문과 같이 판결한다(대법원 2007. 9. 7. 선고 2005다72485 판결).

[관련판례 2]

【판시사항】

[1] 일조방해행위가 사회통념상 수인한도를 넘었는지 판단하는 기준 및 건물 신축이 건축 당시의 공법적 규제에 형식적으로 적합하더라도 현실적인 일조방해의 정도가 현저하게 커서 사회통념상 수인한도를 넘는 경우, 위법행위로 평가되는지 여부(적극)

[2] 인접 토지에 건물 등이 건축되어 발생하는 시야차단으로 인한 폐쇄감이나 압박감 등 생활이익의 침해를 이유로 하는 소송에서, 침해가 사회통념상 수인한도를 넘어 위법한지 판단하는 기준

[3] 갑 아파트의 일부 세대 소유자들인 을 등이 인접 토지에 신축된 병 아파트의 시행사인 정 주식회사를 상대로 조망침해(개방감 상실)에 따른 손해배상을 구한 사안에서, 이른바 조망침해율의 증가만을 이유로 정 회사의 병 아파트 신축으로 을 등에게 수인한도를 초과한 시야차단으로 폐쇄감이나 압박감이 발생하였다고 본 원심판결에 법리오해 등 위법이 있다고 한 사례

【판결요지】

[1] 일조방해행위가 사회통념상 수인한도를 넘었는지 여부는 피해의 정도, 피해이익의 성질 및 그에 대한 사회적 평가, 가해 건물의 용도, 지역성, 토지이용의 선후관계, 가해 방지 및 피해 회피의 가능성, 공법적 규제의 위반 여부, 교섭 경과 등 모든 사정을 종합적으로 고려하여 판단하여야 하고, 건축 후에 신설된 일조권에 관한 새로운 공법적 규제 역시 이러한 위법성의 평가에 있어서 의미 있는 자료가 될 수 있다. 그리고 건축법 등 관계 법령에 일조방해에 관한 직접적인 단속법규가 있다면 그 법규에 적합한지 여부가 사법상 위법성을 판단함에 있어서 중요한 판단자료가 될 것이지만, 이러한 공법적 규제에 의하여 확보하고자 하는 일조는 원래 사법상 보호되는 일조권을 공법적인 면에서도 가능한 한 보장하려는 것으로서 특별한 사정이 없는 한 일조권 보호를 위한 최소한도의 기준으로 봄이 상당하고, 구체적인 경우에 있어서는 어떠한 건물 신축이 건축 당시의 공법적 규제에 형식적으로 적합하다고 하더라도 현실적인 일조방해의 정도가 현저하게 커서 사회통념상 수인한도를 넘은 경우에는 위법행위로 평가될 수 있다.

[2] 인접 토지에 건물 등이 건축되어 발생하는 시야 차단으로 인한 폐쇄감이나 압박감 등의 생활이익의 침해를 이유로 하는 소송에서 침해가 사회통념상 일반적으로 수인할 정도를 넘어서서 위법하다고 할 것인지 여부는, 피해 건물의 거실이나 창문의 안쪽으로 일정 거리 떨어져서 거실 등의 창문을 통하여 외부를 보았을 때 창문의 전체 면적 중 가해 건물 외에 하늘이 보이는 면적비율을 나타내는 이른바 천공률이나 그중 가해 건물이 외부 조망을 차단하는 면적비율을 나타내는 이른바 조망침해율뿐만 아니라, 피해건물과 가해건물 사이의 이격거리와 가해 건물의 높이 및 이격거리와 높이 사이의 비율 등으로 나타나는 침해의 정도와 성

질, 창과 거실 등의 위치와 크기 및 방향 등 건물 개구부 현황을 포함한 피해 건물의 전반적인 구조, 건축법령상의 이격거리 제한 규정 등 공법상 규제의 위반 여부, 나아가 피해 건물이 입지하고 있는 지역에 있어서 건조물의 전체적 상황 등의 사정을 포함한 넓은 의미의 지역성, 가해건물 건축의 경위 및 공공성, 가해자의 방지조치와 손해회피의 가능성, 가해자 측이 해의를 가졌는지 유무 및 토지 이용의 선후관계 등 모든 사정을 종합적으로 고려하여 판단하여야 한다.

[3] 갑 아파트의 일부 세대 소유자들인 을 등이 인접 토지에 신축된 병 아파트의 시행사인 정 주식회사를 상대로 조망침해(개방감 상실)에 따른 손해배상을 구한 사안에서, 병 아파트와 갑 아파트 각 피해 세대 사이의 이격거리와 병 아파트의 높이 및 이격거리와 높이의 비율 등 가해 건물과 피해 건물 사이의 배치관계가 그 지역에서 이례적인 것으로 보기 어려운데도, 이른바 조망침해율의 증가만을 이유로 정 회사의 병 아파트 신축으로 을 등에게 수인한도를 초과한 시야차단으로 폐쇄감이나 압박감이 발생하였다고 본 원심판결에는 시야차단으로 인한 폐쇄감이나 압박감의 수인한도에 관한 법리오해 등 위법이 있다고 한 사례(대법원 2014. 2. 27. 선고 2009다40462 판결).

[3] 빛공해

1. 빛공해 발생

1-1. "빛공해"란?

    "인공조명에 의한 빛공해"(이하 "빛공해"라 함)란 인공조명의 부적절한 사용으로 인한 과도한 빛 또는 비추고자 하는 조명영역 밖으로 누출되는 빛이 국민의 건강하고 쾌적한 생활을 방해하거나 환경에 피해를 주는 상태를 말합니다(「인공조명에 의한 빛공해 방지법」 제2조 제1호).

2. 조명환경관리구역

2-1. 조명환경관리구역의 지정

    특별시장·광역시장·특별자치시장·도지사 또는 특별자치도지사(이하 "시·도지사"라 함)는 빛공해가 발생하거나 발생할 우려가 있는 지역을 다음과 같이 구분하여 조명환경관리구역으로 지정할 수 있습니다(「인공조명에 의한 빛공해 방지법」 제9조제1항).

1. 제1종 조명환경관리구역: 과도한 인공조명이 자연환경에 부정적인 영향을 미치거나 미칠 우려가 있는 구역

2. 제2종 조명환경관리구역: 과도한 인공조명이 농림수산업의 영위 및 동물·식물의 생장에 부정적인 영향을 미치거나 미칠 우려가 있는 구역

3. 제3종 조명환경관리구역: 국민의 안전과 편의를 위해 인공조명이 필요한 구역으로서 과도한 인공조명이 국민의 주거생활에 부정적인 영향을 미치거나 미칠 우려가 있는 구역

4. 제4종 조명환경관리구역: 상업활동을 위해 일정 수준 이상 의 인공조명이 필요한 구역으로서 과도한 인공조명이 국민의 쾌적하고 건강한 생활에 부정적인 영향을 미치거나 미칠 우 려가 있는 구역

2-2. 조명환경관리구역의 지정해제

시·도지사는 조명환경관리구역의 지정목적이 상실되거나 조명환경관리구역을 변경할 필요가 있는 때에는 조명환경관리구역의 지정을 해제 또는 변경할 수 있습니다(「인공조명에 의한 빛공해 방지법」 제10조제1항).

3. 빛방사허용기준 및 준수 의무

3-1. 빛방사허용기준

① 조명환경관리구역에서 허용되는 빛방사허용기준은 다음과 같습니다(제「인공조명에 의한 빛공해 방지법」 제11조 제1항, 「인공조명에 의한 빛공해 방지법 시행규칙」 제6조 제1항 및 별표 1).

※ 안전하고 원활한 야간활동을 위해 도로, 보행자길, 공원녹지, 옥외공간을 비추는 발광기구 및 부속장치

구분 측정기준	적용시간	기준값	조명환경관리구역				단위
			제1종	제2종	제3종	제4종	
주거지 연직면조도	해진 후 60분~ 해뜨기 전 60분	최대값	10 이하			250이하	lx (lm/m2)

※ 옥외광고물에 설치되거나 광고를 목적으로 그 옥외광고물을 비추는 발광기구 및 부속장치(「인공조명에 의한 빛공해 방지법 시행령」 제2조제2호)

㉠ 점멸 또는 동영상 변화가 있는 전광류 광고물

구분 측정기준	적용시간	기준값	조명환경관리구역				단위
			제1종	제2종	제3종	제4종	
주거지 연직면조도	해진 후 60분~ 해뜨기 전 60분	최대값	10 이하			25이하	lx (lm/m2)
발광표면 휘도	해진 후 60분~ 24:00	평균값	400 이하	800 이하	1000 이하	1500 이하	cd/m2
	24:00 ~ 해뜨기 전 60분		50 이하	400 이하	800 이하	1000 이하	

㉡ 그 밖의 조명기구

구분 측정기준	적용시간	기준값	조명환경관리구역				단위
			제1종	제2종	제3종	제4종	
발광표면 휘도	해진 후 60분~ 해뜨기 전 60분	최대값	50 이하	400 이하	800 이하	1000 이하	cd/m2

※ 건축물, 시설물, 조형물 또는 자연환경 등을 장식할 목적으로 그 외관에 설치되거나 외관을 비추는 발광기구 및 부속장치(「인공조명에 의한 빛공해 방지법 시행령」 제2조 제3호)

구분 측정기준	적용시간	기준값	조명환경관리구역				단위
			제1종	제2종	제3종	제4종	
발광표면 휘도	해진 후 60분~ 해뜨기 전 60분	평균값	5 이하		15 이하	25 이하	cd/m2
		최대값	20 이하	60 이하	180 이하	300 이하	

② "조명기구"란 공간을 밝게 하거나 광고, 장식 등을 위해 설치된 발광기구 및 부속장치로서 다음의 어느 하나에 해당하는 것을 말합니다(「인공조명에 의한 빛공해 방지법」 제2조 제2호 및 「인공조명에 의한 빛공해 방지법 시행령」 제2조).

 1. 안전하고 원활한 야간활동을 위해 다음의 어느 하나에 해당하는 공간을 비추는 발광기구 및 부속장치

   ㉠ 「도로법」 제2조제1호에 따른 도로

   ㉡ 「보행안전 및 편의증진에 관한 법률」 제2조 제1호에 따른 보행자길

   ㉢ 「도시공원 및 녹지 등에 관한 법률」 제2조제1호에 따른 공원녹지

   ㉣ 그 밖에 특별시·광역시·특별자치시·도 또는 특별자치도(이하 "시·도"라 함)의 조례로 정하는 옥외 공간

 2. 「옥외광고물 등의 관리와 옥외광고산업 진흥에 관한 법률」 제3조에 따라 허가를 받아야 하는 옥외광고물(「건축법 시행령」 제3조의5에 따른 의료시설, 위험물 저장 및 처리 시설 또는 교정 및 군사 시설에 설치된 옥외광고물은 제외)에 설치되거나 광고를 목적으로 그 옥외광고물을 비추는 발광기구 및 부속장치

 3. 다음의 어느 하나에 해당하는 건축물, 시설물, 조형물 또는 자연환경 등을 장식할 목적으로 그 외관에 설치되거나 외관을 비추는 발광기구 및 부속장치

   ㉠ 「건축법」 제2조 제1항 제2호에 따른 건축물 중 연 면적이 2천 제곱미터 이상이거나 5층 이상인 것

   ㉡ 「건축법 시행령」 제3조의5에 따른 숙박시설 및 위락시설

   ㉢ 교량

   ㉣ 그 밖에 해당 시·도의 조례로 정하는 것

3-2. 준수 의무

조명환경관리구역에 있는 조명기구의 소유자·점유자 또는 관리자 등 관리책임이 있는 자(이하 "소유자 등"이라 함)는 빛방사허용기준을 지켜야 합니다(「인공조명에 의한 빛공해 방지법」 제12조 제1항 본문).

3-3. 빛방사허용기준 초과 시 조치

① 시·도지사는 조명환경관리구역에서 빛방사허용기준을 위반한 소유자 등에게 3개월 이내의 기간을 정하여 해당 조명기구가 빛방사허용기준을 충족하도록 하는 데에 필요한 조치(이하 "개선명령"이라 함)를 명할 수 있습니다(「인공조명에 의한 빛공해 방지법」 제13조 제1항 및 「인공조명에 의한 빛공해 방지법 시행규칙」 제8조 제2항).

② 시·도지사는 개선명령을 받은 자가 이를 이행하지 않거나 기간 내에 이행은 하였으나 빛방사허용기준을 계속 초과하는 경우 해당 조명시설의 전부 또는 일부의 사용중지 또는 사용제한을 명할 수 있습니다(「인공조명에 의한 빛공해 방지법」 제13조 제4항).

제3장 건물 하자 분쟁

[1] 공동주택관리 상 하자

1. 하자담보책임

① 다음의 사업주체는 공동주택의 하자에 대해 분양에 따른 담보책임(아래 3. 및 4.의 시공자는 수급인의 담보책임을 말함)을 집니다(「공동주택관리법」 제36조 제1항).

  1. 국가·지방자치단체, 한국토지주택공사 또는 지방공사, 주택 건설사업자 또는 대지조성사업자 등(「주택법」 제2조 제10호)

  2. 건축허가(「건축법」 제11조)를 받아 분양을 목적으로 하는 공동주택을 건축한 건축주

  3. 공동주택을 증축·개축·대수선하는 행위(「주택법」에 따른 리모델링은 제외. 「공동주택관리법」 제35조 제1항 제2호)를 한 시공자

  4. 리모델링(「주택법」 제66조)을 수행한 시공자

② 다만, 공공임대주택(「공공주택 특별법」 제2조 제1호 가목에 따라 임대한 후 분양전환을 할 목적으로 공급하는 공동주택)을 공급한 위 1.의 사업주체는 분양전환이 되기 전까지는 임차인에 대해 하자보수에 대한 담보책임(손해배상책임 제외)을 집니다(「공동주택관리법」 제36조 제2항).

③ "하자"란 공사상 잘못으로 인해 균열·침하(沈下)·파손·들뜸·누수 등이 발생하여 건축물 또는 시설물의 안전상·기능상 또는 미관상의 지장을 초래할 정도의 결함을 말하며, 그 범위는 다음의 구분에 따릅니다(「공동주택관리법」 제36조 제4항 및 「공동주택관리법 시행령」 제37조).

  1. 내력구조부별 하자: 다음의 어느 하나에 해당하는 경우

    ㉠ 공동주택 구조체의 일부 또는 전부가 붕괴된 경우

ⓛ 공동주택의 구조안전상 위험을 초래하거나 그 위험을 초래할 우려가
있는 정도의 균열·침하(沈下) 등의 결함이 발생한 경우

2. 시설공사별 하자: 공사상의 잘못으로 인한 균열·처짐·비틀림·들뜸·침
하·파손·붕괴·누수·누출·탈락, 작동 또는 기능불량, 부착·접지 또는 전
선 연결 불량, 고사(枯死) 및 입상(서 있는 상태) 불량 등이 발생하여
건축물 또는 시설물의 안전상·기능상 또는 미관상의 지장을 초래할
정도의 결함이 발생한 경우

2. 하자담보책임기간

① 하자담보책임기간은 공동주택의 내력구조부별 및 시설공사별로 다
음과 같이 구분합니다(「공동주택관리법」 제36조 제3항 전단, 「공
동주택관리법 시행령」 제36조 제1항 및 별표 4).

구 분		기간
내력구조부(「건축법」 제2조제1항제7호에 따른 건물의 주요구조부를 말함)	–	10년
시설공사	1. 마감공사	2년
	2. 옥외급수·위생 관련 공사 3. 난방·냉방·환기,공기조화 설비공사 4. 급·배수 및 위생설비공사 5. 가스설비공사 6. 목공사 7. 창호공사 8. 조경공사 9. 전기 및 전력설비공사 10. 신재생 에너지 설비공사 11. 정보통신공사 12. 지능형 홈네트워크 설비 공사 13. 소방시설공사 14. 단열공사 15. 잡공사	3년

	16. 대지조성공사 17. 철근콘크리트공사 18. 철골공사 19. 조적공사 20. 지붕공사 21. 방수공사	5년
	기초공사·지정공사 등「집합건물의 소유 및 관리에 관한 법률」제9조의 2 제1항 제1호에 따른 지반공사	10년

② 담보책임기간은 다음의 날부터 기산합니다(「공동주택관리법」제36
조제3항 후단).

구 분	기산일
전유부분	입주자(「공동주택관리법」제36조제2항에 따른 담보책임의 경우에는 임차인)에게 인도한 날
공용부분	「주택법」제49조에 따른 사용검사일(공동주택의 전부에 대해 임시 사용승인을 받은 경우에는 그 임시 사용 승인일을 말하고, 분할 사 용검사나 동별 사용검사를 받은 경우에는 그 분할 사용검사일 또는 동별 사용검사일을 말함) 「건축법」제22조에 따른 공동주택의 사용승인일

3. 하자보수 및 손해배상책임

① 사업주체(「건설산업기본법」제28조에 따라 하자담보책임이 있는
자로서 사업주체로부터 건설공사를 일괄 도급받아 건설공사를 수
행한 자가 따로 있는 경우에는 그 자를 말함)는 담보책임기간에
하자가 발생한 경우에는 그 하자를 보수해야 합니다(「공동주택관
리법」제37조제1항 전단).

② 사업주체는 담보책임기간에 공동주택에 하자가 발생한 경우에는
하자 발생으로 인한 손해를 배상할 책임이 있습니다(「공동주택관
리법」제37조제2항 전단).

반 소 장

사   건(본소)   20○○가단○○○ 공사대금
피고(반소원고)   ◇◇◇ (주민등록번호)
　　　　　　　　○○시 ○○구 ○○길 ○(우편번호 ○○○○○)
　　　　　　　　전화.휴대폰번호:
　　　　　　　　팩스번호, 전자우편(e-mail)주소:
원고(반소피고)   ○○○ (주민등록번호)
　　　　　　　　○○시 ○○구 ○○길 ○(우편번호 ○○○○○)
　　　　　　　　전화.휴대폰번호:
　　　　　　　　팩스번호, 전자우편(e-mail)주소:

　　위 사건에 관하여 피고(반소원고)는 다음과 같이 반소를 제기
합니다.

하자보수 등 청구의 소

반 소 청 구 취 지

1. 원고(반소피고)는 피고(반소원고)에게 20○○. ○. ○.까지 별지
   제1목록 기재 건물에 관하여 별지 제2목록 도면표시 선 내 빗
   금 친 부분 (가),(나),(다),(라),(마),(바),(사),(아) 지점에　별지
   제3목록 기재 규격 철근콘크리트 기둥을 세우는 공사를 이행
   하라.
2. 원고(반소피고)는 피고(반소원고)에게 20○○. ○. ○.부터 위
   공사를 완료할 때까지 월 금 2,000,000원의 비율에 의한 돈
   을 지급하라.
3. 소송비용은 원고(반소피고)가 부담한다.

4. 위 제2항은 가집행 할 수 있다
라는 판결을 구합니다.

반 소 청 구 원 인

1. 원고(반소피고, 다음부터 원고라고만 함)가 이 사건 건물을 수급 받아 완공한 사실은 인정합니다.
2. 피고(반소원고, 다음부터 피고라고만 함)가 이 사건 건물 완공에 따른 공사대금 잔금의 지급을 거절하고 있는 사실도 인정합니다.
3. 그러나 원고는 공사계약에 따른 공사를 함에 있어 건물이 설계도면과 달리 조적조로 시공되어 구조안전 측면에서 보강 공사가 필요하여 현재는 공사가 완공되었음에도 불구하고 전혀 사용하지 못하고 있는 상태입니다. 위 하자보수 공사를 하지 않을 때에는 건물 붕괴의 우려가 있어 이는 매우 중대한 하자이며, 각 층마다 별지3 기재 규격의 철근콘크리트 기둥 4개를 세운다면 안전에 문제가 없을 것으로서 이는 하자 보수에 과다한 비용을 요하는 것은 아닙니다.
4. 따라서 피고는 민법 제667조에 근거하여 하자보수청구권이 인정된다 할 것이므로 원고는 피고에게 완공된 건물에 있는 하자의 보수 의무가 있고, 건물에 생긴 하자 및 보수의무의 지연으로 인하여 건물을 사용하지 못하여 건물 임대료 상당의 손해가 발생함이 명백하다 할 것입니다.
5. 그러므로 피고(반소원고)는 원고(반소피고)의 공사잔대금청구에 대하여 위 하자보수청구와의 동시이행을 주장함과 동시에 위 건물의 하자보수를 청구하고 위 건물의 하자보수가 20○○. ○. ○.까지 이루어지지 않을 때에는 이로 인한 손해배상을 청구하기 위하여 이 사건 반소청구에 이른 것입니다.

입 증 방 법

1. 을 제1호증   공사도급계약서
1. 을 제2호증의 1, 2   각 하자부분 사진
1. 을 제3호증   설계도면
1. 을 제4호증   공사시방서

첨 부 서 류

1. 위 입증방법   각 1통
1. 반소장부본   1통
1. 송달료납부서   1통

20○○.　○.　○..

위 피고(반소원고)　◇◇◇ (서명 또는 날인)

○○지방법원 제○민사단독　귀중

4. 매매에 따른 하자

4-1. 매도인의 하자담보책임

① 매수인은 매매 목적물의 하자를 알지 못한 때에는 이 하자 때문에 계약의 목적을 달성할 수 없는 경우에 한정하여 해당 계약을 해제할 수 있습니다(「민법」 제580조 제1항 전단 및 제575조 제1항 전단).

② 만약, 매매 목적물의 하자가 계약의 목적을 달성할 수 있는 경우에는 하자에 대해 손해배상만을 청구할 수 있습니다(「민법」 제580조 제1항 전단 및 제575조 제1항 후단).

③ 매수인이 하자있는 것을 알았거나 과실로 인해 이를 알지 못한 때에는 매도인에게 하자담보책임을 물을 수 없습니다(「민법」 제580조 제1항 후단).

④ 매도인에 대한 하자담보청구권은 매수인이 그 사실을 안 날부터 6개월 이내에 행사해야 합니다(「민법」 제582조).

4-2. 임대차 목적물에 하자가 발생한 경우

① 임대인의 수선의무
임대차계약에 있어서 임대인은 임대차 목적물을 임차인에게 인도하고, 계약 존속 중 그 사용·수익에 필요한 상태를 유지하게 할 의무를 부담합니다(「민법」 제623조).

② 임대인이 수선의무를 부담하게 되는 임대차 목적물의 파손·장해의 정도(대법원 2010.4. 29. 선고, 2009다96984 판결)
(임대인 수선의무 예외) 목적물에 파손 또는 장해가 생긴 경우 그것이 임차인이 별 비용을 들이지 아니하고도 손쉽게 고칠 수 있을 정도의 사소한 것이어서 임차인의 사용·수익을 방해할 정도의 것

이 아니라면 임대인은 수선의무를 부담하지 않습니다.

(임대인 수선의무 부담) 수선하지 아니하면 임차인이 계약에 의하여 정하여진 목적에 따라 사용·수익할 수 없는 상태로 될 정도의 것이라면, 임대인은 그 수선의무를 부담한다 할 것이고, 이는 자신에게 귀책사유가 있는 임대차 목적물의 훼손의 경우에는 물론 자신에게 귀책사유가 없는 훼손의 경우에도 마찬가지입니다.

소   장

원 고   ○○○ (주민등록번호)

         ○○시 ○○구 ○○로 ○○(우편번호)

         전화.휴대폰번호:

         팩스번호, 전자우편(e-mail)주소:

피 고   ◇◇◇ (주민등록번호)

         ○○시 ○○구 ○○로 ○○(우편번호)

         전화.휴대폰번호:

         팩스번호, 전자우편(e-mail)주소:

손해배상(기)청구의 소

청 구 취 지

1. 피고는 원고에게 금 5,000,000원 및 이에 대한 2000. 7. 25. 부터 이 사건 소장부본 송달일까지는 연 5%의, 그 다음날부터 다 갚는 날까지는 연 15%의 각 비율에 의한 돈을 지급하라.
2. 소송비용은 피고가 부담한다.
3. 위 제1항은 가집행 할 수 있다.

라는 판결을 구합니다.

청 구 원 인

1. 손해배상책임의 발생

   피고는 ○○시 ○○구 ○○로 ○○○-○ 소재 건물의 소유자인데, 2000. 1월경부터 건물 담벼락에 여러 군데 균열이 생기므로 건물 임차인인 소외 ◆◆◆가 여러 차례 건물보수를 요구하였으나 계속 그 수리를 미루어 오던 중, 2000. 7. 25. 16:40경 원고가 그의 소유인 서울○서○○○○○호 승용차를 운전하여 위 건물 담벼락 옆을 지나가고 있을 때 마침 불어온 강풍에 담이 길쪽으로 붕괴되면서 차량 좌측면을 덮쳐 차량을 파손하는 손해를 야기하였는바, 당시 불어온 바람은 통상적인 태풍의 작용으로 천재지변에 이를 정도가 아니었고, 임차인인 소외 ◆◆◆의 통보에 의해 담벼락 보수가 필요하다는 사실, 사고위험성이 있다는 사실 등을 알고 있었음에도 불구하고 그 보수를 게을리 하여 이 사건 사고가 발생한 것이 분명하므로, 피고는 공작물소유자로서 이 사건 사고로 인해 발생한 원고의 손해를 배상할 책임이 있다고 할 것입니다.

2. 손해의 범위

원고의 차량은 이 사건 사고로 심하게 파손되어 그 수리비로 금 5,000,000원이 지출되었습니다.

3. 사정이 위와 같으므로 원고는 피고로부터 금 5,000,000원 및 이에 대한 이 사건 사고발생일인 2000. 7. 25.부터 이 사건 소장부본 송달일까지는 민법에서 정한 연 5%의, 그 다음날부터 다 갚는 날까지는 소송촉진등에관한특례법에서 정한 연 15%의 각 비율에 의한 지연손해금을 받기 위하여 이 사건 소송에 이르게 되었습니다.

입 증 방 법

1. 갑 제1호증의 1 내지 3	각 사진
1. 갑 제2호증	견적서
1. 갑 제3호증	수리비영수증

첨 부 서 류

1. 위 입증방법   각 1통
1. 소장부본   1통
1. 송달료납부서   1통

                        20○○.   ○.   ○.
                        위 원고   ○○○   (서명 또는 날인)

○○지방법원 귀중

4-3. 공동주택 내 인테리어 공사를 하는 경우

① 주택의 인테리어가 노후화되거나 결로와 곰팡이 발생, 벽체 도장의 변색 등 기존 주택의 문제가 많은 경우 인테리어 공사를 진행하기도 합니다.

② 이처럼 인테리어 공사를 진행하는 경우 주변의 입주자 등에게 소음이나 진동 등의 피해를 줄 수 있습니다.

③ 따라서 창틀·문틀의 교체, 세대 내 천장·벽·바닥의 마감재 교체, 급·배수관 등 배관설비의 교체 및 세대 내 난방설비의 교체(시설물의 파손·철거를 제외) 등과 같은 주택내부의 구조물과 설비를 교체하는 행위를 하는 경우에는 관리주체(「공동주택관리법」 제2조 제10호)의 동의를 받아야 합니다(「공동주택관리법」 제35조 제1항 제3호, 「공동주택관리법 시행령」 제19조 제2항 제1호 및 「공동주택관리법 시행규칙」 제15조 제1항).

5. 건물 하자 분쟁의 발생

■ "분쟁 사례"의 해결: 공용부분 발코니배수관 역류로 인한 피해 사례

(사건) A씨는 공용부분인 발코니 배수관의 역류는 공용부분 관리에 책임이 있는 입주자대표회의에서 누수 피해에 대한 전적인 원상복구 책임이 있음을 주장하고 있고, 입주자대표회의는 해당부분이 공용부분일지라도 사건발생 당시 신청인의 조치미흡에 따른 피해확대와 지속적인 한파 등을 고려할 때 전적으로 관리주체의 책임으로만 단정할 수 없으며, 발생원인이 명확하지 않은 피해내용에 대해서는 인정할 수 없음을 주장하는 등 양자 간에 상당한 대립이 지속되고 있다.

(결과) 중앙 공동주택관리 분쟁조정위원회에서는 A씨에게는 피해내용 중 당시 역류로 발생했다는 명확한 입증자료가 없는 사항은 피해내용에 포함시키기 어려우며, 공용부분의 관리책임은 관리주체라 하더라도 신청인의 조치

지연 등에 따른 일부 책임이 있을 수 있음을 설명하고, A씨에게는 입주자대표회의 및 관리주체는 입주민의 안락한 생활을 위해 공용부분을 유지·관리해야 할 의무와 책임이 있음을 설명한 후, 피해내용 중 발생원인이 명확한 마루부분에 한정하여 신청인이 일부 부담하고, 그 비용을 제외한 나머지(마루자재 포함)를 피신청인이 부담하여 원상복구할 것을 사전 합의안으로 제시하다.

[2] 경계 분쟁

1. 경계선과의 거리 유지

1-1. 경계선 부근의 건축

건물을 축조할 때에는 특별한 관습이 없으면 경계로부터 0.5미터 이상의 거리를 두어야 합니다(「민법」 제242조 제1항).

1-2. 철거 및 손해배상 등 청구

① 인접지소유자는 위의 사항을 위반한 자에 대해서 건물의 변경이나 철거를 청구할 수 있습니다(「민법」 제242조 제2항 본문).

② 건축에 착수한 후 1년이 지났거나 건물이 완성된 후에는 손해배상만을 청구할 수 있습니다(「민법」 제242조 제2항 단서).

소 장

원 고   ○ ○ ○(주민등록번호)
　　　　○○시 ○○구 ○○길 ○○ (우편번호 ○○○○○)

피 고   △△시 △△구청장
　　　　○○시 ○○구 ○○길 ○○ (우편번호 ○○○○○)

담장철거대집행계고처분 취소청구의 소

청 구 취 지

1. 피고가 20○○. ○. ○. 원고에 대하여 한 ○○시 ○○구 ○○ 동 ○○ 지상의 담장등 철거대집행 계고처분을 취소한다
2. 소송비용은 피고의 부담으로 한다.
라는 재판을 구합니다.

청 구 원 인

1. 원고는 19○○년경 ○○시 ○○구 ○○동 ○○ 대지와 그 지 상의 주택을 매수하여 거주하였는데, 그 서쪽에 접한 소외 정 □□ 소유의 같은 동 ○○의 ○ 대지(이하 이 사건 토지라 한 다)의 일부도 위 주택의 부지로서 함께 점유 사용하였고, 그 둘레에는 담장과 쪽문이 설치되어 있었으며, 원고의 대지 남 쪽에 접한 같은 동 ○○의 ○○ 대지의 소유자인 소외 조□□ 도 원고와 같이 이 사건 토지의 일부를 점유 사용하였습니다.
2. 원고는 19○○. ○. ○.경 기존의 주택을 철거하고 지하 1층, 지상 2층의 주택을 신축함에 있어 이 사건 토지를 도로로, 그

경계선으로부터 0.2m 후퇴한 선을 건축선으로 각 표시한 설계도면을 첨부하여 건축허가를 받고 이에 기하여 위 주택을 건축하였으며, 그 후 위 조□□도 기존의 주택을 철거하고 지하 1층, 지상 2층의 다가구주택을 신축하면서 위와 같이 이 사건 대지를 도로로 하여 건축허가를 받고 이에 기하여 건축하였습니다.

3. 원고와 위 정□□는 동쪽에 위치한 같은 동 ○○의 ○와 같은 동 ○○의 ○○ 대지 사이의 현황도로에 접하여 대문을 설치하고 이를 이용하여 공로에 출입하였고, 위 정□□의 대지 남쪽에 접한 같은 동 ○○의 ○○ 대지의 소유자인 소외 조□□도 동쪽의 다른 현황도로를 이용하여 출입하여 왔는데, 위 소외인들이 각기 그 대지상에 다세대주택을 신축하면서 현황도로의 대지 소유자가 도로를 폐쇄하고 담장을 설치하는 등으로 통행을 방해하고 위 현황도로가 다세대주택의 건축시 요구되는 도로로서의 요건을 충족하지 아니하자 19○○년경 피고에게 원고가 도로인 이 사건 토지 상에 담장과 가설물을 설치하여 통행을 방해한다는 이유로 이를 배제하여 달라는 민원을 제기하였으며, 이에 피고는 19○○. ○. ○. 위 담장이 약 21년 전에 설치된 것이고 가설물은 지하실 출입구의 차면용 시설로서 단속 제외대상이라고 회시하였습니다.

4. 그런데, 위 소외인들이 피고에게 위와 같은 민원을 계속 제기하자, 피고는 19○○. ○. ○. 원고에 대하여 위 담장 등이 도로인 이 사건 토지 상에 건축된 위법건축물이라는 이유로 건축법 제11조와 행정대집행법 제2조, 제3조 제1항을 적용하여 위 담장 등을 14일 이내에 자진철거할 것을 명하고, 원고가 그때까지 이 사건 건물을 자진철거하지 아니하면 행정대집행할 것임을 계고하는 처분(이하 이 사건 처분이라 한다)을 하고, 이를 원고에게 고지하였습니다.

5. 이 사건 처분의 적법 여부

가. 피고처분의 위법성

피고는, 이 사건 토지가 도로용도로 분할되었고, 그후 원고
가 주택을 신축하면서 건축법 제2조 제11호, 같은 법 시행
령 제3조 제4항 제2호에 규정에 의한 3m의 도로폭을 확보
하기 위하여 이 사건 토지를 도로로 인정하고 그 경계선에
서 0.2m 후퇴한 선을 건축선으로 하여 건축허가를 받았으
므로 이 사건 토지는 시장, 구청장 등이 지정한 건축법상
도로에 해당함에도 원고가 그 지상에 담장 등을 설치하여
인근주민을 방해하고 있음을 들어 이 사건 처분이 적법하다
고 주장하고 있습니다.

이에 대하여 원고는, 이 사건 토지가 일반주거지역의 대지로
서 원고가 그 일부를 소유자의 승낙하에 20여년간 대지의
일부로서 사용하여 왔고 원고와 인근 주민들이 다른 곳에
개설된 사실상의 도로를 이용하여 왔으며 피고가 이를 도로
로 지정한 바가 없으므로 건축법상의 도로에 해당하지 아니
할 뿐만 아니라, 이 사건 대집행계고서상 그 목적물의 소재
지가 이 사건 토지가 아닌 원고의 대지로 기재되어 집행목
적물이 특정되지 아니하여 그 효력이 발생할 수 없으므로
이 사건 처분은 어느 모로 보나 위법하여 취소되어야 합니
다

나. 관계법령

구 건축법(1991. 5. 31. 법률 제4381호로 전문개정되기 전
의 것) 제2조는 이 법에서 사용하는 용어의 정의는 다음과
같다고 하면서 제15호에서 도로라 함은 보행 및 자동차통
행이 가능한 너비 4미터 이상의 도로(지형적 조건 또는 지
역의 특수성으로 인하여 자동차 통행이 불가능한 도로와 막
다른 도로의 경우에는 대통령령이 정하는 구조 및 폭의 도
로)로서 다음에 게기하는 것의 하나에 해당하는 도로 또는
그 예정도로를 말한다고 규정하고, 그 가.목은 도시계획법
도로법 사도법 기타 관계법령에 의하여 신설 또는 변경에
관한 고시가 된 것을, 그 나.목은 건축허가시 시장(서울특별

시장 직할시장을 포함한다, 이하 같다) 또는 군수가 그 위치를 지정한 도로를 각 들고 있고, 제30조는 건축선은 도로의 경계선으로 한다. 다만 제2조 제15호의 규정에 의한 소요폭에 미달되는 폭의 도로인 경우에는 그 중심선으로부터 당해 소요폭의 2분의 1에 상당하는 수평거리를 후퇴한 선을 건축선으로 한다고 규정하며, 또한 같은 법 시행령 (1992. 5. 30. 대통령령 제13655호로 전문개정되기 전의 것) 제64조 제1항은 법 제2조 제15호 나목의 규정에 의하여 시장 군수가 도로를 지정하고자 하는 경우에는 당해 도로에 대하여 이해관계를 가진 자의 동의를 얻어야 하며, 도로를 지정한 때에는 그 도로의 구간 연장 폭 및 위치를 기재한 건설교통부령이 정하는 도로대장을 작성 비치하여야 한다고 규정하고, 제62조 제1항은 법 제2조 제15호의 규정에 의한 막다른 도로의 폭은 도로의 길이가 10m 이상 35m 미만인 경우 3m 이상이어야 한다고 규정하고 있습니다.

6. 결 론

그렇다면 이 사건 처분은 위법하다 할 것이므로 그 처분은 취소되어야 할 것입니다.

입 증 방 법

1. 갑 제1호증   증여계약서
1. 갑 제2호증   인증서
1. 갑 제3호증   부동산등기사항전부증명서

첨 부 서 류

1. 위 입증방법   각 1통
1. 법인등기사항전부증명서   1통

1. 소장부본   1통
1. 납 부 서   1통

              20○○년 ○월 ○일
          원   고   ○ ○ ○   (서명 또는 날인)

○ ○ 행 정 법 원   귀중

2. 소유자의 권리 행사

2-1. 방해제거청구권 행사

소유자는 소유권을 방해하는 자에 대해 방해의 제거를 청구할 수 있고 소유권을 방해할 염려있는 행위를 하는 자에게 그 예방이나 손해배상의 담보를 청구할 수 있습니다(민법 제214조).

소 장

원 고 　○○○ (주민등록번호)

　　　　○○시 ○○구 ○○길 ○○(우편번호 ○○○○○)

　　　　전화.휴대폰번호:

　　　　팩스번호, 전자우편(e-mail)주소:

피 고 　◇◇◇ (주민등록번호)

　　　　○○시 ○○구 ○○길 ○○(우편번호 ○○○○○)

　　　　전화.휴대폰번호:

　　　　팩스번호, 전자우편(e-mail)주소:

점유보유의 소

청 구 취 지

1. 피고는 원고에 대하여 별지목록 기재 토지 위의 터파기 공사를 중지하라.

2. 피고는 20○○. ○. ○.부터 위 터파기 공사를 중지할 때까지 월 금 500,000원의

　비율에 의한 돈을 지급하라.

3. 소송비용은 피고의 부담으로 한다.

4. 위 제1항은 가집행 할 수 있다.

라는 판결을 원합니다.

청 구 원 인

1. 별지목록 기재 토지에 대한 원고의 점유

　별지목록 기재 토지(다음부터 '이 사건 토지'라고 함)는 소외

김◆◆ 소유이고, 원고는 이 사건 토지 인근에서 농사를 짓고 있습니다. 원고는 추수된 쌀을 보관할 마땅한 창고가 없어서 창고를 지을 땅을 빌리려고 수소문 하다가, 20○○. ○. ○. 소외 김◆◆와 임차보증금은 금 10,000,000원, 임대기간은 특별히 정하지 않고 이 사건 토지를 임차하였습니다. 원고는 계획대로 이 사건 토지 위에 창고를 지어 농산물이 수확될 때마다 이를 판매할 때까지 보관하고 있었습니다.

2. 피고의 점유방해 및 원고의 손해

원고와 토지경계문제로 평소 사이가 좋지 않던 피고는 20○○. ○. ○.경 이 사건 토지가 자신의 소유라고 주장하더니, 20○○. ○. ○.경에는 이 사건 토지에 건물을 지어야 한다면서 터파기 공사를 하였습니다. 그런데 터파기 공사부분은 원고가 축조한 창고의 진입로로서, 원고는 피고의 터파기 공사로 인하여 창고에 출입할 수 없게 되었습니다.

결국 원고는 수확한 농산물을 위 창고에 보관하지 못하고 다른 창고를 빌려 월 금 500,000원의 보관료를 지급하고 있습니다.

3. 결론

그렇다면 피고는 원고의 정당한 점유를 방해한 것이고 이로 인하여 원고는 보관료 상당의 손해를 입고 있습니다. 따라서 원고는 피고에 대하여 민법 제205조에 의한 점유의 방해배제 및 민법 제750조에 의한 손해배상을 청구하기 위하여 이 사건 소 제기에 이르게 된 것입니다.

입 증 방 법

1. 갑 제1호증   부동산등기사항증명서
1. 갑 제2호증   임대차계약서
1. 갑 제3호증   사진
1. 갑 제4호증   보관료영수증

첨 부 서 류

1. 위 입증방법   각 1통
1. 소장부본   1통
1. 송달료납부서   1통

                    20○○.   ○.   ○.
                    위 원고   ○○○   (서명 또는 날인)

○○지방법원 귀중

[별 지]
부동산의 표시

○○시 ○○구 ○○동 ○○-○○ 대 157.4㎡. 끝.

답 변 서

사   건   2018가단○○○ 건물철거 및 대지인도 청구
원   고   □□□
피   고   △△△

위 사건에 관하여 피고의 소송대리인은 아래와 같이 답변합니다.

청구취지에 대한 답변

1. 원고의 청구를 기각한다.
2. 소송비용은 원고가 부담한다.
라는 재판을 구합니다.

청구원인에 대한 답변

1. 원고의 주장의 요지
원고는 별지목록 기재 토지의 법률상 소유자에 해당하며, 피고는 별지목록 기재 토지 위에 별지목록 기재 건물을 건립하여 소유하면서 아무런 권원 없이 불법으로 위 토지를 점유하여 원고에게 임료 상당의 손해를 입히고 있다고 주장하고 있습니다.

2. 원고 주장의 부당성
가. 매수인으로서 피고의 점유권원의 존재
피고는 1997. 7. 1. 원고로부터 별지목록 기재 각 부동산(이하 '이 사건 각 부동산'이라 합니다)을 대금 200,000,000원에 매수함에 있어 계약당일 계약금으로 20,000,000원을, 같은 해 8. 1. 중도금 및 잔금으로 180,000,000원을 지급하였습니다.
그런데 원고는 1997. 8. 1. 위와 같이 중도금 및 잔금을 수령하

고 이 사건 각 부동산의 인도를 이행하였으나, 지금까지 소유권
이전등기절차는 이행하지 아니하고 있는바, 피고는 이 사건 각
부동산에 대하여 정당한 점유권원이 존재한다고 할 것이며, 원고
는 피고에게 위 매매계약을 원인으로 한 소유권이전등기절차를
이행할 의무가 있다고 할 것입니다.

나. 점유취득시효의 완성 및 원고 청구의 부당성

가사 이 사건 매매사실이 인정되지 않는다 하더라도 원고는 위
1997. 8. 1. 이후 현재까지 이 사건 각 토지를 소유의 의사로 계
속하여 평온, 공연하게 점유사용하고 있으므로, 위 점유를 개시
한 날인 1997. 8. 1.로부터 20년이 되는 2017. 8. 1.이 경과함으
로써 점유취득시효기간이 완성되었다 할 것입니다.

판례에 따르면 "점유자가 소유자의 대지 일부를 소유의 의사로
평온, 공연하게 20년간 점유하였다면 점유자는 소유자에게 소
유권이전등기절차의 이행을 청구할 수 있고 소유자는 이에 응
할 의무가 있으므로 점유자가 위 대지에 관하여 소유권이전등
기를 경료하지 못한 상태에 있다고 해서 소유자가 점유자에 대
하여 그 대지에 대한 불법점유임을 이유로 그 지상건물의 철거
와 대지의 인도를 청구할 수는 없다."(대법원 1988. 5. 10 선
고, 87다카1979 판결)라고 판시하고 있는바, 원고의 청구는 부
당하다고 할 것입니다.

3. 결론

따라서 이 사건 각 부동산에 대하여 피고는 매수인으로서 정당
한 점유권원이 존재하며, 가사 이 사건 매매사실이 인정되지
않는다 하더라도 점유취득시효 완성으로 인하여 점유권원이
인정된다고 할 것이므로 원고의 이 사건 청구는 이유 없다 할
것입니다.

입 증 방 법

1. 을 제1호증   부동산 매매계약서

1. 을 제2호증   사실 확인서(♠♠♠)

첨 부 서 류

1. 위 입증방법   각 1통
2. 위임장   1통
3. 납부서   1통
4. 소장부본   1통

20○○.   ○○.   ○○.
위 피고 소송 대리인 (서명 또는 날인)

○○지방법원 제○○민사단독 귀중

[별지]

부동산의 표시

1. ○○시 ○○구 ○○동 ○○ 대 296.6㎡
2. 위 지상 라멘조 및 조적조 슬래브지붕 3층 점포, 사무실 및
주택

    1층 점포 115.25㎡ 주택 51㎡
    2층 주택 166.25㎡
    지하창고 59.25㎡
    부속건물 조적조 슬래브지붕 단층부속 13.14㎡. 끝.

2-2. 건물 등 철거 청구 사례

토지 소유자가 자신 소유의 토지 위에 공작물을 설치한 행위가 인근 건물의 소유자에 대한 관계에서 권리남용에 해당하고, 그로 인해 인근 건물 소유자의 건물 사용수익이 실질적으로 침해되는 결과를 초래하였다면, 인근 건물 소유자는 건물 소유권에 기한 방해제거청구권을 행사하여 토지 소유자를 상대로 공작물의 철거를 구할 수 있다고 판단한다(대법원 2014. 10. 30., 선고, 2014다42967 판결).

소　　　장

원　　고　　○○○ (주민등록번호)
　　　　　　○○시 ○○구 ○○길 ○○(우편번호 ○○○○○)
　　　　　　전화.휴대폰번호:
　　　　　　팩스번호, 전자우편(e-mail)주소:
피　　고　　◇◇◇ (주민등록번호)
　　　　　　○○시 ○○구 ○○길 ○○(우편번호 ○○○○○)
　　　　　　전화.휴대폰번호:
　　　　　　팩스번호, 전자우편(e-mail)주소:

건물철거 등 청구의 소

청 구 취 지

1. 원고에게
　가. 피고는 ○○시 ○○구 ○○동 ○○ 전 ○○○㎡ 중 별지도
　　면 표시 1, 2, 3, 4, 1의 각 점을 차례로 연결하는 선내 (ㄱ)부
　　분 ○○㎡ 지상 쇠파이프기둥 비닐지붕 화훼재배용 가건물
　　○○㎡ 및 같은 도면표시 5, 6, 7, 8, 5의 각 점을 차례로 연
　　결하는 선내 (ㄴ)부분 ○○㎡ 지상 쇠파이프기둥 비닐지붕 화
　　훼판매용 가건물 ○○㎡를 각 철거하여, 위 토지 ○○○㎡를
　　인도하고,
　나. 20○○. ○. ○.부터 위 토지의 인도 완료일까지 연 금
　　1,500,000만원의 비율에 의한 돈을 지급하라.
2. 소송비용은 피고가 부담한다.
3. 위 제1항은 가집행 할 수 있다.
라는 판결을 구합니다.

청 구 원 인

1. 신분관계

원고는 ○○시 ○○구 ○○동 ○○ 전 ○○○㎡의 소유자이고, 피고는 위 토지를 원고로부터 임차하여 비닐하우스를 설치하여 농사를 짓는 사람입니다.

2. 임대차계약의 종료

가. 원고는 19○○. ○. ○○. 피고와 위 토지에 관하여 연간 임대료 금 150만원, 임대기간 3년(임대기간 만료일 20○○. ○. ○○.)으로 하는 임대차계약을 체결하였습니다.

나. 원고는 임대기간이 만료하기 전인 20○○. ○.경부터 피고에게 원고 "본인이 직접 농사를 지어야 하니 처음의 계약 내용대로 계약기간이 종료하면 비닐하우스를 철거하고 토지를 인도해 달라"고 여러 차례 구두로 통고하였으며, 20○○. ○. ○.에는 내용증명우편으로 통고하기도 하였습니다.

3. 결론

가. 사정이 위와 같다면 원고와 피고간의 임대차계약은 적법하게 종료되었으므로 피고는 위 토지 위에 설치한 비닐하우스를 철거하고 이 사건 토지를 원고에게 인도해야 할 것이며,

나. 위 토지에 관하여 20○○. ○. ○.부터 법률상 원인없이 사용하여 차임상당의 이익을 얻고 동액 상당의 손해를 원고에게 끼치고 있다 할 것이므로 20○○. ○. ○.부터 위 토지의 인도완료일까지 연 금 1,500,000원의 비율에 의한 돈을 지급할 의무가 있다고 할 것입니다.

입 증 방 법

1. 갑 제1호증   임대차계약서
1. 갑 제2호증   토지등기사항증명서
1. 갑 제3호증   토지대장
1. 갑 제4호증의 1, 2   각 사진

첨 부 서 류

1. 위 입증방법   각 1통
1. 소장부본   1통
1. 송달료납부서   1통

20○○.   ○.   ○.
위 원고   ○○○   (서명 또는 날인)

○○지방법원 귀중

3. 점유자의 점유취득시효 주장

3-1. 점유취득시효

① 20년간 소유의 의사로 평온, 공연하게 부동산을 점유하는 자는 등기함으로써 그 소유권을 취득합니다(「민법」 제245조 제1항).

② 부동산의 소유자로 등기한 자가 10년간 소유의 의사로 평온, 공연하게 선의이며 과실없이 그 부동산을 점유한 때에는 소유권을 취득합니다(「민법」 제245조 제2항).

3-2. 자주점유 인정 사례

환지예정지를 인도받아 그 지상에 공장건물을 신축하면서 인접 토지를 침범한 경우, 침범한 인접 토지의 위치와 형상이 환지예정지의 변에 인접하여 긴 직사각형의 모양을 하고 있고, 그 면적이 환지확정된 토지의 7%에 불과하여 그 침범 면적이 통상 있을 수 있는 시공상의 착오 정도를 넘어 선다고 볼 수 없어 점유개시 당시 인접 토지를 침범한 사정을 알지 못하였다고 볼 수 있고, 점유의 시초에 자신의 토지에 인접한 타인 소유의 토지를 자신 소유의 토지의 일부로 알고서 이를 점유하게 된 자는 나중에 그 토지가 자신 소유의 토지가 아니라는 점을 알게 되었다고 하더라도 그러한 사정만으로 그 점유가 타주점유로 전환되는 것은 아니라고 판단한다(대법원 2001. 5. 29. 선고, 2001다5913 판결).

4. 매도인에 대한 손해배상 청구

4-1. 매도인의 담보책임

① 매매의 목적이 된 권리의 일부가 타인에게 속함으로 인해 매도인이 그 권리를 취득하여 매수인에게 이전할 수 없는 때에는 매수인

은 그 부분의 비율로 대금의 감액을 청구할 수 있습니다(「민법」 제572조 제1항).

② 이 경우에 잔존한 부분만이면 매수인이 이를 매수하지 않았을 때에는 선의의 매수인은 계약전부를 해제할 수 있습니다(「민법」 제572조 제2항).

③ 선의의 매수인은 감액청구 또는 계약해제 외에 손해배상을 청구할 수 있습니다(「민법」 제572조 제3항).

4-2. 매도인에 대한 담보책임 청구 사례

매매계약에서 건물과 그 대지가 계약의 목적물인데 건물의 일부가 경계를 침범하여 이웃 토지 위에 건립되어 있는 경우에 매도인이 그 경계 침범의 건물부분에 관한 대지부분을 취득하여 매수인에게 이전하지 못하는 때에는 매수인은 매도인에 대하여 민법 제572조를 유추적용하여 담보책임을 물을 수 있고 그 경우에 이웃 토지의 소유자가 소유권에 기하여 그와 같은 방해상태의 배제를 구하는 소를 제기하여 승소의 확정판결을 받았으면, 다른 특별한 사정이 없는 한 매도인은 그 대지부분을 취득하여 매수인에게 이전할 수 없게 되었다고 봄이 상당하다고 판단한다(대법원 2009. 7. 23. 선고, 2009다33570 판결).

5. 「형법」에 따른 경계침범죄

5-1. 경계침범죄

① 경계표를 손괴, 이동 또는 제거하거나 그 밖의 방법으로 토지의 경계를 인식 불능하게 한 자는 3년 이하의 징역 또는 500만원 이하의 벌금에 처해집니다(「형법」 제370조).

② "경계"란 법률상의 정당한 경계인지 여부와는 상관없이 종래부터 경계로서 일반적으로 승인되어 왔거나 이해관계인들의 명시적 또

는 묵시적 합의가 존재하는 등 어느 정도 객관적으로 통용되어 오던 사실상의 경계를 의미합니다(대법원 2010. 9. 9. 선고, 2008도8973 판결).

③ 그와 같이 종래 통용되어 오던 사실상의 경계가 법률상의 정당한 경계인지 여부에 대하여 다툼이 있다고 하더라도, 그 사실상의 경계가 법률상 정당한 경계가 아니라는 점이 이미 판결로 확정되었다는 등 경계로서의 객관성을 상실하는 것으로 볼 만한 특단의 사정이 없는 한, 여전히 「형법」 제370조에서 말하는 경계에 해당되는 것이라고 보아야 할 것입니다(대법원 2007. 12. 28., 선고, 2007도9181 판결).

④ "경계표"는 반드시 담장 등과 같이 인위적으로 설치된 구조물만을 의미하는 것으로 볼 것은 아니고, 수목이나 유수 등과 같이 종래부터 자연적으로 존재하던 것이라도 경계표지로 승인된 것이면 경계표에 해당합니다(대법원 2007. 12. 28., 선고, 2007도9181 판결).

5-2. 경계침범죄 성립요건

「형법」 제370조의 경계침범죄는 토지의 경계에 관한 권리관계의 안정을 확보하여 사권을 보호하고 사회질서를 유지하려는 데 그 목적이 있는 것으로서, 단순히 경계표를 손괴, 이동 또는 제거하는 것만으로는 부족하고 위와 같은 행위나 기타 방법으로 토지의 경계를 인식불능하게 함으로써 비로소 성립된다 할 것인데, 법률상의 정당한 경계를 침범하는 행위가 있었다 하더라도 그로 말미암아 위와 같은 토지의 사실상의 경계에 대한 인식불능의 결과가 발생하지 않는 한 경계침범죄가 성립하지 아니한다고 판단한다(대법원 2010. 9. 9. 선고, 2008도8973 판결).

6. 경계 분쟁의 발생

■ 자신의 토지를 침범한 기존의 담장을 임의로 허물고 새로운 경계를 세운 경우, 경계침범죄로 처벌할 수 있을까요?

[질문] 자신의 토지를 침범한 기존의 담장을 임의로 허물고 새로운 경계를 세운 경우, 경계침범죄로 처벌할 수 있을까요?

[답변] 판례에 따르면, 「형법」 제370조의 경계침범죄는 토지의 경계에 관한 권리관계의 안정을 확보하여 사권을 보호하고 사회질서를 유지하려는 데 그 목적이 있는 것으로서, 단순히 경계표를 손괴, 이동 또는 제거하는 것만으로는 부족하고 위와 같은 행위나 기타 방법으로 토지의 경계를 인식 불능하게 함으로써 비로소 성립된다고 판단하고 있습니다(대법원 2010. 9. 9. 선고, 2008도8973 판결).
따라서 사례와 같이 20년 넘게 경계의 역할을 하던 담을 사전 허락없이 임의로 허물고 새로운 경계를 세웠다면, 경계침범죄가 성립되어 처벌을 받을 수 있습니다.

■ 이웃이 저희 집 담이 자신의 집 경계를 침범하고 있다면서, 20년 넘게 설치돼 있던 담을 허물어버리고 새로운 토지경계를 세웠어요. 경계침범죄로 처벌할 수 없나요?

[질문] 옆집에 이사 온 이웃이 저희 집 담이 자신의 집 경계를 침범하고 있다면서, 20년 넘게 설치돼 있던 담을 허물어버리고 새로운 토지경계를 세웠어요. 경계침범죄로 처벌할 수 없나요?

[답변] 경계표인 담을 사전 허락없이 허물고, 그 행위가 기존의 경계를 없애기 위한 것이었다면 「형법」에 따라 경계침범죄로 처벌될 수 있습니다.

◇ 경계침범죄

① 경계표를 손괴, 이동 또는 제거하거나 그 밖의 방법으로 토지의 경계를 인식 불능하게 한 자는 3년 이하의 징역 또는 500만원 이

하의 벌금에 처해집니다.

② "경계"란 법률상의 정당한 경계인지 여부와는 상관없이 종래부터 경계로서 일반적으로 승인되어 왔거나 이해관계인들의 명시적 또는 묵시적 합의가 존재하는 등 어느 정도 객관적으로 통용되어 오던 사실상의 경계를 의미합니다.

③ 또한, 그와 같이 종래 통용되어 오던 사실상의 경계가 법률상의 정당한 경계인지 여부에 대하여 다툼이 있다고 하더라도, 그 사실상의 경계가 법률상 정당한 경계가 아니라는 점이 이미 판결로 확정되었다는 등 경계로서의 객관성을 상실하는 것으로 볼 만한 특단의 사정이 없는 한, 여전히 「형법」 제370조에서 말하는 경계에 해당되는 것이라고 보아야 할 것입니다.

◇ 경계침범죄 성립요건

「형법」 제370조의 경계침범죄는 단순히 경계표를 손괴, 이동 또는 제거하는 것만으로는 부족하고 토지의 경계를 인식불능하게 함으로써 비로소 성립된다 할 것인데, 법률상의 정당한 경계를 침범하는 행위가 있었다 하더라도 그로 말미암아 위와 같은 토지의 사실상의 경계에 대한 인식불능의 결과가 발생하지 않는 한 경계침범죄가 성립하지 않습니다.

[관련판례 1]

[판시사항]

[1] 토지 인근 건물 소유자가 건물 소유권에 기한 방해제거청구권을 행사하여 토지 소유자를 상대로 그 토지 위에 설치한 공작물의 철거를 구할 수 있는 경우

[2] 甲 주식회사가 콘도를 운영하면서 콘도 출입구 쪽 도로 및 주차

장으로 이용하던 토지에 관하여 甲 회사의 사내이사였던 乙이 소유권이전등기를 마친 후 아들인 丙에게 소유권이전등기를 마쳐 주었는데, 丁 주식회사가 부동산임의경매절차에서 위 콘도 지분 대부분을 매수한 이후 丙이 콘도와 토지의 경계 위에 화단을 설치하고 그 위에 철제 구조물을 설치한 사안에서, 丙의 구조물 설치행위는 정당한 권리행사의 한계를 벗어난 것으로서 권리남용에 해당한다고 볼 여지가 충분하다고 한 사례

[판결요지]

[1] 토지 소유자가 자신 소유의 토지 위에 공작물을 설치한 행위가 인근 건물의 소유자에 대한 관계에서 권리남용에 해당하고, 그로 인하여 인근 건물 소유자의 건물 사용수익이 실질적으로 침해되는 결과를 초래하였다면, 인근 건물 소유자는 건물 소유권에 기한 방해제거청구권을 행사하여 토지 소유자를 상대로 공작물의 철거를 구할 수 있다.

[2] 甲 주식회사가 콘도를 운영하면서 콘도 출입구 쪽 도로 및 주차장으로 이용하던 토지에 관하여 甲 회사의 사내이사였던 乙이 소유권이전등기를 마친 후 아들인 丙에게 다시 소유권이전등기를 마쳐 주었는데, 丁 주식회사가 부동산임의경매절차에서 위 콘도 지분 대부분을 매수한 이후 丙이 콘도와 토지의 경계 위에 블록으로 화단을 설치하고 그 위에 쇠파이프 등으로 철제 구조물을 설치한 사안에서, 제반 사정에 비추어 丙이 구조물을 설치한 행위는 외형상으로는 정당한 권리의 행사로 보이나 실질적으로는 토지가 자기 소유임을 기화로 丁 회사 소유인 콘도의 사용·수익을 방해하고 나아가 丁 회사에 고통이나 손해를 줄 목적으로 행한 것이라고 볼 수밖에 없으므로, 丙의 구조물 설치행위는 정당한 권리행사의 한계를 벗어난 것으로서 권리남용에 해당한다고 볼 여지가 충분하다고 한 사례(대법원 2014. 10. 30., 선고, 2014다42967 판결).

[관련판례 2]

[판시사항]

[1] 경계침범죄에서 '경계'의 의미 및 법률상의 정당한 경계를 침범하는 행위가 있더라도 토지의 사실상의 경계에 대한 인식불능의 결과가 발생하지 않는 한 경계침범죄가 성립하지 아니하는지 여부(적극)

[2] 피고인이 피해자 소유의 인접한 토지를 침범하여 나무를 심고 도랑을 파내는 등의 행위를 하였다는 경계침범의 공소사실에 대하여, 피고인과 피해자 소유의 토지는 이전부터 경계구분이 되어 있지 않았고, 피고인의 행위로 새삼스럽게 토지경계에 대한 인식불능의 결과를 초래하였다고 볼 수 없다는 이유로 무죄를 선고한 원심판결을 수긍한 사례

[판결요지]

「형법」제370조의 경계침범죄는 토지의 경계에 관한 권리관계의 안정을 확보하여 사권을 보호하고 사회질서를 유지하려는 데 그 목적이 있는 것으로서, 단순히 경계표를 손괴, 이동 또는 제거하는 것만으로는 부족하고 위와 같은 행위나 기타 방법으로 토지의 경계를 인식불능하게 함으로써 비로소 성립된다 할 것인데, 여기에서 말하는 경계는 법률상의 정당한 경계인지 여부와는 상관없이 종래부터 경계로서 일반적으로 승인되어 왔거나 이해관계인들의 명시적 또는 묵시적 합의가 존재하는 등 어느 정도 객관적으로 통용되어 오던 사실상의 경계를 의미한다 할 것이므로, 설령 법률상의 정당한 경계를 침범하는 행위가 있었다 하더라도 그로 말미암아 위와 같은 토지의 사실상의 경계에 대한 인식불능의 결과가 발생하지 않는 한 경계침범죄가 성립하지 아니한다 할 것이다(대법원 2010. 9. 9. 선고, 2008도8973 판결).

[관련판례 3]

[판시사항]

부동산 매매계약의 목적물인 대지의 일부가 타인에게 속하고 건물의 일부도 타인의 토지 위에 건립되어 있는데 건물의 일부가 그 피침범토지 소유자의 권리행사로 존립을 유지할 수 없게 된 경우, 민법 제572조의 매도인의 담보책임규정이 유추적용 되는지 여부(적극)

[판결요지]

매매계약에서 건물과 그 대지가 계약의 목적물인데 건물의 일부가 경계를 침범하여 이웃 토지 위에 건립되어 있는 경우에 매도인이 그 경계 침범의 건물부분에 관한 대지부분을 취득하여 매수인에게 이전하지 못하는 때에는 매수인은 매도인에 대하여 민법 제572조를 유추적용하여 담보책임을 물을 수 있다. 그리고 그 경우에 이웃 토지의 소유자가 소유권에 기하여 그와 같은 방해상태의 배제를 구하는 소를 제기하여 승소의 확정판결을 받았으면, 다른 특별한 사정이 없는 한 매도인은 그 대지부분을 취득하여 매수인에게 이전할 수 없게 되었다고 봄이 상당하다(대법원 2009. 7. 23. 선고, 2009다33570 판결).

[관련판례 4]

[판시사항]

[1] 형법 제370조 경계침범죄에서 '경계'의 의미 및 종래 통용되어 오던 사실상의 경계가 법률상 정당한 경계인지 다툼이 있을지라도 여전히 이에 해당하는지 여부(한정 적극)

[2] 수목·유수 등 자연물도 형법 제370조 경계침범죄의 '경계'를 이

루는 경계표가 될 수 있는지 여부(적극)

[3] 토지의 경계에 관하여 다툼이 있던 중 경계선 부근의 조형소나무 등을 뽑아내고 그 부근을 굴착하여 경계를 불분명하게 한 행위가 형법 제370조의 경계침범행위에 해당한다고 한 사례

[판결요지]

형법 제370조의 경계침범죄에서 말하는 '경계'는 반드시 법률상의 정당한 경계를 가리키는 것은 아니고, 비록 법률상의 정당한 경계에 부합되지 않는 경계라 하더라도 그것이 종래부터 일반적으로 승인되어 왔거나 이해관계인들의 명시적 또는 묵시적 합의에 의하여 정해진 것으로서 객관적으로 경계로 통용되어 왔다면 이는 본조에서 말하는 경계라 할 것이고(대법원 1976. 5. 25. 선고 75도2564 판결, 대법원 1986. 12. 9. 선고 86도1492 판결 등 참조), 따라서 그와 같이 종래 통용되어 오던 사실상의 경계가 법률상의 정당한 경계인지 여부에 대하여 다툼이 있다고 하더라도, 그 사실상의 경계가 법률상 정당한 경계가 아니라는 점이 이미 판결로 확정되었다는 등 경계로서의 객관성을 상실하는 것으로 볼 만한 특단의 사정이 없는 한, 여전히 본조에서 말하는 경계에 해당되는 것이라고 보아야 할 것이다(대법원 1992. 12. 8. 선고 92도1682 판결 등 참조). 그리고 이러한 경계를 표시하는 경계표는 반드시 담장 등과 같이 인위적으로 설치된 구조물만을 의미하는 것으로 볼 것은 아니고, 수목이나 유수 등과 같이 종래부터 자연적으로 존재하던 것이라도 경계표지로 승인된 것이면 여기의 경계표에 해당한다고 할 것이다(대법원 2007. 12. 28., 선고, 2007도9181 판결).

[관련판례 5]

[판시사항]

[1] 자신 소유의 대지 위에 건축한 건물이 인접 토지를 침범하게 된 경우, 그 침범으로 인한 인접 토지의 점유가 자주 점유인지 여부의 판단 기준

[2] 환지예정지를 인도받아 그 지상에 공장건물을 신축하면서 인접 토지를 침범한 경우, 침범한 인접 토지의 위치와 형상이 환지예정지의 변에 인접하여 긴 직사각형의 모양을 하고 있고, 그 면적이 환지확정된 토지의 7%에 불과하여 그 침범 면적이 통상 있을 수 있는 시공상의 착오 정도를 넘어 선다고 볼 수 없어 점유개시 당시 인접 토지를 침범한 사정을 알지 못하였다고 본 사례

[3] 자신의 토지에 인접한 타인 소유의 토지를 자신의 토지의 일부로 알고서 점유를 시작한 자가 나중에 위 토지가 자신의 소유가 아니라는 사실을 알게 된 경우, 그 점유의 성질이 타주점유로 전환되는지 여부(소극)

[판결요지]

[1] 토지를 매수·취득하여 점유를 개시함에 있어서 매수인이 인접 토지와의 경계선을 정확하게 확인하여 보지 아니하여 착오로 인접 토지의 일부를 그가 매수·취득한 토지에 속하는 것으로 믿고서 점유하고 있다면 인접 토지의 일부에 대한 점유는 소유의 의사에 기한 것이므로, 자신 소유의 대지 위에 건물을 건축하면서 인접 토지와의 경계선을 정확하게 확인해 보지 아니한 탓에 착오로 건물이 인접 토지의 일부를 침범하게 되었다고 하더라도 그것이 착오에 기인한 것인 이상 그것만으로 그 인접 토지의 점유를 소유

의 의사에 기한 것이 아니라고 단정할 수는 없다고 할 것이나, 일반적으로 자신 소유의 대지 위에 새로 건물을 건축하고자 하는 사람은 건물이 자리잡을 부지 부분의 위치와 면적을 도면 등에 의하여 미리 확인한 다음 건축에 나아가는 것이 보통이라고 할 것이므로, 그 침범 면적이 통상 있을 수 있는 시공상의 착오 정도를 넘어 상당한 정도에까지 이르는 경우에는 당해 건물의 건축주는 자신의 건물이 인접 토지를 침범하여 건축된다는 사실을 건축 당시에 알고 있었다고 보는 것이 상당하다고 할 것이고, 따라서 그 침범으로 인한 인접 토지의 점유는 권원의 성질상 소유의 의사가 있는 점유라고 할 수 없다.

[2] 환지예정지를 인도받아 그 지상에 공장건물을 신축하면서 인접 토지를 침범한 경우, 침범한 인접 토지의 위치와 형상이 환지예정지의 변에 인접하여 긴 직사각형의 모양을 하고 있고, 그 면적이 환지확정된 토지의 7%에 불과하여 그 침범 면적이 통상 있을 수 있는 시공상의 착오 정도를 넘어 선다고 볼 수 없어 점유개시 당시 인접 토지를 침범한 사정을 알지 못하였다고 본 사례.

[3] 점유의 시초에 자신의 토지에 인접한 타인 소유의 토지를 자신 소유의 토지의 일부로 알고서 이를 점유하게 된 자는 나중에 그 토지가 자신 소유의 토지가 아니라는 점을 알게 되었다고 하더라도 그러한 사정만으로 그 점유가 타주점유로 전환되는 것은 아니다(대법원 2001. 5. 29. 선고, 2001다5913 판결).

제2편

분쟁의 해결

제1장 소송 외 분쟁해결

[1] 공동주택관리 분쟁 조정

1. 공동주택관리 분쟁조정제도

1-1. 분쟁조정

공동주택관리 분쟁(공동주택의 하자담보책임 및 하자보수 등과 관련한 분쟁은 제외)을 조정하기 위해 국토교통부에 중앙 공동주택관리 분쟁조정위원회(이하 "중앙분쟁조정위원회"라 함)를, 시·군·구(자치구를 말함)에 지방 공동주택관리 분쟁조정위원회(이하 "지방분쟁조정위원회"라 함)를 설치하여 운영하고 있습니다(「공동주택관리법」 제71조 제1항 본문).

1-2. 분쟁조정 대상

공동주택관리 분쟁조정위원회는 다음의 사항을 심의·조정합니다(「공동주택관리법」 제71조 제2항).

- 입주자대표회의의 구성·운영 및 동별 대표자의 자격·선임·해임·임기에 관한 사항
- 공동주택관리기구의 구성·운영 등에 관한 사항
- 관리비·사용료 및 장기수선충당금 등의 징수·사용 등에 관한 사항
- 공동주택(공용부분만 해당)의 유지·보수·개량 등에 관한 사항
- 공동주택의 리모델링에 관한 사항
- 공동주택의 층간소음에 관한 사항
- 혼합주택단지에서의 분쟁에 관한 사항

- 다른 법령에서 공동주택관리 분쟁조정위원회가 분쟁을 심의·조정할 수 있도록 한 사항
- 그 밖에 공동주택의 관리와 관련하여 분쟁의 심의·조정이 필요하다고 「공동주택관리법 시행령」 또는 시·군·구의 조례(지방분쟁조정위원회에 한정)로 정하는 사항

2. 분쟁조정의 신청

2-1. 조정 신청

① 위의 분쟁조정 대상 중에서 다음에 해당하는 분쟁이 발생한 때에는 중앙 공동주택관리 분쟁조정위원회(이하 "중앙분쟁조정위원회"라 함)에 조정을 신청할 수 있습니다(「공동주택관리법」 제72조 제1항, 제74조 제1항 및 「공동주택관리법 시행령」 제82조의2).
   - 둘 이상의 시·군·구의 관할 구역에 걸친 분쟁
   - 시·군·구에 지방분쟁조정위원회가 설치되지 않은 경우 해당 시·군·구 관할 분쟁
   - 분쟁당사자가 쌍방이 합의하여 중앙분쟁조정위원회에 조정을 신청하는 분쟁
   - 500세대 이상의 공동주택단지에서 발생한 분쟁
   - 지방분쟁조정위원회가 스스로 조정하기 곤란하다고 결정하여 중앙분쟁조정위원회에 이송한 분쟁

② 지방분쟁조정위원회는 해당 시·군·구의 관할 구역에서 발생한 분쟁 중 중앙분쟁조정위원회의 심의·조정 대상인 분쟁 외의 분쟁을 심의·조정합니다(「공동주택관리법」 제72조 제2항).

2-2. 신청서류

조정을 신청하려는 자는 다음의 서류를 중앙분쟁조정위원회에 제출해야 합니다(「공동주택관리법」 제74조 제1항 및 「공동주택관리법 시행규칙」 제34조 제1항).

- 공동주택관리 분쟁조정 신청서(「공동주택관리법 시행규칙」 별지 제 39호서식)

- 당사자간 교섭경위서(공동주택관리 분쟁이 발생한 때부터 조정을 신청할 때까지 해당 분쟁사건의 당사자 간 일정별 교섭내용과 그 입증자료를 말함) 1부

- 신청인의 신분증 사본(대리인이 신청하는 경우에는 신청인의 위임 장 및 인감증명서 또는 본인서명사실확인서와 대리인의 신분증 사 본을 말함) 각 1부

- 입주자대표회의가 신청하는 경우에는 그 구성 신고를 증명하는 서 류 1부

- 관리사무소장이 신청하는 경우에는 관리사무소장 배치 및 직인 신 고증명서 사본 1부

- 그 밖에 조정에 참고가 될 수 있는 객관적인 자료

■ 공동주택관리법 시행규칙[별지 제39호서식]

공동주택관리 분쟁조정 신청서

※ 색상이 어두운 난은 신청인이 작성하지 않습니다.

접수번호	접수일자	처리기간	30일 연장하는 경우 그 기간
신청인	성명(대표자)	생년월일(법인등록번호)	
	상호(법인명)	전화번호	
	주소		

선정대표 자 또는 대리인	성명(대표자)		
	상호(법인명)	.	전화번호
	주소		

피신청인	성명(대표자)		
	상호(법인명)	전화번호	
	주소		

조정을 받으려는 사항

※ 기재란이 부족한 경우에는 별지 사용

「공동주택관리법」 제74조제1항 및 같은 법 시행규칙 제34조에 따라 공동주택관리 분쟁조정을 신청합니다.

년   월   일

신청인

(서명 또는 인)

국토교통부 중앙 공동주택관리 분쟁조정위원회   귀중

첨부서류	1. 당사자 간 교섭경위서(공동주택관리 분쟁이 발생한 때부터 조정을 신청할 때까지 해당 분쟁사건의 당사자 간 일정별 교섭내용과 그 입증자료를 말합니다) 1부	조정 신청 수수료 (국토교통 부장관이

2. 신청인의 신분증 사본(대리인이 신청하는 경우에는 신청인의 위임장 및 인감증명서 또는 「본인서명사실 확인 등에 관한 법률」 제2조제3호에 따른 본인서명사실확인서와 대리인의 신분증 사본을 말합니다) 각 1부 3. 입주자대표회의가 신청하는 경우에는 그 구성 신고를 증명하는 서류 1부 4. 관리사무소장이 신청하는 경우에는 관리사무소장 배치 및 직인 신고증명서 사본 1부 5. 그 밖에 조정에 참고가 될 수 있는 객관적인 자료	별도로 고시하는 금액)

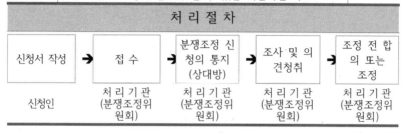

처 리 절 차

신청서 작성	→	접 수	→	분쟁조정 신청의 통지 (상대방)	→	조사·및 의견청취	→	조정 전 합의 또는 조정
신청인		처 리 기 관 (분쟁조정위원회)		처 리 기 관 (분쟁조정위원회)		처 리 기 관 (분쟁조정위원회)		처 리 기 관 (분쟁조정위원회)

2-2. 조정신청 수수료

조정을 신청할 때에는 수입인지(「수입인지에 관한 법률」제5조) 또는 전자적 납부(「전자정부법」제14조) 방법에 따라 1사건당 1만원의 수수료를 납부해야 합니다[「공동주택관리법」제74조 제8항, 「공동주택관리법 시행규칙」제35조 제1항 및 「중앙 공동주택관리 분쟁 조정신청 수수료 고시」(국토교통부 고시 제2016-552호, 2016. 8. 17. 발령·시행)].

■ 층간소음 관련으로 아래층과 분쟁이 생겨서 중앙분쟁조정위원회에 조정신청을 하려고 합니다. 바로 신청하면 되는건가요?

[질문] 층간소음 관련으로 아래층과 분쟁이 생겨서 중앙분쟁조정위원회에 조정신청을 하려고 합니다. 바로 신청하면 되는건가요?

[답변] 가능합니다. 다만, 공동주택관리법에 따라 관리주체인 관리사무소에 소음발생 사실을 알리고 도움을 요청하실 수 있으며, 관리사무소가 없거나 관리사무소를 통해서도 해결이 되지 않는 경우 중앙분쟁조정위원회에 신청하시기를 권장합니다. 또한, 분쟁조정 신청을 할 때 "당사자간 교섭경위서"를 제출해야 하기 때문에, 분쟁조정을 신청하기 전에 당사자 간 충분한 협의와 교섭을 통해 해당 문제를 해결하려는 노력을 하셔야 합니다.
그런 후에도 해당 문제가 해결되지 않을 때, 공동주택관리 분쟁이 발생한 때부터 조정을 신청할 때까지 해당 분쟁사건의 당사자 간 일정별 교섭내용과 그 입증자료를 첨부하여 분쟁조정을 신청하실 수 있습니다.

3. 분쟁조정 절차

3-1. 분쟁조정 사건의 통지

① 중앙분쟁조정위원회는 조정의 신청을 받은 때에는 다음의 서류를 상대방에게 보내야 합니다(「공동주택관리법 시행규칙」 제34조 제2항).

- 공동주택관리 분쟁조정 사건 통지서(「공동주택관리법 시행 규칙」 별지 제40호서식)
- 신청인이 제출한 공동주택관리 분쟁조정 신청서 사본
- 공동주택관리 분쟁조정 사건 답변서 제출 서식

공동주택관리 분쟁조정 사건 통지서

받는 사람 (피신청인)	성명(대표자)	
	상호(법인명)	
	주 소	
사건 내용	사 건 번 호	제 호(년 월 일)
	공동주택단지명 및 주소	
	신 청 인	
	신 청 요 지	

신청인이 위 사건내용과 같이 공동주택관리 분쟁을 신청하여
「공동주택관리법」제75조제1항에 따라 준용되는 같은 법 제46
조제1항 및 같은 법 시행규칙 제34조제2항에 따라 통지하오니
피신청인은 신청내용에 대한 답변서를 작성하여 이 통지서를 받
은 날부터 10일 이내(특별한 사정이 있는 경우에는 소명 필요)
에 위원회에 제출하시기 바랍니다.
첨부 1. 신청인이 제출한 공동주택관리 분쟁조정 신청서 사본 1부
　　 2. 공동주택관리 분쟁조정 사건 답변서 제출 서식 1부

년   월   일

국토교통부 중앙 공동주택관리 분쟁조정위원회 　[청인]

※ 유의사항
  1. 「공동주택관리법」제75조제1항에 따른 분쟁조정 신청에 대한 답변서를 제출
　　 하지 않은 자는 같은 법 제102조제3항제17호에 따라 500만원 이하의 과태료
　　 처분을 받을 수 있습니다.
  2. 신청인의 주장에 대하여 인정(認定)하지 않고 부인(否認)할 때에는 답변서에
　　 그 이유를 적고, 증거가 있는 경우에는 그 자료 등을 제출해야 합니다.
  3. 입주자대표회의(구성원을 포함한다)와 관리주체가 분쟁조정의 피신청인인 경
　　 우에는 「공동주택관리법」제75조제2항에 따라 반드시 분쟁조정에 응해야 하
　　 며, 분쟁조정에 응하지 않는 경우에는 법 제102조제3항제18호에 따라 500만
　　 원 이하의 과태료 처분을 받을 수 있습니다.

210mm×297mm[백상지(80g/㎡)]

② 위에 따른 통지를 받은 상대방은 답변서(「공동주택관리법 시행규칙」 별지 제41호서식)를 작성하여 중앙분쟁조정위원회에 제출해야 합니다(「공동주택관리법 시행규칙」 제34조 제3항).

3-2. 조정절차 개시

중앙분쟁조정위원회는 조정의 신청을 받은 때에는 지체 없이 조정의 절차를 개시해야 하고, 필요하다고 인정하면 당사자나 이해관계인을 중앙분쟁조정위원회에 출석하게 하여 의견을 들을 수 있습니다(「공동주택관리법」 제74조 제2항).

3-3. 조정안 작성

① 중앙분쟁조정위원회는 조정절차를 개시한 날부터 30일 이내에 그 절차를 완료한 후 조정안을 작성하여 지체 없이 이를 각 당사자에게 제시해야 합니다(「공동주택관리법」 제74조 제3항 본문).

② 다만, 부득이한 사정으로 30일 이내에 조정절차를 완료할 수 없는 경우 중앙분쟁조정위원회는 그 기간을 연장할 수 있으며, 이 경우 그 사유와 기한을 명시하여 당사자에게 서면으로 통지해야 합니다 (「공동주택관리법」 제74조 제3항 단서).

③ 조정안에는 다음의 사항을 기재해야 합니다(「공동주택관리법 시행령」 제84조 제1항).

- 사건번호와 사건명
- 당사자, 선정대표자, 대리인의 주소 및 성명(법인인 경우에는 본점의 소재지 및 명칭을 말함)
- 신청취지
- 조정일자
- 조정이유
- 조정결과

3-4. 조정안 수락여부 통보

조정안을 제시받은 당사자는 그 제시를 받은 날부터 30일 이내에 그 수락 여부를 중앙분쟁조정위원회에 서면으로 통보해야 하며, 이 경우 30일 이내에 의사표시가 없는 때에는 수락한 것으로 봅니다(「공동주택관리법」 제74조 제4항).

3-5. 조정서 작성

① 당사자가 조정안을 수락하거나 수락한 것으로 보는 경우 중앙분쟁조정위원회는 조정서를 작성하고, 위원장 및 각 당사자가 서명·날인한 후 조정서 정본을 지체 없이 각 당사자 또는 그 대리인에게 송달해야 합니다(「공동주택관리법」 제74조 제5항 본문).

② 다만, 수락한 것으로 보는 경우에는 각 당사자의 서명·날인을 생략할 수 있습니다(「공동주택관리법」 제74조 제5항 단서).

③ 조정서에는 다음의 사항을 기재해야 합니다(「공동주택관리법 시행령」 제84조 제2항).

- 사건번호와 사건명
- 당사자, 선정대표자, 대리인의 주소 및 성명(법인인 경우에는 본점의 소재지 및 명칭을 말함)
- 교부일자
- 조정내용
- 신청의 표시(신청취지 및 신청원인)

3-6. 조정서 효력

① 당사자가 조정안을 수락하거나 수락한 것으로 보는 때에는 그 조정서의 내용은 재판상 화해와 동일한 효력을 갖습니다(「공동주택관리법」 제74조 제6항 본문).

② 다만, 당사자가 임의로 처분할 수 없는 사항에 관한 것은 예외로 합니다(「공동주택관리법」제74조 제6항 단서).

■ 층간소음 때문에 중앙분쟁조정위원회에 분쟁조정을 신청하려고 하는데요. 분쟁이 발생하면 바로 신청할 수 있나요?

[질문] 층간소음 때문에 중앙분쟁조정위원회에 분쟁조정을 신청하려고 하는데요. 분쟁이 발생하면 바로 신청할 수 있나요?

[답변] 가능합니다. 다만, 공동주택관리법에 따라 관리주체인 관리사무소에 소음발생 사실을 알리고 도움을 요청하실 수 있으며, 관리사무소가 없거나 관리사무소를 통해서도 해결이 되지 않는 경우 중앙분쟁조정위원회에 신청하시기를 권장합니다.

◇ 공동주택관리 분쟁조정제도

공동주택관리 분쟁(공동주택의 하자담보책임 및 하자보수 등과 관련한 분쟁은 제외)을 조정하기 위해 국토교통부에 중앙 공동주택관리 분쟁조정위원회를, 시·군·구(자치구를 말함)에 지방 공동주택관리 분쟁조정위원회를 설치하여 운영하고 있습니다.

◇ 신청서류

조정을 신청하려는 자는 공동주택관리 분쟁조정 신청서에 다음의 서류를 첨부하여 중앙분쟁조정위원회에 제출해야 합니다.

- 당사자 간 교섭경위서(공동주택관리 분쟁이 발생한 때부터 조정을 신청할 때까지 해당 분쟁사건의 당사자 간 일정별 교섭내용과 그 입증자료를 말함) 1부

- 신청인의 신분증 사본(대리인이 신청하는 경우에는 신청인의 위임장 및 인감증명서 또는 본인서명사실확인서와 대리인의 신분증 사본을 말함) 각 1부

- 입주자대표회의가 신청하는 경우에는 그 구성 신고를 증명하는 서류 1부
- 관리사무소장이 신청하는 경우에는 관리사무소장 배치 및 직인 신고증명서 사본 1부
- 그 밖에 조정에 참고가 될 수 있는 객관적인 자료

[2] 환경분쟁 조정

1. 환경분쟁 조정(調整)제도

1-1. 환경분쟁의 조정

일상 생활 속에서 크고 작은 환경분쟁이 발생한 경우 환경분쟁 조정(調整)제도를 통해 복잡한 소송절차를 거치지 않고 신속하게 해결할 수 있습니다.

1-2. 환경분쟁 조정의 종류

조정(調整)은 환경분쟁에 대한 알선(斡旋)·조정(調停)·재정(裁定) 및 중재(仲裁)를 말하며, 다음과 같이 구분합니다(「환경분쟁 조정법」 제2조제3호).

구분		내용
알선(斡旋)		당사자 간의 자리를 주선하여 분쟁당사자간의 합의를 유도하는 절차
조정(調停)		사실조사 후 조정위원회가 조정안을 작성하여 당사자 간의 합의를 수락 권고 및 합의 불성립시 조정결정을 하는 절차
재정(裁定)	책임재정	사실조사 후 재정위원회가 인과관계의 유무 및 피해액을 판단하여 결정하는 재판에 준하는 절차
	원인재정	재정위원회가 인과관계 유무만 판단하는 절차
중재(仲裁)		당사자가 중재위원회의 중재안을 수용하기로 합의할 경우 시작되며, 사실조사 후 중재위원회가 인과관계의 유무 및 피해액을 판단하여 결정하는 절차

1-3. 환경분쟁 조정(調整)의 대상

환경분쟁 조정의 대상은 다음과 같습니다(「환경분쟁 조정법」 제2조 제1호, 제2호 및 「환경분쟁 조정법 시행령」 제2조).

- 사업활동, 그 밖에 사람의 활동에 따라 발생하였거나 발생이 예상되는 ① 대기오염, ② 수질오염, ③ 토양오염, ④ 해양오염, ⑤ 소음·진동, ⑥ 악취, ⑦ 자연생태계 파괴, ⑧ 일조 방해, ⑨ 통풍 방해, ⑩ 조망 저해, ⑪ 인공조명에 따른 빛공해, ⑫ 지하수 수위 또는 이동경로의 변화, 하천수위의 변화, ⑬ 진동이 그 원인 중의 하나가 되는 지반침하(광물 채굴로 인한 지반침하는 제외)로 인한 건강상·재산상·정신상의 피해(다만, 방사능오염으로 인한 피해는 제외)에 대한 다툼

- 「환경기술 및 환경산업 지원법」 제2조 제2호에 따른 환경시설의 설치 또는 관리와 관련된 다툼

2. 환경분쟁 조정(調整) 절차

2-1. 환경분쟁 조정의 신청

① 조정(調整)을 신청하려는 자는 관할 환경분쟁조정위원회에 알선·조정(調停)·재정 또는 중재 신청서를 제출해야 합니다(「환경분쟁 조정법」 제16조 제1항).

② 관할 환경분쟁조정위원회는 조정사무에 따라 다음과 같이 구분합니다(「환경분쟁 조정법」 제6조, 제5조 제1호, 부칙 제2조(법률 제17985호) 및 「환경분쟁 조정법 시행령」 제3조].

구분	조정사무

중앙환경분쟁조정위원회	1. 조정목적의 가액(이하 "조정가액"이라 함)이 1억 원을 초과하는 분쟁의 재정(아래 5.에 따른 재정은 제외) 및 중재
	
	  − 건축(「건축법」 제2조 제1항 제8호)으로 인한 일조 방해 및 조망 저해와 관련된 분쟁: 그 건축으로 인한 다른 분쟁과 복합되어 있는 경우만 해당
	
	  − 지하수 수위 또는 이동경로의 변화와 관련된 분쟁: 공사 또는 작업(「지하수법」에 따른 지하수의 개발·이용을 위한 공사 또는 작업은 제외)으로 인한 경우만 해당
	
	  − 하천수위의 변화와 관련된 분쟁: 「하천법」 제2조 제3호에 따른 하천시설 또는 수자원의 조사·계획 및 관리에 관한 법률 제2조 제4호에 따른 수자원시설로 인한 경우(2020년 5월 15일 이후 하천시설 또는 수자원시설로 인한 하천수위의 변화로 발생한 환경피해부터 적용)
	
	※ 일조 방해, 통풍 방해, 조망 저해로 인한 분쟁은 조정가액 구분없이 중앙환경분쟁조정위원회에서 담당함
	
	2. 국가 또는 지방자치단체를 당사자로 하는 분쟁의 조정(알선·조정·재정 및 중재)
	
	3. 둘 이상의 특별시·광역시·특별자치시·도·특별자치도(이하 "시·도"라 함)의 관할구역에 걸치는 분쟁의 조정(알선·조정·재정 및 중재)
	
	4. 「환경분쟁 조정법」 제30조에 따른 직권조정
	
	5. 「환경분쟁 조정법」 제35조의3 제1호에 따른 원인재정과 「환경분쟁조정법」 제42조제2항에 따라 원인재정 이후 신청된 분쟁의 조정
	
	6. 지방환경분쟁조정위원회가 스스로 조정하기 곤란하다고 결정하여 이송한 환경분쟁

지방환경분쟁조정위원회	조정가액이 1억원 이하인 분쟁의 재정 및 중재(다만, 중앙환경분쟁조정위원회에서 진행 중이거나 재정 또는 중재된 사건과 같은 원인으로 발생한 분쟁의 재정사무는 제외) 해당 시·도의 관할구역 안에서 발생한 분쟁조정 사무 중 위의 2.부터 6.까지의 사무 외의 사무

③ 환경분쟁조정위원회는 조정신청을 받았을 때에는 지체 없이 조정 절차를 시작해야 하고, 조정절차를 시작하기 전에 이해관계인이나 주무관청의 의견을 들을 수 있습니다(「환경분쟁 조정법」 제16조 제3항 및 제4항).

■ **집 앞에 새 건물을 짓고 있는데, 앞의 시야를 가리면서 하루종일 집 안으로 햇빛이 들어오질 않네요. 이런 경우 환경분쟁조정위원회에 분쟁조정을 신청해도 되나요?**

[질문] 집 앞에 새 건물을 짓고 있는데, 앞의 시야를 가리면서 하루종일 집안으로 햇빛이 들어오질 않네요. 이런 경우 환경분쟁조정위원회에 분쟁조정을 신청해도 되나요?

[답변] 건축물 건축 등으로 인한 일조 방해와 관련된 분쟁은 그 건축으로 소음, 진동, 먼지 등 다른 분쟁이 복합적으로 있을 때에만 환경분쟁조정위원회 에서 관할하고 있습니다.
건축물 건축 등으로 인해 발생한 일조 방해 단독 피해는 국토교통부의 건축분쟁전문위원회에 조정 신청을 하시면 도움을 받으실 수 있습니다 (「건축법」 제88조 참조).

2-2. 환경분쟁조정의 처리기간

① 환경분쟁조정위원회는 당사자의 분쟁 조정신청을 받았을 때에는 다음의 구분에 따른 기간 내에 그 절차를 완료해야 합니다(「환경 분쟁 조정법」 제16조 제6항 및 「환경분쟁 조정법 시행령」 제12조 제1항).

구분		처리기간
알선		3개월
조정 또는 중재		9개월
재정	원인재정	6개월
	책임재정	9개월

② 다음의 어느 하나에 해당하는 경우에는 환경분쟁조정위원회의 결정으로 위의 기간을 연장(책임재정의 경우에는 한 차례만 가능)할 수 있습니다(「환경분쟁 조정법 시행령」 제12조제2항).

- 당사자등의 동의가 있는 경우
- 농작물의 피해로 인한 분쟁, 인체의 피해로 인한 분쟁 등 인과관계를 입증하거나 배상액을 산정하는 데에 장기간이 걸리는 경우

2-3. 수수료 납부

환경분쟁조정위원회에 조정(調整)의 신청을 하는 자는 조정가액별 수수료를 내야 합니다(「환경분쟁 조정법」 제63조 제2항 및 「환경분쟁 조정법 시행령」 제35조 제1항).

3. 환경분쟁 조정(調整)의 효력

3-1. 종류별 조정의 효력

환경분쟁 조정(調整)의 유형별 효력은 다음과 같습니다(중앙환경분쟁조정위원회-분쟁조정신청-환경분쟁조정안내-조정의 효력 참조)

구분		내용
알선(斡旋)		당사자 간에 합의가 이루어지면 합의서를 작성하며, 합의서 작성에 따라 분쟁 해결
조정(調停) (「환경분쟁 조정법」 제35조의2)		당사자 간의 합의로 성립된 조정과 이의신청이 없는 조정결정(합의가 이루어지지 않은 경우 조정위원회가 조정을 갈음하는 결정을 함)은 재판상 화해와 동일한 효력
재정(裁定) (「환경분쟁 조정법」 제42조제2항· 제3항)	책임 재정	책임재정을 한 경우에 재정문서의 정본이 당사자에게 송달된 날부터 60일 이내에 당사자 양쪽 또는 어느 한 쪽으로부터 그 재정의 대상인 환경피해를 원인으로 하는 소송이 제기되지 아니하거나 그 소송이 철회된 경우 또는 불복의 신청이 없는 경우에는 그 재정문서는 재판상 화해와 동일한 효력

	원인 재정	원인재정을 하여 재정문서의 정본을 송달받은 당사자는 알선, 조정, 책임재정 및 중재를 신청할 수 있음
중재(仲裁) (「환경분쟁 조정법」 제45조의4)		양쪽 당사자 간에 법원의 확정판결과 동일한 효력

3-2. 분쟁조정 사건 및 상담사례

■ 아파트 공사장 일조방해로 인한 건물 및 재산 피해 분쟁사건(중앙환
조 18-3-104)

[사건] 구로길에 거주하는 등 3명이 인근 아파트공사장 일조방해로 인해 건물
및 재산 피해를 입었다며 피신청인들을 상대로 55,200천원의 피해 배상
을 요구하는 사건임

[조정결과] (일조방해로 인한 재산 피해) 신청인들의 건물에 대해 동지일 기준으
로 일조 시뮬레이션한 결과, 신청인 등 2명의 경우 피신청인 건물
신축 이전에는 총일조 또는 연속일조가 수인한도를 만족하였으나, 신
축이후 일부 세대는 총일조 및 연속일조 모두 수인한도를 만족하지
못하는 것으로 평가되어 일조방해로 인한 재산피해를 입었을 개연성
이 인정됨

(배상책임) 피신청인 구역 주택재개발정비사업조합은 시행자로서 이 사건 공사의
실시여부, 규모, 예산범위 등을 최종적으로 결정할 수 있는 지위에
있으므로 공사 중에 발생한 일조피해에 대한 원인자에 해당됨

(배상범위) 일조방해로 인한 재산피해는 피신청인 건물 신축 이후에 총일조 및 연
속일조 모두 만족하지 못하는 등 2명에 대해 전문가가 평가한 기초가
격에 가치하락률(0.14~2.85%)을 반영하여 1,609,000원~7,911,000
원으로 함

■ ○○군 인공조명으로 인한 농작물 피해 분쟁사건(중앙환조 17-3-228)

[사건] ○○군 ○○읍 ○○○길 일원에서 들깨를 재배하는 신청인이 인근 가로 등 인공조명으로 인해 '17.5월부터 재정신청일('17.12.4.)까지 농작물 피해를 입었다며 피신청인을 상대로 금1,000천원의 피해배상을 요구하는 사건임

[조정결과] (인공조명으로 인한 농작물 피해) 이 사건의 경우 신청인이 피신청인 의 가로등이 설치된 후 2년이 지난 후에야 농작물 경작을 시작하였 으므로, 위 가로등 설치 시기와 신청인의 농작물 경작 시기의 선후관 계에 비추어 볼 때 신청인의 농작물 피해 주장은 이유 없음

■ ○○구 ○○동 LED전광판의 빛공해로 인한 영업손실 및 건강상 피해 에 대해 LED전광판 사용 중단을 요구하는 분쟁사건(서울환조 18-2-4)

[사건] ○○구 ○○동 LED전광판의 빛공해로 인한 영업손실 및 건강상 피해에 대해 LED전광판 사용 중단을 요구하는 환경분쟁 조정(조정)신청사건

[조정결과] 피신청인이 운영하는 LED전광판은 「옥외광고물등의 관리와 옥외광고 산업 진흥에 관한 법률」에 따라 적법하게 옥외광고물 표시허가를 받 고 설치 운영중에 있으며, 전광판의 휘도 및 조도 측정결과 「인공조 명에 의한 빛공해 방지법」의 빛방사허용기준기준 이내로 측정되었으 나, LED전광판의 빛 번쩍임으로 신청인 건물(빌딩)의 입주 근로자들 에게 일부 불편이 있을 것으로 판단되는 점 등을 고려하여, 피신청인 은 신청인의 전광판 빛 피해 저감을 위해 신청인 참여하에 전광판의 휘도 및 조도를 낮출 것을 권고하고, 신청인과 피신청인은 신청인 건 물에 빛 차단시설 설치 및 설치비용에 대해 당사자 간 협의하여 진 행하는 것으로 조정함

■ 가축(소) 악취로 인한 재산상, 정신적 피해 분쟁사건(충복환조 18-1-1)

[사건] ○○시에 거주하고 있는 ○○씨가 지번 '○○시 ○○면 ○○리 ○○번지' 266㎡ 토지를 매도하고자 하였으나, 옆집 가축(소)의 악취로 매매가 지난하다며 피신청인을 상대로 40백만원(물질적 35, 정신적 5)의 피해배상을 요구한 사건임

[조정결과] 신청인이 피신청인의 축사로 인해 40백만원의 피해를 입었다는 주장에 대해서는 개연성이 인정되지 아니함. 다만, 신청인이 배상 청구한 4천만원은 실제로 요구하는 것은 아니며, 토지매매가 원활히 진행될 수 있도록 주변 환경관리 등 적극적인 협조를 원함. 이에, 피신청인은 신청인의 토지매매가 원활히 이뤄질 수 있도록 청결한 축사관리 등 적극 협조하겠음을 내용으로 당사자 합의 후 알선사건 종결함

■ 저희 집 앞에 건물이 새로 생겨면서 하루종일 햇빛이 들어오질 않아 일조권을 침해당하고 있습니다. 이런 경우도 환경분쟁 조정제도를 통해 도움을 받을 수 있나요?

[질문] 저희 집 앞에 건물이 새로 생겨면서 하루종일 햇빛이 들어오질 않아 일조권을 침해당하고 있습니다. 이런 경우도 환경분쟁 조정제도를 통해 도움을 받을 수 있나요?

[답변] 건축물의 건축으로 인한 일조 방해와 관련된 분쟁은 그 건축으로 소음, 진동, 먼지 등 다른 분쟁이 복합되어 있는 경우에만 환경분쟁 조정제도를 통해 해결할 수 있습니다. 일조 방해 단독 피해는 건축분쟁전문위원회를 통해 도움을 받을 수 있습니다.

◇ 중앙환경분쟁조정위원회의 조정사무

중앙환경분쟁조정위원회에서는 다음의 조정사무를 관할합니다.

1. 조정목적의 가액(이하 "조정가액"이라 함)이 1억 원을 초과하는 분

쟁의 재정(아래 5.에 따른 재정은 제외) 및 중재

- 건축(「건축법」제2조 제1항 제8호)으로 인한 일조 방해 및 조망 저해와 관련된 분쟁: 그 건축으로 인한 다른 분쟁과 복합되어 있는 경우만 해당
- 지하수 수위 또는 이동경로의 변화와 관련된 분쟁: 공사 또는 작업(「지하수법」에 따른 지하수의 개발·이용을 위한 공사 또는 작업은 제외)으로 인한 경우만 해당
- 하천수위의 변화와 관련된 분쟁: 「하천법」제2조제3호에 따른 하천시설 또는 「수자원의 조사·계획 및 관리에 관한 법률」제2조제4호에 따른 수자원시설로 인한 경우(2020년 5월 15일 이후 하천시설 또는 수자원시설로 인한 하천수위의 변화로 발생한 환경피해부터 적용)

※ 일조 방해, 통풍 방해, 조망 저해로 인한 분쟁은 조정가액 구분 없이 중앙환경분쟁조정위원회에서 담당함

2. 국가 또는 지방자치단체를 당사자로 하는 분쟁의 조정(알선·조정·재정 및 중재)

3. 둘 이상의 특별시·광역시·특별자치시·도·특별자치도의 관할 구역에 걸치는 분쟁의 조정(알선·조정·재정 및 중재)

4. 「환경분쟁 조정법」제30조에 따른 직권조정

5. 「환경분쟁 조정법」제35조의3 제1호에 따른 원인재정과 「환경분쟁 조정법」제42조 제2항에 따라 원인재정 이후 신청된 분쟁의 조정

6. 지방환경분쟁조정위원회가 스스로 조정하기 곤란하다고 결정하여 이송한 환경분쟁

제2장 민사소송을 통한 분쟁해결

[1] 손해배상 청구 등

1. 손해배상 및 방해제거청구 등

1-1. 손해배상 청구

① 이웃 간 분쟁으로 손해를 입은 경우 고의 또는 과실로 인한 위법행위로 해당 손해를 발생시킨 가해자에게 불법행위에 따른 손해배상을 청구할 수 있습니다(「민법」 제750조 참조).

② 재산상 손해 외에 신체, 자유 또는 명예를 해하거나 그 밖에 정신적 고통을 입은 경우에도 손해배상을 청구할 수 있습니다(「민법」 제751조 제1항 참조).

③ 즉, 이웃간 분쟁으로 재산상, 신체적, 정신적 고통 등을 겪는 피해자는 해당 가해자에게 불법행위에 따른 배상책임을 물을 수 있습니다.

1-2. 소유물방해제거청구권

소유권을 방해하는 이웃 간 분쟁이 발생한 경우에는 소유권을 방해하는 자에게 방해의 제거를 청구할 수 있습니다(「민법」 제214조 전단).

소 장

원 고   ○○○ (주민등록번호)
　　　　○○시 ○○구 ○○로 ○○(우편번호 ○○○○○)
　　　　전화.휴대폰번호:
　　　　팩스번호, 전자우편(e-mail)주소:
피 고   ◇◇◇ (주민등록번호)
　　　　○○시 ○○구 ○○로 ○○(우편번호 ○○○○○)
　　　　전화.휴대폰번호:
　　　　팩스번호, 전자우편(e-mail)주소:

손해배상(기) 등 청구의 소

청 구 취 지

1. 피고는 원고에 대하여 ○○시 ○○구 ○○동 ○○ 대 ○○○
  ㎡중 별지도면 표시 1, 2, 3, 4, 1의 각 점을 차례로 연결한
  선내 (가)부분 ○○㎡ 지상의 담장을 철거하여 위의 (가)부분
  ○○㎡를 인도하라.
2. 피고는 원고에게 20○○. ○. ○.부터 이 사건 토지의 인도일
  까지 월 금 500,000원의 비율에 의한 돈을 지급하라.
3. 소송비용은 피고가 부담한다.
4. 위 제1항 및 제2항은 가집행 할 수 있다.
라는 판결을 구합니다.

청 구 원 인

1. 원고의 소유권
  ○○시 ○○구 ○○동 ○○ 대 ○○○㎡는 원고가 19○○.
  ○. ○. 소외 ◉◉◉로부터 매수하여 소유권이전등기를 마친

원고 소유의 토지입니다.

2. 피고의 원고 소유권에 대한 방해사실

피고는 이 사건 토지 중 별지도면 표시 1, 2, 3, 4, 1의 각 점을 차례로 연결한 선내 (가)부분을 자신의 소유라고 하면서 원고의 저지를 물리치고 일방적으로 20○○. ○. ○.부터 불법으로 점유하여 이 부분에 담장을 축조하였습니다.

3. 결론

따라서 원고는 이 사건 토지의 소유권에 기한 방해배제로서 피고에 대하여 이 사건 토지 중 별지도면 표시 1, 2, 3, 4, 1의 각 점을 차례로 연결한 선내 (가)부분 ○○㎡ 지상 담장의 철거 및 위의 (가)부분 ○○㎡의 인도를 구하고, 20○○. ○. ○.부터 이 사건 토지의 인도일까지 위의 (가)부분 ○○㎡의 임차료 상당인 월 금 500,000원의 비율에 의한 돈의 지급을 구하기 위하여 이 사건 청구에 이른 것입니다.

증 명 방 법

1. 갑 제1호증　　　　　　　　　　토지등기사항증명서
1. 갑 제2호증　　　　　　　　　　현장사진

첨 부 서 류

1. 위 증명방법　　　　　　　　　각 1통
1. 소장부본　　　　　　　　　　　1통
1. 송달료납부서　　　　　　　　　1통

20○○. ○. ○.

위 원고　○○○　(서명 또는 날인)

○○지방법원　귀중

[별 지]

도 면

(○○시 ○○구 ○○동 ○○ 대 ○○○㎡)

1   2

"가"

4   3

-끝-

1-3. 방해예방청구권

소유권을 방해할 염려가 있는 행위로 이웃 간 분쟁이 발생한 경우에는 그 행위를 하는 자에게 그 예방이나 손해배상의 담보를 청구할 수 있습니다(「민법」 제214조 후단).

소　　장

원　　고　　○○○ (주민등록번호)
　　　　　　○○시 ○○구 ○○길 ○○(우편번호)
　　　　　　전화.휴대폰번호:
　　　　　　팩스번호, 전자우편(e-mail)주소:
피　　고　　◇◇◇ (주민등록번호)
　　　　　　○○시 ○○구 ○○길 ○○(우편번호)
　　　　　　전화.휴대폰번호:
　　　　　　팩스번호, 전자우편(e-mail)주소:

방해예방 및 위자료청구의 소

청　구　취　지

1. 피고는 원고에게 원고 소유의 ○○시 ○○구 ○○동 ○○와 피고소유의 ○○시 ○○구 ○○동 ○○-○○의 대지경계에 있는 피고 소유의 평균높이 5m 70㎝, 길이 10m 80㎝의 축대에 대하여 위 원고소유의 대지에 대한 위험예방을 위하여 필요한 공사를 하여야 한다.
2. 피고는 원고에게 금 5,000,000원 및 이에 대하여 이 사건 소장부본 송달 다음날부터 이 사건 판결선고일까지는 연 5%의, 그 다음날부터 다 갚을 때까지는 연 12%의 각 비율에 의한 돈을 지급하라
3. 소송비용은 피고의 부담으로 한다.
4. 위 제2항은 가집행 할 수 있다.
라는 판결을 구합니다.

청 구 원 인

1. 원고는 19○○. ○. ○.부터 ○○시 ○○구 ○○동 ○○ 대 ○○
   ○.○㎡와 그 지상에 시멘트벽돌조 기와지붕 단층주택 ○○.○○
   ㎡의 소유권을 취득하여 가족과 함께 여기에 거주하고 있는
   사람이고, 피고는 원고의 위 대지의 인접지번인 ○○시 ○○
   구 ○○동 ○○-○○ 대 ○○○㎡와 그 지상에 시멘트벽돌조
   슬래브지붕 단층주택 ○○.○○㎡를 소유하면서 거주하고 있는
   사람입니다.
2. 그런데 원고소유의 위 대지와 피고소유의 위 대지의 경계부근
   에는 피고소유인 평균높이 5m 70㎝, 길이 10m 80㎝의 축대
   가 있는데, 위 축대는 현재 여러 곳에 균열이 생겼을 뿐만
   아니라 일부는 붕괴되기도 하였으며, 더욱이 피고가 사용하
   는 하수구의 물이 새어 나와 위 축대 전체의 붕괴의 위험이
   있으므로 원고는 피고에게 여러 차례에 걸쳐 위 축대의 보완
   공사를 요청하였으나, 피고는 원고의 요청을 무시한 채 지금
   까지 방치하고 있습니다.
3. 위와 같이 위 축대가 언제 붕괴될지 알 수 없는 위험한 상태
   에 있고, 원고와 원고의 가족들은 위 축대의 바로 밑에 거주
   하면서 항상 생명과 재산에 대한 위험에 노출되어 있으므로
   원고는 피고에게 위 축대의 붕괴예방에 필요한 공사의 시공
   을 청구합니다.
4. 또한, 위와 같이 언제 붕괴될지 알 수 없는 위험한 위 축대의
   아래에서 불안에 떨며 생활하는 원고는 정신적으로 막대한
   손해를 입었다고 할 것이므로 피고는 이러한 원고의 정신적
   피해에 대한 위자료로 금 5,000,000원을 지급하여야할 것입
   니다.
5. 따라서 원고는 청구취지와 같은 판결을 구하고자 이 사건 소
   제기에 이르렀습니다.

입 증 방 법

1. 갑 제1호증의 1 내지 4   각 부동산등기사항전부증명서
1. 갑 제2호증   지적도등본
1. 갑 제3호증의 1 내지 5   사진(축대의 균열 등)

첨 부 서 류

1. 위 입증방법   각 1통
1. 소장부본   1통
1. 송달료납부서   1통

20○○.   ○.   ○.

위 원고   ○○○   (서명 또는 날인)

○○지방법원 귀중

2. 소송 절차

2-1. 소의 제기

소를 제기하려면 소장을 작성하여 법원에 제출해야 합니다(「민사소송법」 제248조).

2-2. 소장부본의 송달과 답변서 제출

① 소장이 접수되면 법원은 그 소장 부본을 피고에게 송달하고, 피고는 원고의 청구를 다투는 경우에는 소장의 부본을 송달받은 날부터 30일 이내에 답변서를 제출해야 합니다(「민사소송법」 제255조 및 제256조 제1항 본문).

② 피고가 답변서를 제출하지 않거나 자백하는 취지의 답변서를 제출하면, 청구의 원인이 된 사실을 자백한 것으로 보고 변론 없이 판결할 수 있습니다(「민사소송법」 제257조 제1항 본문 및 제2항).

③ 법원은 답변서의 부본을 원고에게 송달해야 합니다(「민사소송법」 제256조 제3항).

2-3. 변론준비 절차

① 변론준비절차는 기간을 정하여, 당사자로 하여금 준비서면, 그 밖의 서류를 제출하게 하거나 당사자 사이에 이를 교환하게 하고 주장사실을 증명할 증거를 신청하게 하는 방법으로 진행합니다(「민사소송법」 제280조 제1항).

② 재판장은 변론준비절차를 진행하는 동안에 주장 및 증거를 정리하기 위해 필요하다고 인정하는 경우에는 변론준비기일을 열어 당사자를 출석하게 할 수 있습니다(「민사소송법」 제282조 제1항).

③ 당사자는 변론준비기일이 끝날 때까지 변론의 준비에 필요한 주장과

증거를 정리하여 제출해야 합니다(「민사소송법」 제282조 제4항).

2-4. 변론기일

① 법원은 변론준비절차를 마친 경우에는 첫 변론기일을 거친 뒤 바로 변론을 종결할 수 있도록 해야 하며, 당사자는 이에 협력해야 합니다(「민사소송법」 제287조 제1항).

② 당사자는 변론준비기일을 마친 뒤의 변론기일에서 변론준비기일의 결과를 진술해야 합니다(「민사소송법」 제287조 제2항).

③ 법원은 변론기일에 변론준비절차에서 정리된 결과에 따라서 바로 증거조사를 해야 합니다(「민사소송법」 제287조 제3항).

2-5. 판결선고

판결은 소가 제기된 날부터 5개월 이내에 선고합니다. 다만, 항소심 및 상고심에서는 기록을 받은 날부터 5개월 이내에 선고합니다(「민사소송법」 제199조).

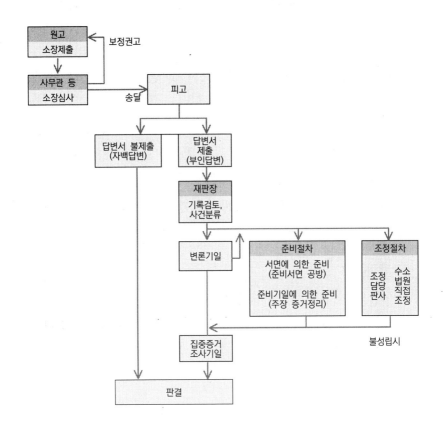

[2] 가처분 신청

1. 가처분 대상

1-1. 다툼의 대상에 관한 가처분

다툼의 대상에 관한 가처분은 현상이 바뀌면 당사자가 권리를 실행하지 못하거나 이를 실행하는 것이 매우 곤란할 염려가 있을 경우에 합니다(「민사집행법」 제300조 제1항).

1-2. 임시의 지위를 정하기 위한 가처분

가처분은 다툼이 있는 권리관계에 대해 임시의 지위를 정하기 위해서도 할 수 있으며, 이 경우 가처분은 특히 계속하는 권리관계에 끼칠 현저한 손해를 피하거나 급박한 위험을 막기 위해서, 또는 그 밖의 필요한 이유가 있을 경우에 해야 합니다(「민사집행법」 제300조 제2항).

2. 가처분 신청 절차

2-1. 신청서 작성 및 제출

① 가처분을 신청하려는 자는 청구채권의 내용·신청취지·신청이유 등을 적은 가처분신청서를 작성·제출해야 합니다(「민사집행법」 제301조, 제279조 제1항 및 「민사집행규칙」 제203조).

② 가처분 신청은 본안의 관할법원 또는 다툼의 대상이 있는 곳을 관할하는 지방법원에 신청합니다(「민사집행법」 제303조).

2-2. 가처분 신청 심리

① 가처분 신청서에는 소장에 관한 규정이 준용되므로 심리에 앞서 재

판장은 신청서의 형식적 적법 여부를 심사하고 신청서에 흠이 있는 경우 상당한 기간을 정하여 보정을 명하며 채권자가 보정하지 않거나 보정이 불가능한 경우에는 재판장은 명령으로 신청서를 각하합니다(「민사집행법」 제23조 제1항 및 「민사소송법」 제254조).

② 다툼의 대상에 대한 가처분은 변론을 열지 않고 서면심리에 의해서만 재판할 수도 있지만, 임시의 지위를 정하기 위한 가처분의 경우 변론기일 또는 채무자가 참석할 수 있는 심문기일을 열도록 하고 있습니다. 다만 그 기일을 열어 심리하면 가처분의 목적을 달성할 수 없는 사정이 있는 때에는 그러하지 않습니다(「민사집행법」 제301조, 제280조 제1항 및 제304조).

2-3. 가처분 재판

① 법원은 가처분으로 생길 수 있는 채무자의 손해에 대해 채권자에게 담보제공을 명령할 수 있고, 그 제공 방법은 ㉠ 금전 또는 유가증권을 공탁(供託), ㉡ 금융기관 또는 보험회사와 지급보증위탁계약을 체결하는 방법이 있습니다(「민사집행법」 제301조, 제280조 및 「민사소송법」 제122조).

② 법원은 가처분 신청목적을 이루는 데 필요한 처분을 직권으로 정하게 되고, 가처분으로 보관인을 정하거나 상대방에게 어떠한 행위를 하거나 하지 말도록 또는 급여를 지급하도록 명할 수 있습니다(「민사집행법」 제305조 제1항 및 제2항).

2-4. 가처분 집행

가처분의 집행은 특별한 규정이 없으면 「민사집행법」의 강제집행에 관한 규정에 따라 가처분에 따른 집행이 진행됩니다(「민사집행법」 제301조, 제291조 및 「민사집행규칙」 제218조).

제3편
층간소음 분쟁민원해결 사례

제1장 아파트

[1] 아이들 뛰는 소리

■ 사례 1 : 위층 아이 1명이 뛰는 소음(피해기간 : 3개월)

[민원접수 내용]

현재 집에서 6년째 거주중입니다. 3개월 전에 새로운 집이 이사 온 후부터 아이가 뛰는 소리로 인해 스트레스가 심합니다. 가끔 뛰면서 무언인가를 떨어뜨리는 소리도 들립니다. 소음이 종일 계속되어 방문을 하니 폭력을 쓰려하여 경찰에 신고하였습니다. 윗집에 주의를 주는 것으로 상황은 종료되었으나 소음은 계속되고 인터폰은 일절 받지 않고 고의적인 소음이 계속되어 조정을 신청합니다.

[현장 확인 세대방문]

※ 아래층 세대(민원인) ─ 부부

▶ 오후 10시에서 새벽까지 아이들 뛰는 소리와 물건 던지는 소리가 발생함 주말에는 특히 더 심함

▶ 오후 10시에서 11시경 수면을 취함, 10시 이후의 소음으로 수면방해도 받고 있음

▶ 초기에는 아내가 임신 중이라 이해한다며 소음문제는 문자를 통해 풀어갔지만 개선이 안 되어 방문해서 대화를 시도 하였으나 잘 이뤄지지 않았고 폭행 시비로 가게 되어 경찰에 신고까지 함

※ 위층세대-부부, 아들(유치원)

▶ 아래층의 잦은 항의로 스트레스를 받고 있음. 소리만 나면 아래층은 쫓아 올라옴

► 초기에는 원만하게 해결되는 듯 하였으나, 시간이 지나면서 직접적인 항의를 시작함. 언쟁 끝에 폭력 시비가 붙어 경찰이 출동한 적이 있음

► 물건을 던지거나 하지 않음

► 맞벌이를 하고 있으며 아이는 유치원에서 6시쯤에 데리고 옴

[민원인 요구사항]

야간 시간에 주의를 하고, 금요일, 주말에는 더 신경을 썼으면 함

[상담 후 조정안]

※ 위층 세대

► 실내화를 착용하도록 함

► 아이는 오후 10시 이전에 재우기로 하고, 야간시간에는 특히 주의를 하기로 함

► 주말에는 할머니 집에 보내기로 함

※ 아래층 세대

► 위층에 올라가서 직접적인 항의는 하지 않기로 하고 일정 기간 동안 상담사를 통해 연락하기로 함. 불만족 사항은 층간소음관리사를 통해 전하기로 함

► 위층에서의 중재안을 전달하고 당분간 소음 저감 여부를 지켜보기로 함

■ 사례 2 : 아이 뛰는 소리(피해기간 : 6개월)

[민원접수 내용]

저희 집은 집안에 복도(통로)가 있습니다. 통로를 중심으로 방이 연결되어 있는 구조지요. 윗집에 세 살짜리 아이가 살고 있는데, 아이가 일어나서부터 밤 11시경 까지 통로를 뜁니다. 무조건 뜁니다.

때때로 '악'하는 비명도 지르면서 뜁니다. 2주전 쯤 어머니가 많이 아프셔서(119타고 응급실 가셨음), 경비실 통해서 조용히 해달라고 몇 차례 요청했는데, 계속 뛰는 겁니다. 그래서 한번 위층에 제가 찾아가서 뛰지 말아달라고 말씀드렸는데, 애가 뛰는 거 이해하고 살아야 하지 않겠느냐고. 3살짜리 애가 뛰면 얼마나 소리가 나겠냐고 하시네요. 자기네 잘못이 아니라 아파트를 부실 공사했기 때문에 소리가 나는 거라고 하시네요. 저희 가족은 이미 소음 스트레스에 미쳐가고 있습니다. 심장이 멎을 것 같아요. 저는 평일에 일부러 집에 늦게 들어가고 주말에도 거의 밖에 있습니다. 집에 있으면 너무 스트레스 받아서요. 윗집이랑은 대화도 되지 않습니다.(사가지 없다고 문 쾅 닫아 버리는 수준입니다.) 제발 도와주세요.

[현장 확인 세대방문]

※ 아래층 세대(민원인) — 60대 부부, 30대 여성 자녀

▶ 위층이 작년 이사를 왔고 아버지가 겨울에는 일을 쉬는 관계로 집에 있으며 소음 피해를 입었음

▶ 60대 남자 거주자는 일로 인하여 일주일에 한번 집에 들어오지만 집에서 거주하는 60대 여자 거주자랑 30대 여자 자녀는 피해를 보고 있음

▶ 낮에는 사람들이 없어서 상관없고 위층 아이도 유치원에 가서 조용한 듯 싶은데 귀가 후 늦으면 새벽 1~2시까지 소음 발생되는 것이 문제임

▶ 오후 10시부터 새벽 2시까지 소음이 심하고 최근에는 나아졌지만 오랫동안 지속됐던 소음에 또 다시 소음이 발생할까 봐 두려움

※ 위층 세대 - 40대 부부, 중, 초등 자녀, 4살 남아

▶ 4살 아이가 오후 7시에 와서 오후 10시까지 밥 먹고 다른 생활 등 집에서 3시간가량 거주를 하는데 항의를 하는 것에 대해 이해가 되지 않음

▶ 매트를 깔았는데도 조심하라고 하면 도저히 방법이 없고 소음측정을 해

서 법대로 하든지 해야 함

▶ 아래층 젊은 여자가 항의하는 방법이나 서면을 붙여 놓는 등의 아래층에 대한 배려와 이해가 없는 것 같음

[민원인 요구사항]

지속적인 교육으로 인한 아이 뛰는 것을 자제시키고 매트 깔기

[상담 후 조정안]

※ 위층 세대

▶ 뽀로로 동영상 CD와 사뿐 롤 사용으로 소음 줄이기

▶ 오후 10시 이전에 아이들을 일찍 잠재우기

▶ 아이들의 놀이 공간과 시간을 조절하여 교육 및 실천하기

※ 아래층 세대

▶ 보복 소음 내지 말고 잦은 항의를 자제하기

▶ 위층 세대의 저감 노력을 인정하며 소음을 피하되 여가활동으로 소음에 대한 노출 줄이기

■ 사례 3 : 아이 뛰는 소리(1)(피해기간 : 2년)

[민원접수 내용]

아이가 뛰는 소리가 상당히 심각함. 장난감을 떨어뜨리고 뛰어 다닐 때마다 전달되는 층간소음이 상당함. 걸을 때마다 일부러 몸무게를 실어 이동하기 때문에 스트레스가 아주 심하며 특히 주말의 경우에는 일주일 동안 회사에서의 스트레스를 해소하기 위하여 편안히 쉬어야 하는데 위층의 층간소음으로 인하여 도저히 편안한 휴식을 취할 수 없음. 여러 번 위층에 올라가 구두로 주의를 주었으나 2년 동안

개선되는 바가 전혀 없음. 어린아이가 뛰어 노는 거니 이해해 달라는 말만 되풀이할 뿐임.

[현장 확인 세대방문]

※ 아래층 세대 - 노부부

► 2년 동안 주말에는 아이 뛰는 소리로 인해 아침부터 하루 종일 소음에 시달림

► 항의를 한 후 조금 조용해졌다가 요즘에는 주말 이른 시간에 소음을 냄

► 아이가 유치원에서 돌아오는 오후 4시부터 계속 소음이 발생이 됨

► 걷는 소리도 들리며 밤 10시 이후에도 잠을 못 잘 정도로 소음이 발생. 이른 시간에 목소리와 물 내리는 소리가 간헐적으로 들림

► 거실과 침실 쪽에서 소리가 많이 들리고 있으며 말하는 소리, 화장실 왔 다 갔다 하는 소리까지 들림

※ 위층 세대 - 부부, 아들 1명, 딸 1명

► 분쟁이 발생된 지 2년이 지속되었고 매트도 다 설치하고 있음

► 이사를 와서 아이가 있으니 과일을 사가지고 내려가서 양해 부탁을 드렸음

► 아래층 거주자가 늦은 시간에 올라와서 문을 두드리며 항의를 해서 아이 가 통제가 잘 안된다고 사과를 했음

► 여기로 이사 오기 전에 집이 비어 있어서 소음을 안 듣다가 이사 온 후 소음이 발생되니 아래층에서 시끄럽다고 항의를 하는 것 같음

► 아이는 20시 이후에는 재우고 있음

[민원인 요구사항]

주말에 쉴 수 있게 도와줘라

[상담 후 조정안]

※ 위층 세대

▶ 강화마루는 일반 장판보다는 바닥의 공간이 떠 있어서 더 크게 들린다고 설명

▶ 아이는 지속적인 교육이 필요하며 아이를 관리하는데 한계가 있으므로 아래층에서 예민하게 반응하는 주말 아침과 저녁 5시 이후에 아이를 신경 써서 집중적으로 관리하여 뛰지 않도록 조심시키기

▶ 어른 발걸음 소리는 슬리퍼 착용하기

▶ 아이는 일찍 재우기

▶ 소음은 사람마다 반응이 다르며 소음의 노출 기간이 오래되었으면 소음이 나는 데로 반응을 하게 된다고 설명

※ 아래층 세대

▶ 음악 효과는 마스킹효과가 크며 소리만 줄이면 되는 문제이므로 낮 시간을 이용해서 직접 이야기를 해 보거나 관리사무소를 통해 이야기해보기

▶ 잘못된 생활 습관 때문에 발생되는 것에 슬리퍼를 착용하면 걸음걸이를 개선시켜 준다고 설명

▶ 목소리는 커튼이나 화장실 문을 잘 닫고 생활을 하면 피해 받을 정도로 소음이 들리진 않을 것이라고 설명함

■ 사례 4 : 아이 뛰는 소리(2)(분쟁기간 : 6개월)

[민원접수 내용]

아이들 뛰는 소리, 물건(장난감) 떨어뜨리는 소리, 성인 발걸음 소리 등이 들림.

[현장 확인 세대방문]

※ 아래층 세대(만원인 – 부부, 중학생 1명)

▶ 오후 5:00 ~ 밤 11시까지 아이 뛰는 소리, 장난감 떨어뜨리는 소리, 물건 끄는 소리 등이 지속됨

▶ 몇 번 직접항의를 했으며 충돌이 있었음. 관리소를 통해 중재도 했지만 큰 변화가 없음. 소음발생 시 천정을 쳐 본 적도 있음

▶ 소음으로 인한 수면부족과 스트레스로 업무(공항검색대 근무) 큰 지장을 받고 있음

※ 위층 세대 – 부부, 자녀 3명(4세, 9세, 12세)

▶ 이 집에 거주한 지 오래되었고 아이 3명(4세, 9세, 12세)을 키우고 있는데 소음으로 인한 항의는 처음 받아보았음

▶ 아이가 장난감 가지러 가는 발소리에도 아래층에서 베란다 문을 열고 욕설을 해서 4세 아이가 경기를 한 적도 있고 그 후 조그만 소리에도 불안한 증세를 보이고 있어 마음이 상함

▶ 아래층과 대화하려고 했으나 잘 되지 않았고 아이들을 위해 조만간 이사 예정임

▶ 집에서 가만히 있어도 항의나 보복소음을 해서 다른 이웃까지 관리소에 항의를 한 적이 있음

▶ 이사 올 사람이 다시 항의를 받을까 걱정이 됨

[민원인요구사항]

소음의 저감

[상담 후 조정안]

※ 위층 세대

▶ 매트와 실내화 등을 사용하여 소음저감 노력하기로 함

▶ 아래층 항의 시 소음발생 상황을 정확히 전달하고 대처하기로 함

▶ 항의 받을 때 아이에게 상황을 잘 설명하여 불안감을 없애주기로 함

※ 아래층 세대

▶ 항의는 경비실을 통해 하고 모든 소음이 위층의 소음은 아닐 수 있으므로 위층의 소음발생 상황을 정확히 확인하고 배려를 부탁하는 정도로 하기로 함

▶ 천정을 치는 보복소음은 다른 세대에게도 피해를 주므로 자제하기로 함

▶ 위층이 조만간 이사예정이며 그동안이라도 제공하는 매트 등 저감제품을 사용하기로 했음을 알림

■ 사례 5 : 위층 아이의 뛰는 소리(피해기간 : 3년)

[민원접수 내용]

아이가 수시로 뛰어다닙니다. 경비실과 관리실에 층간소음 중재를 요청해 저녁 9시 이후에는 신경을 써달라고 했습니다. 여러 가지 방법으로 해결해보려 노력을 했지만 위층은 적반하장의 모습만을 보이고 있어 객관적인 방법으로 도움을 구하고자 신청합니다.

[현장 확인 세대방문]

※ 아래층 세대(민원인)- 부부, 자녀 2명(고등학생)

▶ 10년 이상 거주하고 있음

▶ 하루 종일, 특히 야간시간대(22시~6시)의 쿵쿵거리는 발걸음 소음으로 인해 스트레스와 수면방해를 겪고 있음

▶ 밤 10시가 넘은 시간에도 망치질 소리가 나서 항의하니 밤 10시 이후에는 안 되냐고 함

※ 위층 세대 - 부부, 아들(4세)

► 10년 이상 거주하였고, 3년 전 결혼하기 전에는 혼자였음

► 아래층의 잦은 항의로 폴더형 매트를 거실에만 4개, 안방에도 2개를 설치함

► 부인이 친정에 가서 집이 비었을 때도 항의가 있었음

► 아래층의 잦은 항의로 스트레스가 심함

[민원인 요구사항]

오후 9시 이후에는 아이 뛰는 소음을 자제를 해주길 원함

[상담 후 조정안]

※ 위층 세대

► 거실에서 아이가 주로 활동하는 공간에 매트를 설치하여 소음을 줄이기로 함

► 현 상황을 유지(매트 설치)하고, 밤 9시 이후엔 아이가 뛰지 않도록 함

※ 아래층 세대

► 위층에서의 소음 저감을 위해 노력을 하고 있으니 위층에 직접적인 항의를 하지 않도록 함

► 모든 소음원이 위층만의 영향이 아님을 설명함

► 당분간 소음에 대한 항의는 상담사를 통해서 하도록 하고 직접적인 항의는 하지 않도록 함

■ 사례 6 : 위층에서 아이들 뛰는 소음(피해기간 : 3개월)

[민원접수 내용]

3개월 전에 위층이 새로 이사를 왔습니다. 윗집은 한 동네에 자녀

들이 거주하고 있어서인지 손주들이 놀러와 쿵쿵거리며 뛰어다니고 해서 스트레스를 받고 있습니다. 아내는 하루종일 집에 있는데 층간소음으로 힘들어 하는 상황입니다.

[현장 확인 세대방문]

※ 아래층 세대(민원인) - 부부

▶ 위층에 아이들이 오면 뛰는 소리가 심함. 아이들이 집에 갈 때까지 쿵쿵거림

▶ 오전에는 소음을 피하러 운동을 가고 집을 피해있는 상황임. 오후에는 나가있기도 힘들고, 집안에서 쉴 수가 없음

▶ 대화를 시도하였으나 여의치 않고, 관리사무소에 민원을 제기하여도 개선 없음

※ 위층 세대 - 노부부

▶ 노부부가 결혼한 아들의 18개월 손자와 결혼한 딸의 14개월 손녀를 봐주고 있음. 아이들은 아직 어려서 걸음마를 막 뗀 상황임

▶ 아래층에 피해를 줄까봐 염려되어 7cm 두께의 층간소음매트를 설치한 상황임

▶ 잦은 항의에 스트레스를 받음. 직접적인 항의를 자제해 주었으면 함

[민원인 요구사항]

집에 있을 수 있게 아이들이 뛰는 것을 자제 시켜주길 원함

[상담 후 조정안]

※ 위층 세대

▶ 아이들이 설치된 매트 위에서 활동할 수 있도록 함

▶ 현재 설치된 매트 주변에 추가로 설치를 하여 전체를 보호할 수 있도록 함

► 어른들도 발걸음에 신경을 쓰고, 슬리퍼를 착용하기로 함

※ 아래층 세대

► 위층의 상황과 아래층에 피해를 주고 싶지 않음 마음을 전달하고 층간소음이 저감될 수 있게 노력한다고 하니 당분간 지켜보기로 함

► 직접적인 항의를 하지 않도록 하고 불만족 부분은 일정기간 동안 상담사를 통해 연락하기로 함

► 아이는 최대한 신경을 쓰고, 생활소음은 양해를 부탁함

■ 사례 7 : 아이 뛰는 소리(3)(분쟁기간 : 7개월)

[민원접수 내용]

아이 뛰는 소리로 아래층의 항의가 심함. 매트가 깔려 있지 않은 부분으로 아이가 뛰면 즉시 천정을 치는 보복소음이 나며 우퍼소리가 들리는 때도 있음.

[현장 확인 세대방문]

※ 아래층 세대(민원인) - 부부, 자녀2(유치원생)

► 위층에서 새벽시간대(6시 ~ 7시)에 나는 소음으로 수면방해를 받아 스트레스가 심함

► 위층 안방에서 커텐 닫는 소리까지도 들림

► 베란다에서 화분 끄는 소리, 의자 끄는 소리도 심함

► 소음발생 시 항의하면 "미안하다."고 해주면 감정이 상하지 않고 이해하는 측면이 생길텐데 전혀 대화가 되지 않음

※ 위층 세대 - 할머니, 손주 2, 성인 딸2

► 새벽시간대(6시 ~ 7대)에 딸 2명이 출근을 하며 3세아는 집에서 할머니

가 돌보며 5세아는 어린이집에 다님

▶ 최초에 마늘 찧는 소리로 항의를 받았으며 그 후 손주가 7개월 전 들어와 살면서 아래층의 항의가 심해짐. 언쟁으로 경찰을 요청한 적도 있음

▶ 집안의 대부분 매트를 설치했으며 여자들만 거주하므로 무섭고 더 이상의 분쟁을 바라지 않음. 할 수 있는 노력을 더 해서라도 분쟁을 예방하고 싶음

▶ 아이들은 밤 8시대에 취침함

▶ 청소기만 돌려도 항의가 있어서 시간대를 정해주면 좋겠음

[민원인 요구사항]

새벽시간대 조용히 해주면 좋겠다

[상담 후 조정안]

※ 위층 세대

▶ 새벽시간대 소음에 더욱 주의를 기울이기로 하고 매트 등 저감제품을 지속적으로 사용하기로 함

▶ 집안행사 등 소음발생 시 경비실을 통해 사전에 아래층 양해를 구하기로 함

※ 아래층 세대

▶ 위층에 대부분 매트가 설치되어 있으며 제공하는 매트를 아이가 뛰는 방향으로 설치했음을 알림

▶ 가구와 화분 끄는 소리는 위층 소음이 아니므로 소음원을 찾아볼 것을 권유함

▶ 위층의 생활패턴을 알려주고 청소기 가동시간 등을 조정해보기로 하고 항의는 관리소나 경비실을 통한 인터폰으로 할 것을 권유함

■ 사례 8 : 아이 뛰는 소리(4)(분쟁기간 : 1년)

[민원접수 내용]

위층이 이사 온 후 날마다 남자아이가 뛰어다니는 소리, 청소기 소리 등이 많이 들린다. 위층에 7회에 걸쳐 충격방지용 매트를 깔거나 주의를 주도록 요청했으나 변화가 없다. 자정이 가까운 시간에는 층간소음 때문에 잠을 쉽게 들 수 없어 스트레스가 많다.

[현장 확인 세대방문]

※ 아래층 세대(민원인) ― 노모. 부부

► 위층에 3세 남아가 이사 온 후 밤늦은 시간까지 뛰어다니는 소리가 들림

► 집안 전체에 매트를 설치하는 것을 바라는 것은 아니며 거실만이라도 매트를 사용하여 소음을 저감했으면 좋겠음

► 바닥재가 강화마루이고 청소기 소리도 들리는 구조임

► 분쟁을 원하는 것은 아니며 대화를 통해 잘 해결했으면 함

※ 위층 세대 ― 부부, 3세 남아

► 거실과 방에 매트를 3장 사용하고 있으며 아래층의 요청으로 추가 구매를 생각중임

► 아이가 낮에는 어린이집에 다니며 밤늦게까지 잠을 자지 않아 어려움이 많음

► 제공하는 매트와 동영상 등을 잘 사용하여 소음저감 노력을 하겠음

► 아래층 할머니와는 대화를 하고 있으며 이웃 간에 잘 지내고 싶음

[민원인 요구사항]

거실에 매트를 설치하여 소음을 저감했으면 함

[상담 후 조정안]

※ 위층 세대

► 기존 매트와 제공하는 매트를 거실 전체에 설치하여 노력하고 동영상을 이용하여 아이에게 소음예방 교육하기로 함

► 아래층에서 항의 받을 시 소음발생 여부를 잘 설명하고 대처하기로 함

※ 아래층 세대

► 위층이 매트를 이미 3장 사용하고 있으며 제공하는 매트와 실내화 등을 사용하기로 했음을 알림

► 당분간 적응할 때까지 지켜보기로 하고 좋은 대화로 해결하기로 함

■ 사례 9 : 아이들 뛰노는 소리(피해기간 : 6개월)

[민원접수 내용]

처음 이곳으로 이사 온 날부터 시작이었어요. 그날이 토요일인데 정말 전쟁 난 줄 알았습니다. 아이 둘이 거실과 방 사이를 달리기를 하고 소파에서 점프를 하여 집 천장이 무너지는 줄 알고 경비실에 인터폰 요청 후 그날 하루 조용하더군요. 그리고 날마다 계속되는 소음. 전에 살던 곳도 위층 아이들이 있어도 이 정도는 아니었는데 천장과 거실 대형 문짝이 흔들리거나 바닥에서 진동이 울릴 정도로 심해요. 여러 번 얼굴 보고 이야기도 해 보고 직접 내려오셔서 저희 집 상황까지도 설명했는데 잠시뿐 소용없네요.

[현장 확인 세대방문]

※ 아래층 세대 - 부부, 6살 남자아이 1명

► 작년 겨울에는 오후 4시부터 아이들 뛰는 소음이 발생되었으나 최근에는

밤 8시부터 밤 10시 사이에 소음이 발생하고 있음

► 소파에서 뛰어내리는 소리와 방과 방 사이를 이동할 때 뛰는 소리와 제자리에서 발 구르는 소리가 많이 들린다고 함

► 경비실 아저씨한테도 여러 번 인터폰 해달라고 요청을 했었고 층간소음 이웃사이센터에 접수한 후 2달 동안은 소음을 참고 있었다고 함

► 위층에 항의를 하지 않으면 소음의 정도가 점점 더 커짐

► 항의할 때만 조용해질 뿐 다시 소음이 반복적으로 발생하고 있다고 함

※ 위층 세대 – 부부, 초등 1명, 유치원 1명

► 아래층 거주자가 너무 예민한 것 같다고 함

► 현재 우리 집도 위층에서 발생하는 소음을 듣고 있다고 함

► 아래층이 이사를 온 후부터 항의를 받고 있다고 함

► 소음이 발생하지 않도록 아이들에게 주의를 주고 혼내도 아래층 거주자는 항의를 한다고 함

► 방학 때는 아이들을 데리고 친정집에 갔다 왔는데 오면 아래층 거주자가 항의를 했다고 함

► 현재 인터폰이 고장 난 상태이고 아래층 거주자는 경비실을 통해 인터폰으로 항의해 달라고 했겠지만 위층 거주자에게 연락이 오지는 않았다고 함

[민원인 요구사항]

밤 8시 이후에 발생하는 생활 소음 자제해주기

[상담 후 조정안]

※ 위층 세대

► 아이들 층간소음 방지용 슬리퍼 제공, 사용, 체험해보기

► 아이들이 노는 공간에 매트 설치하기

※ 아래층 세대

► 긍정적인 마인드를 가지고 생활하기

► 소음을 피하는 것도 방법(여가생활하기, 산책하기 등)

► 아파트가 오래되어 구조적으로 문제가 있으니 위층 거주자들이 조심히 생활을 해도 소음이 날 수밖에 없는 상황이라고 설명함

► 위, 아래층 모두 지켜야 하는 예절과 이해가 필요

► 보복 소음은 상황을 악화시킬 수 있으므로 절대 금지

■ 사례 10 : 아이들 뛰어다니는 소리(분쟁기간 : 5개월 이상)

[민원접수 내용]

이사한 이후로 위층 아이들 뛰는 소리, 발자국 소리가 심하게 들린다. 위층엔 쌍둥이를 포함한 3명의 아이들이 있고 방 2개를 뚫어놓은 형태의 거실에서 아이들이 놀이터에서 노는 듯이 뛰어다님. 위층에 찾아가서 부탁도 드려봤지만 이젠 보복소음을 냄. 경비실을 통해 연락을 했지만 책임을 회피함. 소음으로 인해 이사까지 생각하고 있음.

[현장 확인 세대방문]

※ 아래층 세대(민원인) - 부부, 자녀 2(중학생)

► 남편은 주야 교대 근무를 하고 부인은 몸이 안 좋아 잠시 일을 쉬는 중

► 소음으로 인한 스트레스로 이명, 난청 등이 생겼고 아이들 학업에 지장을 줌

► 주말엔 소음을 피해 최대한 외출을 하고 평일에도 근처 친척집에서 최대한 늦게 들어옴

► 이른 시간 아이들이 뛰어다니는 소리로 인하여 원치 않은 기상을 해야 하는 것이 스트레스임

► 위층 아이들이 밤 9시 이후엔 조용해 그나마 다행이라 생각하지만 겨울철 낮시간(방학 기간 중) 발생하는 소음에 대해선 참을 수가 없음

※ 위층 세대 - 부부, 자녀 3(미취학아동)

► 아이들이 일찍 잠들고 일찍 기상함

► 아래층 항의로 인하여 거실과 아이들 놀이방에 매트를 구입하여 깔아놓음

► 저녁시간이 아닌 낮 시간에 아이들이 뛰어다닌다고 항의하는 것에 대해선 스트레스를 받음

► 최대한 아이들이 뛰어다니지 않도록 훈육하였으나 이 과정에서 아이들과 부모 모두 스트레스를 많이 받고 있음

► 너무 잦은 항의로 인하여 이젠 소음 저감 노력을 하고 싶지 않음

► 아이들 시력저하 때문에 TV시청이나 동영상 시청을 원치 않지만 항의로 인하여 어쩔수 없이 아이들에게 동영상 시청을 강요하게 됨

[민원인 요구사항]

아이들이 뛰는 소리가 안 들리면 좋겠다.

[상담 후 조정안]

※ 위층 세대

► 센터에서 제공하는 폴더형 매트를 놀이방에서 깔고 놀이방에 있는 퍼즐형 매트를 화장실 앞 통로에 깔아 소음 저감에 노력하기로 함

► 슬리퍼 부분은 아이만 착용하는 것이 아니라 부모도 적극적으로 착용하는 모습을 아이들에게 보여주며 적극적으로 착용을 할 수 있도록 유도할 것을 권유

※ 아래층 세대

► 추후 위층에 소음 저감 제품을 적극적으로 활용하는 것을 지켜보기로 하고 적응 기간 내에는 항의를 자제하기로 함

■ 사례 11 : 위층 아이들이 뛰노는 소음(피해기간 : 1년)

[민원접수 내용]

입주 후 현재까지 근 1년간에 걸쳐 꼬마 아이의 천방지축 뛰는 소음 진동 때문에 평온해야 할 주거생활에 엄청난 스트레스를 받고 있으며, 이를 인지시키기 위하여 수차례에 걸쳐 인터폰을 통하여 직접 통화도 해봤고, 경비실을 통한 중재도 요청해봤지만, 우리 애가 뛰지 않았고 뛴 적이 없다는 허무맹랑한 소리만 듣게 됨으로써 시간이 경과할수록 나쁜 감정만 더 격화되고 있음.

[현장 확인 세대방문]

※ 아래층 세대(민원인) — 부부

► 오후 8시부터 12시까지에 아이들 뛰는 소리가 발생함

► 오후 10시에 취침을 하는데, 오후 12시까지 발생하는 소음으로 수면방해를 겪고 있음

► 3차례 대화를 시도하였으나 여의치 않고, 관리사무소에 민원을 제기하여도 위층은 소음을 인정하지 않음.

► 소음 피해에 대한 인지가 없는 것 같음

※ 위층 세대 - 부부, 딸(8세), 아들(5세)

► 아래층의 잦은 항의로 스트레스를 받고 있으며, 우리 또한 아래층에서 나는 지나친 음악소리와 애완견 짖는 소리 때문에 피해를 받고 있음

► 매트는 설치되어 있고, 가구 밑에 흡음재와 문에도 흡음재를 부착하였음

► 할 수 있는 배려는 다했다는 느낌임. 똑같은 이야기가 반복되게 하지 말

고, 위·아래층 생활패턴을 맞춰 서로 주의를 하여 해결하였으면 함

▶ 모든 소음의 원인이 위층이라고 생각하는 것 같음

[민원인 요구사항]

저녁시간은 어느 정도 참을 수 있으나, 야간 시간에는 주의를 해 주었으면 함

[상담 후 조정안]

※ 위층 세대

▶ 수면 시간대인 오후 10시 이후에는 아이들이 뛰지 않도록 함

▶ 아이들이 설치된 매트 위에서 활동하도록 함

▶ 발걸음에도 신경을 쓰도록 하고 슬리퍼도 착용하기로 함 ※ 아래층 세대

▶ 위층의 상황과 마음을 전달하고, 층간 소음 저감 노력으로 피해감이 줄 어드는지를 지켜보기로 함

▶ 위층에 직접적인 항의를 하지 않도록 하고 필요시 상담사를 통해 위층과 연락하도록 함

▶ 음악소리와 애완견 짖는 소리에 주의를 요함

■ 사례 12 : 아이들이 뛰는 소음(피해기간 : 1년)

[민원접수 내용]

7년 동안 층간소음을 모르고 살다가, 1년여 전 이사 온 위층세대 의 층간소음 때문에 미치기 일보 직전입니다. 기본적으로 아이들 뛰 는 소리에 너무 힘들고 간혹 어른들 발소리도 들립니다. 소음이 쉴 새 없이 들려옵니다. 여러 번의 항의에 저희 집에 들어와 욕을 하더 군요. 인터폰으로 항의하면 맘대로 하라고 난리고요. 그 이후론 일부

로 더 소리내기도 합니다.

[현장 확인 세대방문]

※ 아래층 세대(민원인) - 부부, 중2, 초6

▶ 수시로 아이 뛰는 쿵쿵거리는 소리가 들리고 가끔은 어른 발걸음 소리까지 들림

▶ 소음은 주로 오전 8시에서 9시 사이에 발생하고, 어린이집 하교 후와 밤 10시 이후에도 발생하여 야간에 수면방해를 받고 있음

▶ 직접 방문하여 요청을 했었고, 관리실을 통해 항의를 한 적이 있음. 위층에서 항의를 듣고 내려와 욕을 한 적이 있음

▶ 소음 저감 노력을 해 주었으면 함

※ 위층 세대 - 노부부, 딸 부부, 외손자(8세, 6세)

▶ 노부부는 손자들을 돌보고 있고, 딸 내외는 교사임

▶ 사소한 소음에도 항의를 하여 스트레스를 받고 있음

▶ 아이에게 주의를 주고, 노부부는 손자들에게 지속적으로 훈육을 하고 있음. 층간소음 방지매트를 설치한 상황이고, 가구 밑에 흡음재도 부착한 상황임

▶ 우리 층이 아닌 소음에도 항의가 옴

[민원인 요구사항]

밤 9시 이후에는 소음 저감 노력을 해주었으면 함

[상담 후 조정안]

※ 위층 세대

▶ 매트의 위치를 아이들이 뛰는 동선으로 조정하고 매트 위에서 아이들이 놀도록 함

► 슬리퍼를 착용하도록 하고 특히 아침시간과 오후 10시 이후의 야간시간에는 소음이 발생하지 않도록 주의요함

► 아래층과 직접적으로 만나거나 욕을 하지 않도록 함

※ 아래층 세대

► 위층의 현재 상황을 전달하고, 소음 저감을 위해 노력한다고 하니 당분간 지켜보기로 함

► 직접적인 항의를 하지 않도록 하고 소음을 참기 힘들 경우 일정기간 동안 상담사를 통해 위층과 대화하도록 함

■ 사례 13 : 아이들 뛰는 소리(분쟁기간 : 2년 6개월)

[민원접수 내용]

　　현재 아파트에 2년 6개월 거주 중입니다. 위층에 딸아이 셋이 있는데 3살, 5살, 6살 정도입니다. 제가 이사 왔을 당시는 새벽에 둘째가 울면서 발뒤꿈치를 쿵쿵 내딛는데 새벽 1시, 3시, 4시, 5시. 제가 산후조리하면서 정말 잠도 하나도 못 잤구요. 몇 번을 윗집에 올라갔었어요. 제발 매트 좀 깔아 달라고 사정을 했는데 비위생적이라느니 청소가 힘들다느니 하면서 안 깔았더라구요. 애들이 뛰는 걸 어쩌느냐 그거 이해 못하고 살면 이사 가야지 하면서 저보고 이사 가라고 삿대질 해 대드라구요. 매트를 2년 넘게 안 깔더니 올해 가을에 깐 듯 합니다. 얇은 매트 하나 깔아놓고 맘 놓게 뛰어 다니라고 하는지 매트 깔아도 마찬가지네요

[현장 확인 세대방문]

※ 아래층 세대(민원인) - 부부, 자녀 2명(남아 6세, 4세)

► 재택근무 중. 아이들은 어린이집을 다니고 오후 3시 반에 퇴원함

► 아이들이 밤 11시 넘어서 까지 많이 뜀

► 위층에서도 아이가 뛰고 시끄럽다는 것을 인지하고 있다고 함

► 아이들이 뛰는 것에 대해 적극적인 제재를 원함

※ 위층 세대 - 조부모, 부부, 아이 3명(여아 6세, 4세, 2세)

► 맞벌이(부부) 현재는 재택근무 중. 조부모가 아이들을 키움

► 잦은 항의로 스트레스를 받음

► 슬리퍼를 주문해 놓은 상태라고 함

► 어린이집 교사였고 아이들이 알레르기가 있어 아무 매트나 사용할 수 없음

[민원인 요구사항]

원만한 해결

[상담 후 조정안]

※ 위층 세대

► 소음저감 노력 경주

► 매트설치를 권유 - 매트 제공 및 설치

► 밤 10시 이전에 아이가 취침할 수 있도록 부탁

※ 아래층 세대

► 보복은 보복을 낳듯이 절대 보복소음 유발 자제당부

► 다른 상식적인 방법으로 정식적으로 항의하기(메모지 부착 및 관리사무소에 중재의뢰)

■ 사례 14 : 아이들 뛰는 소리(피해기간 : 1년)

[민원접수 내용]

아침, 저녁 가릴 것 없이 위층 아이들 뛰는 소리와 함께 물건 떨어뜨리는 소리, 물건 끄는 소리 때문에 너무 고통스럽습니다. 관리사무소, 경비실, 직접 당사자에게까지 이야기도 해보고 부탁도 해봤는데 안하무인격으로 아이들이 뛰어도 그냥 내버려 둡니다. 아버지는 신경안정제까지 드신 적이 있습니다. 그나마 평일에는 아이들이 학교 간 사이에는 조용한데 방학 때나 주말에는 더 시끄럽습니다.

[현장 확인 세대방문]

※ 아래층 세대(민원인) - 부부, 딸(성인)

▶ 오후 5시에서 새벽 2시까지 아이들 뛰는 소리(9시 이후 심함)와 함께 무엇인가를 끄는 소리 등이 발생함

▶ 퇴근 후 휴식을 취하기가 어렵고 수면방해도 받고 있음

▶ 4차례 방문해서 대화를 시도하였으나 잘 이뤄지지 않았고 관리사무소 통해서 5차례 정도 연락을 취했으나 개선이 안 됨

※ 위층 세대 - 부부, 딸(7세, 6세)

▶ 아이들 뛰는 소음으로 인한 피해에 매우 미안하게 생각하고 있음. 신경을 써도 아이들이 간혹 통제가 안 될 때가 있음. 묶어 놓을 수도 없고, 최대한 조심을 하겠음

▶ 매트를 설치해 놓았지만, 아래층이 변함없이 항의를 하고 있음

▶ 추가 매트 설치 및 슬리퍼 사용으로 적극적으로 소음저감 노력을 실시하겠음

▶ 아이들에 대한 훈육을 강화하고, 오후 9시 이후의 저녁시간에는 최대한 자제를 시키겠다.

[민원인 요구사항]

야간 시간에 주의를 하고 금요일과 주말에는 더 신경을 썼으면 함

[상담 후 조정안]

※ 위층 세대

► 약속한 대로 실내화를 착용하도록 함

► 오후 9시 이후에는 아이들이 뛰지 않도록 함

► 주말에는 낮 시간대에도 좀 더 주의를 하도록 함

※ 아래층 세대

► 아래층에 대한 위층에서 갖는 미안한 마음과 적극적인 소음 저감 노력 등을 전달하고 당분간은 지켜보기로 함

► 직접적인 항의는 하지 않도록 하고 불만족 사항은 상담사를 통해 전하기로 함

■ 사례 15 : 위층 아이 2명이 뛰는 소음(1)(피해기간 : 3개월)

[민원접수 내용]

이번 여름 위층이 이사를 온 후 여러 번 아이들 뛰는 소리로 인하여 위층에 항의했습니다. 그런데 나아지지가 않고 있습니다. 지난 월요일에 험악하게 대화한 후 오히려 소음은 심해졌습니다. 다음날인 화요일 오후 5 ~ 7시 경에는 아이가 신나게 뛰어놀다가 넘어져서 우는 소리까지 들렸습니다. 아직 관리사무소에 민원을 제기하지는 않았으며 흥분상태로 위층과 반복해서 대면하면 위험할 것 같아서 중재를 통하여 상황을 해결하고자 합니다.

[현장 확인 세대방문]

※ 아래층 세대(민원인) - 부부, 아들(성인)

► 오후 8시부터 오후 10시까지, 오전 5시에서 오후 1시까지 아이들 뛰는 소리와 함께 의자 끄는 소리가 발생함

► 오후 9시에 취침을 하는데, 10시까지 발생하는 소음으로 수면방해를 겪고 있음

► 수차례 대화를 시도하였으나, 2번 정도 언쟁으로 번졌음

※ 위층 세대 - 부부, 여아(2명)

► 아래층의 잦은 항의와 위협적 행동으로 스트레스 및 공포감 형성됨

► 저녁에 자고 있는데 아래층이 항의한 적이 있음. 유치원에 등원하기 위해 준비할 때도 항의를 함. 안방에 소음원이 없는데도 항의는 지속됨. 아래층이 예민한 편인 것 같음

► 화장실에서 이불을 덮어 쓰고 수유할 정도로 신경을 쓰고 있음

► 부인과 아이들이 불안감을 느끼므로, 직접 항의를 자제해 주었으면 함

[민원인 요구사항]

다소 일찍 취침하기에 밤 9시 이후에는 소음이 발생하지 않도록 주의를 요함

[상담 후 조정안]

※ 위층 세대

► 아이들이 뛰는 동선에 소음방지 매트를 설치하도록 함

► 수면 시간대인 오후 10시 이후에는 신경을 더 쓰기로 함

► 발걸음에도 신경을 쓰고, 슬리퍼를 착용하기로 함

※ 아래층 세대

► 위층의 상황과 마음을 전달하고, 층간소음 저감 노력으로 피해감이 줄어

드는 지를 당분간 지켜보기로 함

► 위층에 직접적인 항의나 위협적인 언행을 하지 않도록 함

► 소음 발생 시 일정기간 동안 상담사를 통해 위층과 연락하도록 함

■ 사례 16 : 위층 아이 2명이 뛰는 소음(2)(피해기간 : 6개월)

[민원접수 내용]

6개월 전에 이사를 했습니다. 이사 온 이후로 위층에서 아이들(6세 정도 2명)이 뛰어다니는 소리가 불규칙적으로 계속 들립니다. 처음에는 직접 찾아가 오전, 오후에 나는 소리는 이해하겠지만, 밤에는 자제해달라고 이야기를 했었습니다. 개선된 점이 없어서 두 번째 올라갔을 때에는 위층은 경비실을 통해서 항의하고 직접 올라오지 말라고 했습니다. 그 후로 올라가지는 않고 6개월 동안 참았으나, 아내가 임신 8개월로 신경이 예민한 상태라 많이 뒤척이고 잠을 잘 못 이룹니다. 자다가 깨는 정도도 많아지고, 한번 깨면 다시 잠을 이루기가 더 힘들다고 하네요. 임신한 상태라 수면제나 다른 약도 먹을 수가 없고, 그냥 견뎌야 한다는 상실감에 더욱 고통이 커지는 것 같습니다.

[현장 확인 세대방문]

※ 아래층 세대9민원인) - 신혼부부(임산부)

► 6개월 전 위층이 이사 온 후로 아이들 뛰는 소리로 인한 피해를 받고 있음

► 아침 시간과 저녁 수면 시간대(밤 10시 이후)에 쿵쿵거리는 소리로 인한 힘이 듦

► 아내가 임신 중이어서 안정을 취해야 하는데 걱정이 많이 됨

※ 위층 세대 - 부부, 유치원생 2

► 오후 9시 이후 시댁에서 아이들을 데리고 온다.

► 최대한 조심하고 있으며, 층간소음 매트도 설치한 상태이다.

► 위층의 소음이 우리 층을 통하여 아래층으로 전달되는 것 같다.

► 아래층에 산모가 있다하니 소음 저감에 좀 더 협조하겠다.

[민원인 요구사항]

산모가 밤에 편히 자고 쉴 수 있도록 밤 10시 이후에는 발걸음 소리에 주의를 요함

[상담 후 조정안]

※ 위층 세대

► 매트는 설치된 상태이니 아이들이 뛰는 주동선 쪽으로 재배치를 요함

► 실내화를 착용하도록 함

► 밤 10시 이후에는 좀 더 소음행위를 조심하도록 함

※ 아래층 세대

► 위층에 직접 올라가서 항의하는 것은 하지 말고 일정기간 동안 상담사를 통해 연락을 하기로 함

► 위층은 아래층에 산모가 있어서 좀 더 주의하겠다고 하니 당분간 지켜보기로 함

■ 사례 17 : 위층 아이 2명이 뛰는 소음(3)(피해기간 : 6개월)

[민원접수 내용]

위층에 영유아 2명이 있습니다. 낮에는 어느 정도 참을 수 있지만, 수면을 취해야 하는 시간에도 아이들을 재울 생각을 안 하고 낮과 같이 뛰어다니게 합니다. 아래층에 거주하고 있다는 이유로 수면을 방해받고 있습니다. 위층에 방문하여 사람들 다들 잘 시간에는 조

용히 해달라고 부탁하였지만 '아이들이 뛰어놀면 소리도 날 수 있지 무슨 상관이냐' 라는 태도를 보여 더 이상 대화로 해결이 힘든 상황입니다.

[현장 확인 세대방문]

※ 아래층 세대(민원인) - 부부, 성인 자녀

► 오후 7시에서 12시 사이에 주로 발생함. 새벽시간에도 간헐적으로 소음이 발생함

► 휴식 및 수면 방해를 받고 있음

► 5~6차례 직접 항의를 했었고 욕설까지 오고 갔었음. 인터폰과 관리소를 통한 항의도 해봤고 경찰에 신고한 적도 있음

※ 위층 세대 - 부부, 유치원(5세), 유아(3세)

► 전업주부로 대부분 집에 있음

► 아이들을 키우는 입장에서 아래층에 미안한 마음임

► 하지만 아래층이 너무 민감한 것 같음. 잦은 항의에 욕설까지 내뱉기도 함. 스트레스와 더불어 불안감까지 듦. 조그마한 소리가 나도 바로 올라옴

[민원인 요구사항]

야간시간에는 저소음이 아닌 무소음 시간으로 엄수했으면 한다.

[상담 후 조정안]

※ 위층 세대

► 슬리퍼를 착용하고 아이들이 뛸만한 곳에 매트를 설치하도록 함

► 야간시간(오후 10시 이후에는 신경을 더 쓰기로 함

► 아래층과 메시지를 통해 상황을 주고받기로 약속함

※ 아래층 세대

▶ 위층의 조정안을 전달하고 당분간 피해감이 줄어드는지를 지켜보기로 함

▶ 공동주택에서 소음이 전혀 나지 않을 수는 없다고 이해시키고 일정 수준의 소음은 어느 정도 수인해야 함을 설명함

▶ 직접적인 항의는 하지 않도록 하고 일정기간 동안 상담사를 통해 대화하도록 함

■ 사례 18 : 위층 아이 2명이 뛰는 소음(4)(피해기간 : 10개월)

[민원접수 내용]

저녁 6시경부터 밤 12시 때론 새벽까지 아이들의 뛰는 소리와 진동이 커서 일상생활과 수면 그리고 정신적 피해가 막대함. 일을 하는 본인은 주말 오전에 수면을 취해야 하는 데 오전 7시경부터 위와 같은 일이 반복되어 휴식을 취할 수 없음.

[현장 확인 세대방문]

※ 아래층 세대(민원인) - 어머니, 딸(6세)

▶ 오후 6시부터 오후 12시까지 아이들 뛰는 소리가 발생함

▶ 주간은 집이 비어 있음. 퇴근 후의 휴식 방해와 야간시간에는 수면 방해를 겪고 있음

▶ 참아 보았지만 너무 심함. 직접 방문도 해보고, 관리사무소를 통해서 접수도 해보았지만 개선이 힘들다.

▶ 이웃 간의 배려와 관심으로 해결되었으면 함

※ 위층 세대 - 부부, 아이(6세, 7세)

▶ 아래층의 잦은 항의로 스트레스가 심함

▶ 아이들에게 교육을 시키고 있고, 최대한 조심을 시키는데도, 조그만 소음만 나도 바로 항의를함. 아래층이 민감한 것 같음

▶ 아이들이 뛰지 않게 놀이기구, TV 시청, 게임 등을 시키고 있음

▶ 원만하게 잘 해결되었으면 함

[민원인 요구사항]

퇴근 후 편히 휴식할 수 있길 바라며 수면을 방해받고 싶지 않음

[상담 후 조정안]

※ 위층 세대

▶ 아이들이 뛰는 동선에 소음방지 매트를 설치하기로 함

▶ 야간시간(오후 10시 이후)에는 신경을 더 쓰기로 함

▶ 낮 시간대에는 아이들이 가급적 매트 위에서 활동할 수 있도록 하고, 아래층이 수면을 취하는 방 쪽을 특히 조심하기로 함

※ 아래층 세대

▶ 위층의 상황과 마음을 전달하고, 소음이 저감되도록 노력한다고 하니 당분간 지켜보기로 함

▶ 수면 공간에 가습기, 분수대 등 음압 발생 장치를 설치하는 것이 도움이 될 수 있음을 안내함

▶ 위층에 직접적인 항의를 하지 않도록 하고 소음으로 힘들 경우 일정기간 동안 상담사를 통해 연락하기로 함

■ 사례 19 : 위층 아이 2명이 뛰는 소음(5)(피해기간 : 3개월)

[민원접수 내용]

이사 온 이후 매일 동시간대 위층 아이가 뛰어다닙니다. 두 차례 방문하고, 인터폰으로 수차례 주의를 부탁하였으나 개선이 안 되고 있습니다. 도리어 아이가 뛰면 얼마나 뛰느냐, 아이가 뛰는 걸 막을 수는 없다. 밤 9시까지는 어쩔 수 없다. 위층은 아이를 안 키우느냐, 자기네도 위층의 소음 때문에 피해보고 있다는 등 개선의 의지가 없어 보입니다. 본인은 직업상 새벽 늦게까지 일하고 아침에 늦게 일어나는 생활패턴인데 위층에서는 아침부터 아이가 뛰어다닙니다. 때문에 충분한 수면을 취하지 못할뿐더러 저녁시간 때에도 극심한 스트레스를 겪고 있습니다.

[현장 확인 세대방문]

※ 아래층 세대(민원인) - 부부, 아들(12세)

► 아침 시간과 오후 6시에서 10시 사이에 주로 발생함

► 주야가 바뀐 생활패턴임

► 직접항의, 인터폰 항의, 관리소 항의를 했었고, 경찰에 신고한 적도 있다.

※ 위층 세대 - 부부, 유치원(4세), 유아(1세)

► 전업주부로 대부분 집으면서 아이들을 돌본다.

► 아래층이 너무 민감한 것 같다. 잦은 항의를 하고, 욕설을 내뱉기도 한다. 스트레스와 더불어 불안감도 든다. 조그마한 소리가 나도 바로 올라온다.

► 아래층에서 보복성으로 벽과 천정을 두드린다. 아이가 울고 불안해 한다.

[민원인 요구사항]

위층에 층간소음 방지매트를 설치하고 아이들에 대한 훈육을 했으면 한다.

[상담 후 조정안]

※ 위층 세대

▶ 아래층이 오전에 잠을 자기 때문에 특히 오전에 아이들이 뛰지 않도록 함

▶ 아이들이 뛰는 동선에 매트를 설치해 달라고 함

※ 아래층 세대

▶ 위층에 올라가서 직접적인 항의를 하지 말고 일정기간 동안 상담사를 통해 대화하도록 함(아이가 불안해 함)

▶ 위층에 아래층의 생활패턴을 이야기하고 특히 오전 시간대에 주의해 달라고 했지만, 오후 6~10시 사이에는 어느 정도의 소음은 이해해 달라고 함

▶ 아이들의 공포감을 전달하고 직접 항의 방문 자제 요청을 전달함

▶ 천정 및 벽 두드림 자제 요청함

■ 사례 20 : 위층 아이 3명이 뛰는 소음(피해기간 : 1년6개월)

[민원접수 내용]

　　아이들이 뛰어다니는 발걸음 소리가 너무 심합니다. 위층이 이사를 왔을 당시 너무 신경이 쓰여서 수차례 올라가서 조용히 해달라고 이야기를 하였으나, 몇 번 듣는 척만 하더니 나중엔 오히려 짜증을 내고 욕까지 하였습니다. 그냥 걸으면서 나는 소리가 아닌 진짜 뛰어다니는 소리가 시도 때도 없이 납니다.

[현장 확인 세대방문]

※ 아래층 세대(민원인) - 부부

► 퇴근 후 지속적으로 아이들 뛰는 소리가 발생함

► 아내가 비행 승무원이어서 생활패턴은 불규칙 함. 쉬어야 하는데 휴식이 힘들고, 수면 방해가 심함

► 항의를 하면 20분 정도는 조용한 느낌이 들다가 다시 소음이 발생함

► 매트를 깔았다고는 하나, 용도가 소음방지용이 아닌 것 같다.

※ 위층 세대 - 어머니, 아이 3명

► 현재 거실과 아이들 방에 매트 2개를 설치한 상태임

► 아이들도 오후 9시면 잠자리에 들게 하고 있음. 야간은 조용한 상태를 유지하고 있음

► 아래층이 승무원이라 낮에 취침한다고 하는데 우리가 아래층 생활패턴에 맞추며 사는 것은 무리가 있는 것 같다

► 처음 항의 때는 주의한다고 했으나, 낮에도 조용히 하라기에 기분이 좋지 않았음. 항의 태도도 거칠어 위협감도 느꼈음. 아이들도 불안감을 느낌

[민원인 요구사항]

집에서 편히 쉬거나 푹 잘 수 있도록 발걸음 소리에 주의를 해주길 원함

[상담 후 조정안]

※ 위층 세대

► 야간에 일하는 사람이 낮에 잠을 못 자는 것은 상당히 힘든 일임을 이해하면서 아래층 생활패턴에 맞춘다고 생각하기보다는 공동주택이니 발생할 수 있는 소음에 좀 더 주의해달라고 함

※ 아래층 세대

► 위층에 직접적인 항의를 하지 않도록 하고 필요시 당분간은 상담사를 통

해 이야기하기로 함

▶ 낮 시간대에 수면시간대의 정숙함을 요청하는 것은 다소 무리가 있음을 설명함

■ 사례 21 : 위층에서 아이 4명이 뛰는 소음(피해기간 : 1년)

[민원접수 내용]

위층이 이사 온 1년 전부터 쿵쿵거리는 소리가 나기 시작해서 위층에 올라가 보니 그 집에는 아이가 4명이나 있었습니다. 아이들이 집 밖에도 안 나가는지 하루 종일 쿵쿵거리는 아이 뛰는 소음이 들립니다. 처음에는 저도 아이들을 키우고 있는 입장이라 이해를 하려고 했으나, 이건 도대체가 참을 수가 없는 소음이 지속되고 있습니다. 위층에 올라가 신경을 써달라고 이야기를 해도, 관리사무소에 이야기를 해도 나아지는 점은 없습니다. 지속되는 소음으로 스트레스를 넘어 이제는 괴롭습니다. 무언가 대책을 세워야 살 수가 있을 것 같습니다.

[현장 확인 세대방문]

※ 아래층 세대(민원인) - 부부, 고등학생, 중학생

▶ 위층의 아이들이 하루 종일 뛰고 떠든다

▶ 아이들이 많기도 하고, 극성스러워 위층 애들이 자야 우리도 잘 수가 있다.

▶ 위층에 이야기를 해도 대책이 없고, 의지도 없는 것 같다. ▶ 낮에는 어느 정도는 참으려고 해도 너무 심하다. 대책을 마련했으면 한다.

※ 위층 세대 - 부부, 아이(7세, 5세, 4세, 1세)

▶ 이사 온 지는 1년 정도 되었고. 아래층의 항의는 바로 시작되었다. 항의

로 인한 피해는 없으며, 아래층에게는 미안할 따름이다.

► 아이가 4명이고 생활이 어려워 탁아시설을 못 보내고 있다. 지원되는 보육료조차 생활비로 사용하고 있다

► 아이들에게 신경을 쓰고는 있는데, 4명이라 통제가 힘들지만 더욱 신경을 쓰겠다.

► 개선할 점이 있으면 시행해서 해결을 하고 싶다.

[민원인 요구사항]

오후 9시 이후에는 아이들이 뛰지 않도록 해주었으면 함

[상담 후 조정안]

※ 위층 세대

► 오후 9시 이후에는 아이들이 잠을 잘 수 있도록 함

► 매트를 설치할 수 있도록 하고 아이들이 매트 위에서 놀도록 함

※ 아래층 세대

► 위층의 상황을 전달하고 소음을 저감하기 위해 노력한다고 하니 당분간 지켜보기로 함

► 위층에 직접적인 항의는 하지 않도록 하고 힘들 경우 일정 기간 동안 상담사를 통해 위층과 대화하도록 함

■ 사례 22 : 어린이 뛰는 소음, '쿵'하고 뛰어 내리는 소리(피해기간 : 2년)

[민원접수 내용]

밤낮 없이 아이들이 뛰어다니고, 심지어 소파나 침대에서 아이들이 뛰어내리는 소리에 깜짝 놀라는 경우가 한 두 번이 아닙니다. 공

부하는 학생이 있다고 몇 번 올라가서 항의를 해보았지만 본인들도 위층 소음을 참고 산다며 신청인에게 예민하다고 합니다. 스트레스가 점점 쌓여가는 데 참을 수가 없습니다.

[현장 확인 세대방문]

※ 아래층 세대(민원인) - 부부, 자녀2(고1, 중2)

► 위층에 직접적인 항의는 서너 번 했고 관리사무소나 경비실을 통해서는 수시로 함

► 항의를 하면 본인들은 매트를 설치했기 때문에 더 이상 주의할 수는 없다고 함

► 참기 힘들면 이사를 가라고 함

► 위층에서 소음이 발생하면 벽을 쳐봤지만 소용이 없음

※ 위층 세대(피민원인) - 부부, 자녀3(초1, 6세, 3세), 강아지

► 150만 원 정도를 들여서 거실 전반에 시공매트를 설치를 했는데도 아래층에서는 시끄럽다고 항의를 함

► 위층 소음도 심하지만 이해하며 살고 있는데 아래층 사람들이 너무 예민한 것 같음

► 아래층에서 벽을 치는 소리에 아이들이 놀라서 울기도 함

► 낮 시간대에 항의를 하기도 함(아이들은 밤 10시 전에는 모두 취침함.)

[민원인 요구사항]

집에서 공부하는 중·고등학생이 있기 때문에 밤 8시 이후에는 아이들이 뛰지 않도록 해주길 원하고, 특히 '쿵'하고 뛰어내리는 소리가 나지 않기를 바람

[상담 후 조정안]

※ 위층 세대

► 매트가 아이들의 뛰는 소음을 줄여주기는 하지만 계속적으로 뛰지 않도록 주의를 부탁드리고 의자나 침대 같은 높은 곳에서 뛰어내리지 않도록 권유함

► 시공매트를 설치했기 때문에 아래층에서 계속 항의를 할 경우 소음측정을 신청해서 소음의 정도를 확인해볼 수 있도록 할 예정임

※ 아래층 세대

► 중재기간 동안 위층에 직/간접적인 항의를 자제하도록 권고함

► 중재기간이 지나도록 소음으로 힘들 경우 측정을 해보도록 권유함

■ 사례 23 : 어린이 뛰는 소리, 어른 발걸음 소리(분쟁기간 : 5개월)

[민원접수 내용]

　위층이 어린이 미술교습소를 하고 있는 상황임. 수시로 아이들과 엄마들이 들고 나면서 들리는 어른 발걸음 소리, 아이들 뛰는 소리 때문에 스트레스가 심함. 신청인은 위층 소음으로 인해 불임치료도 연기한 상황임.

[현장 확인 세대방문]

※ 아래층세대(민원인) - 부부

► 위층에서 새벽 시간대(6시~7시), 밤(10시) 나는 소음으로 수면방해를 받아 스트레스가 심함

► 미술교습소인 상황도 모른 채 낮 시간 들리는 아이들 뛰는 소리나 어른들 발걸음 소리는 참고 있었음

► 교육청에 교습소 허가사항을 확인하고, 매트설치기준에 대한 부분을 의뢰함

► 교습소 운영을 하면서 아래층에 양해를 구하지 않는 부분이 이해가 안 된다고 함

※ 위층 세대 – 부부, 초등학생 딸 2명

► 6~7년 동안 미술교습소를 운영하면서 한 번도 항의를 받지 않았었음

► 아래층이 이사 왔을 때 교류를 원하지 않는 것 같아서 양해를 구하는 시기를 놓쳤음

► 낮 시간 수업이 많지 않으며 주로 앉아서 하는 수업이기 때문에, 소음 발생한다고 생각하지 않음

► 아이들은 밤 9시대에 취침하고, 부부도 11시 이전 잠을 잠

► 아래층이 1차 항의를 욕설과 함께 격하게 행동해 경찰을 왔었음

[민원인 요구사항]

집에서 몸과 마음이 편하게 쉴 수 있는 생활을 원함

[상담 후 조정안]

※ 위층 세대

► 계속적인 미술수업을 위해 교육청 기준에 맞춰 거실 전체 매트 시공할 계획임

► 슬리퍼 착용과 더불어 의자에 가구 패드를 사용하여 소음 저감에 신경 쓰기로 함

※ 아래층 세대

► 위층이 미술 수업시 아래층 세대가 휴식을 취할 수 있게 공간을 조정할 의사가 있음을 알림

► 위층이 거실 전체 매트 설치 계획이 있음을 알림

► 소음이 개선되지 않을 시에 소음측정에 대한 부분을 안내함

■ 사례 24 : 위층 아이 뛰는 소리, 성인 발걸음 소리(피해기간 : 8개월)

[민원접수 내용]

윗집 거주자들의 발음과 가구(?)를 옮기는 소리, 애들의 뛰어다님과 소리를 지르며 집안 전체를 돌아다녀 울림과 소음으로 밤에 잠을 이루지 못하는 불면증과 스트레스를 받고 있는 상태임. 오전에도 애들이 뛰어 쿵쾅거리는 소음으로 집에서 휴식이 불가한 상태임. 애들 외에도 윗집 거주자들의 발걸음도 심하게 울려 TV의 볼륨을 30으로 해야 시청이 가능한 지경. 참다 소음을 도저히 참을 수 없어 3번 직접 얘기함.
1. 오전 12시 50분경 2. 오후 11시 55분 3. 오후 10시 55분 위의 시간에 3차례나 얘기했으나 개선 기미가 없음. 오히려 애들 키우니 어쩔 수 없다는 식의 답변이 오고 내가 예민한 것 아니냐는 식의 반응.

[현장 확인] 세대방문

※ 아래층 세대(민원인) - 60대 부부, 30대 여성

► 낮에는 아이가 있으니 이해를 하겠지만 밤에 심하게 울림

► 방을 바꿔 생활을 하려고 했지만 자체가 울림이 있어 어디서든지 소음이 심함

► 인터폰을 통해 항의를 3차례 하였고 처음엔 미안하다 하였지만 두 번째부터 위층에서 반감을 사기 시작함

► 아이가 어려서 뛸 수도 있고 그럼 때려야 하냐고 위층에서 반박을 하며 아이가 안 자는데 어떻게 하냐고 함

► 3차례 항의를 해도 소용이 없어 메모를 남겼고 이 때문에 위층 할머니가 내려와서 이사를 가라. 방을 바꿔러 아이가 말을 못 알아듣는다고 항의함

※ 위층 세대 - 노모. 30대 부부, 30개월 아이

► 아이가 뛰긴 뛰지만 어려서 말을 못 알아들어 겨울쯤에는 소음 발생이

있었던 것 같음

► 현재는 조금씩 알려주면 이해를 하는 거 같아 조금 덜 뛰고 있음

► 할머니가 낮에 하루 종일 밖에 데리고 다니고 뛰면 때리며 가르치는데 때리면 울어서 더 곤란함.

► 우리도 위층에서 소음이 나고 있고 공동주택이니깐 참으며 생활하는데 아래층 젊은 성인 여자 거주자가 민감함

► 최근 1~2개월은 조용히 해졌을 것이다. 요즘은 아이가 일찍 자고 주의를 주고 있음

[민원인 요구사항]

아이에게 슬리퍼 착용 및 매트 설치, 슬리퍼 착용 및 생활 필요

[상담 후 조정안]

※ 위층 세대

► 매트 생활 유지하며 낮 시간 야외활동으로 소음을 줄이고 교육을 통해 아이 통제하기

► 오후 10시정도 아이를 재우며 늦은 밤 시간 정온한 생활을 유지함

※ 아래층 세대

► 보복소음 내지 않기, 늦은 시간 항의 자제함

► 통제가 어려운 어린 아이라는 걸 인지하고 위층의 노력을 이해하기

■ 사례 25 : 아이들 뛰는 소리, 어른 발소리외 생활소음(분쟁기간 : 10개월)

[민원접수 내용]

2014년 9월경 이사 직후 시작된 항의. 거실에 층간소음 매트를

깔고 생활하고 있다. 아이들이 어린이집에서 돌아온 잠깐의 시간에도 항의가 들어온다.(위층이 민원신청인)

[현장 확인 세대방문]

※ 아래층 세대 - 부부와 성인 자녀 2명

► 2014년 9월경 이사 직후 시작된 아래층의 소음에 대한 항의

► 민원을 넣어도 아래층에서 넣어야 정상인데 오히려 위층에서 민원을 넣어서 상당히 기분 나빠 하심

► 소음에 대하여 항의를 하였을 때 제대로 받아들여지지 않아서, 윗집세대에 대한 불만이 많은 상태임

► 윗집만 주의를 하고, 제대로 받아들이면 본인들도 크게 문제 삼지는 않을 거라고 하심

※ 위층 세대 - 부부, 5세의 아들, 10세 딸

► 2014년 9월경 이사 직후 시작된 아래층의 소음에 대한 항의

► 가정주부인 아내, 아이들과 남편 8시 이후 귀가

► 아래층의 감정적이고 잦은 항의로 인한 극심한 스트레스, 소음방지를 위해 필수적인 매트 사용과 슬리퍼 등의 차음 도구 사용에도 불구한 많은 항의. 잠깐 동안의 시간에도 이해를 해주지 못하는 아래층의 태도에 속상함

[민원인 요구사항]

저녁 7시부터 9시 사이의 저녁 준비와 아이들 씻는 시간, 남편의 퇴근시간이 겹쳐져 발생하는 어쩔 수 없는 생활소음에 대한 이해를 요구

[상담 후 조정안]

※ 위층 세대

► 매트 이용과 슬리퍼 착용, 식탁 밑에 소음방지 도구를 사용 하고 있는 상태였음으로 사후관리에 대한 내용 안내

※ 아래층 세대

► 윗집에도 주의사항에 대하여 충분히 주의를 주었음을 확인해드리고, 아랫집에서도 무조건적인 항의는 자제하고 상담사를 통해서 잘 전달될 수 있도록 권고함

■ 사례 26 : 아이 뛰는 소리와 함께 쿵하는 소리(피해기간 : 1년)

[민원접수 내용]

　위층에 이사 온지 몇 년 된 아이의 뛰어다니는 소리와 함께 간헐적으로 뭔가 쿵하는 소리 등 불규칙적으로 들리는데 깜짝 놀라기도 하고 스트레스가 많이 됩니다. 저의 경우 새벽에 일찍 출근하고 밤늦게 집에 있어 불편을 감수하지만, 평일 밤이나 주말에는 심각함을 느낍니다. 어머니가 소음으로 인해 매일 힘들어 하셔서 빨리 해결되었으면 하는 마음입니다.

[현장 확인 세대방문]

※ 아래층 세대(민원인) - 어머니, 자녀(성인 2)

► 아침부터 새벽까지 하루 종일 들리는 아이 뛰는 소리와 간헐적으로 발생하는 위층의 소음으로 인해 너무 힘이 듦

► 아이 뛰는 소리가 주로 발생하고 새벽시간에 쿵하는 소리 때문에 아들이 수면방해를 받고 있음

► 직접항의를 했지만 소용이 없었고 경찰을 부른 적도 있지만 개선은 안 됨

※ 위층 세대 - 부부, 딸(3세)

► 너무 지나친 항의(경찰 신고로 감정이 극대화되었음)

▶ 아래층 항의로 인한 스트레스와 이로 비롯된 갈등으로 부부간의 싸움도 잦아졌고, 이혼 문제까지 거론될 정도로 심하다.

▶ 건물이 노후되어 주변 사람들도 층간소음이 심하다고 함.

▶ 서로 이해와 배려로 해결했으면 하고, 직접적 항의는 지양해 주었으면 함

[민원인 요구사항]

밤 10시 이후에는 아이 뛰는 소리에 주의를 요함. 새벽시간에도 주의 요함.

[상담 후 조정안]

※ 위층 세대

▶ 슬리퍼를 착용하도록 하고, 아이의 주요 동선에는 매트를 설치하도록 함

▶ 특히 오후 10시 이후의 야간시간에는 주의를 더 하기로 함

▶ 아이를 유아원에 보내 거주시간을 줄이도록 하겠다 함

※ 아래층 세대

▶ 위층의 상황과 마음을 전달하고 당분간 지켜보기로 함

▶ 위층에 올라가서 직접적인 항의는 하지 않도록 함

▶ 소음이 심할 경우 일정 기간 상담사를 통해 연락하기로 함

■ 사례 27 : 아이들이 뛰는 소음으로 인한 스트레스(분쟁기간 : 1년 이상)

[민원접수 내용]

아이들이 너무 뛰기 때문에 스트레스를 받아 학업에 방해를 받고 일상생활에도 지장을 주며 수면장애가 생겼다.

[현장 확인 세대방문]

※ 아래층 세대(민원인) - 성인 5명

► 가족들의 수면방해와 취업준비생의 학업방해

► 핸드폰 문자를 이용하거나 경비실을 통해 항의했었음

► 이사초반 위층에 슬리퍼를 사서 찾아갔지만 최근에는 슬리퍼 착용을 하지 않는 것 같음

※ 위층 세대 - 부부, 자녀 3명(미취학아동)

► 자영업을 하고 있어 늦은 시간부터 아침까지의 시간을 제외한 낮 시간엔 아이들은 근처에 있는 친척집에 있음

► 얼마전 여행에서 돌아와 짐정리를 하는 중 아래층에서 올라와 그동안(여행기간)은 조용했는데 또 시작이냐며 시끄럽다고 항의를 했음

► 아이들을 재우기 전 씻기는 그 잠깐의 시간도 시끄럽다고 항의를 받음

[민원인 요구사항]

매트와 슬리퍼를 사용하면 좋겠음

[상담 후 조정안]

※ 위층 세대

► 센터에서 제공하는 소음저감 제품을 적극적으로 활용할 것을 권유

► 아이들은 최대한 밤 10시 이전에 재울 것을 요청

※ 아래층 세대

► 소음저감 물품 제공에 따른 적응기간 동안에는 항의 자제 요청

► 민원인은 이후 다시 시끄러워지면 센터에 연락해 전화중재요청하길 권유

■ 사례 28 : 아이들 뛰는 소리로 인한 스트레스(분쟁기간 : 1년)

[민원접수 내용]

걸어가는 발자국 소리, 뭔가 딱하고 떨어지는 소리와 합성된 여러 가지 소리, 소리 지르고, 고함치는 소리, 쇠구슬을 떨어뜨리는 소리, 쿵쿵거리는 소리

[현장 확인 세대방문]

※ 아래층 세대(민원인) - 노부부, 성인 아들 1

► 성인 아들은 아침 일찍 출근하고 할아버지는 낮에 밭일을 하심. 할머니 혼자 집안에서 하루 종일 생활하고 계심

► 노부부는 저녁 8시에 취침을 하고 성인 아들은 저녁 늦게 퇴근하여 돌아옴

► 할머니는 최대한 참다가 너무 힘이 들면 위층에 항의를 함

► 위층에서 부모들이 아이들에게 뛰지 말라고 자제를 시켜줬으면 좋겠음

※ 위층 세대 - 부부, 자녀 2(미취학아동)

► 부부는 맞벌이이고, 자녀들은 유치원에 다니기 때문에 저녁 6시 이후에 가족들이 귀가함

► 아래층 항의로 인하여 지인들을 집에 초대하지도 못하고 아이들에게도 뛰지 말라고 계속 소리를 지르게 되어 스트레스를 받고 있음

► 아래층 할머니가 밤낮 가리지 않고 항의를 하시고 놀이용 매트를 까는 등의 노력을 했는데도 계속 항의를 받아 힘이 든다.

► 항상 소음 저감에 노력을 하고 있으며 아이들이 있어 소음이 절대 안 날 수 없음을 이해해 주었으면 좋겠음

[민원인 요구사항]

위층에서 아이들 뛰는 소음이 안 들렸으면 좋겠음

[상담 후 조정안]

※ 위층 세대

► 집에 손님이 찾아오는 행사가 있을 경우 사전에 아래층에 손님이 찾아와 소음이 더 발생할 수 있음을 알릴 것을 권유

► 소음 저감 매트를 아이들이 주로 생활하는 공간에 깔아 적극적으로 소음 저감을 할 수 있도록 노력할 것을 권유

► 아래층에서 항상 항의를 하는 것이 아니라 최대한 참아보고 항의를 하는 것임을 알림

※ 아래층 세대

► 직접적인 항의를 자제하고 최대한 관리사무소나 경비실을 통하여 항의할 것을 권유

► 층간소음이 완벽하게 저감될 순 없음을 안내, 위층도 최대한 소음저감에 노력하고 있음을 알림

■ 사례 29 : 아이가 뛰고 소리지름(분쟁기간 : 3년 2개월)

[민원접수 내용]

현 아파트에서 3년2개월째 거주 중입니다. 고등학생 두 명이 있어 집에서 공부하는 시간이 많은데 윗집에서 뛰고 소리 지르고 시끄러워서 집에서 나와 독서실에서 공부한 적이 한 두 번이 아닙니다. 시끄러워 윗집에 올라가니 시끄러우면 저희 보고 이사 가라고 하신 적도 있습니다. 도저히 말로는 해결이 안 될것 같기에 신청합니다.

[현장 확인 세대방문]

※ 아래층 세대(민원인) -4인 가족, 자녀 2명

► 학생이 두 명 있어 공부하는 시간이 많음

► 층간소음이 너무 심해 윗집에 올라가서 말씀드렸더니 처음엔 죄송하다고 하시고 잠잠하더니 며칠 지나니 또 계속 뛰어서 몇 번 올라가니 죄송하다는 말은커녕 오히려 더 뛰고 윗집에서 내려오셔서 부모님까지 언성 높여 싸우신 적도 있어서 경찰 불렀다가 취소한 적도 있음

※ 위층 세대 - 4인 가족, 자녀 2명

► 아이와 엄마가 주로 낮에 집에서 생활함

► 아래층의 너무 잦은 항의로 스트레스 집에 손님도 초대를 못함

► 아이들이 정온한 생활을 할 수 있도록 집안에서 교육을 시키고 있음

[민원인 요구사항]

서로간의 마찰이 발생하지 않는 선에서 원만하게 해결

[상담 후 조정안]

※ 위층 세대

► 현재 매트나 슬리퍼 생활을 하고 있지 않아 소음저감 제품을 제공하여 사용해 보기

※ 아래층 세대

► 위층에게 아이들이 좀 더 정온한 생활을 할 수 있도록 의견 전달

► 소음저감 제품 제공 약속하기

■ 사례 30 : 아이 뛰는 소리, 걸음걸이 및 보복소음(피해기간 : 1년)

[민원접수 내용]

개념 없는 위층 사람들의 자세(특히, 고의적 발걸음 소리와 아이 뛰는 소리, 그 밖의 배려 없는 잡소리 및 엘리베이터에서 봤을 때의 행동)

[현장 확인 세대방문]

※ 아래층 세대 - 30대 후반 부부, 중학생 자녀

► 이사 후 일주일 뒤 아이가 뛰는 소리가 너무 심해 올라가 항의를 하니 위층 시어머니께서 아이가 20개월이라고 뛰면 얼마나 뛴다고 항의하냐고 함

► 그 후 아이 뛰는 소리도 문제지만 성인 거주자들의 고의적인 보복 소음이 문제시됨

► 집안 복도와 안방에서 발을 구르며 소음 피해를 입히고 있음

► 아이는 5월부터 유치원을 다니고 있어 현재는 아이 소음이 가끔씩 나지만 아이 소음이라 참지만 오전 8시부터 10시까지 안방에서 고의적으로 여자 거주자가 소음을 내는 것이 문제

► 경비실, 관리사무소를 통해 항의를 지속해도 나아지지 않고 심하면 하루에 두 번씩, 사흘에 한 번씩 항의를 하고 있음

※ 위층 세대 - 30대 부부, 30개월 된 아이

► 지속적인 항의로 스트레스가 쌓임

► 현재도 안방을 사용하지 않고 매트를 설치하였으며, 슬리퍼 생활을 하고 있음

► 이사 오자마자 올라와서 항의를 했고, 집안으로 들어와 매트 깔았던 것을 보여줬는데 부엌에 매트 안 깔았다고 지적함

► 아래층에서도 천장을 치며 보복 소음을 가하고 밤 12시 넘어서도 침

► 아이 친구들도 놀러 오지 못하며 집들이를 1월에 딱 한번 했을 때 아래층에서 천장을 치고 경비실을 통해 집들이 증이라 전달하니 몰라서 그

랬다며 미안하다고 함

[민원인 요구사항]

원만한 해결 보기

[상담 후 조정안]

※ 위층 세대

► 2주 동안 외출하고 있다는 것을 기록으로 남기기

► 주말에 집을 비울 시 관리사무소 및 경비실에 알리고 아래층에서 항의가 들어오는지 확인해 달라고 하기

※ 아래층 세대

► 오전 8시 30분~11시에 발생하는 소음에 대해 기록하기

► 항의를 당분간 하지 않으며 소음 저감 유무를 확인하기

■ 사례 31 : 아이들 뛰는 소리와 피아노 소리, TV소리 등 생활소음(분쟁기간 : 2년 ~ 3년)

[민원접수 내용]

아이들 뛰는 소리

[현장 확인 세대방문]

※ 아래층 세대(민원인) - 성인 3명

► 아이들이 우울증을 앓고 있어 약을 먹고 나서 쉬어야 하는데 소음 때문에 괴로워 함

► 위층에 항의 몇 번했고, 그때마다 위층에서는 "죄송하다"라고 하거나 아

이들을 제지하는 등 일시적인 저감 효과는 있지만 오래가지 못하고 관리사무소에서 이야기를 해도 시정되는 부분이 미미해 본인이 무시당하는 느낌까지 듬

► 큰 자녀는 작가이고 남편은 외지에 나가 있다가 주말에 집에 오는데 소음 때문에 편히 쉬지 못한다고 함

► 더 이상 위층에다가 항의를 하기 싫음

※ 위층 세대 -부부, 아이 3명

► 소음에 대해서 아이들에게 주의만 시키고 있지 별다른 저감 활동을 하지 않고 있음

► 아래층에서 항의를 하다가 안하니까 그 소음이 줄어든 것으로 알고 있음

► 저감도구를 제공해 드린다고 했지만 직접 구매해서 사용하겠음

[민원인 요구사항]

소음저감 제품을 사용하는 태도를 보이거나 층간소음으로 기관의 제재를 받을 수 있다는 것을 인지.

[상담 후 조정안]

※ 위층 세대

► 매트 및 슬리퍼를 사용. 아이들에게 층간소음에 대한 교육 부탁

► 소음이 불가피하게 날 경우 아이들이 놀 수 있는 공간과 시간대를 정해서 아래층으로 전달이 되는 소음이 줄어 들 수 있도록 노력해 달라

※ 아래층 세대

► 층간소음에 대한 노력을 한다고 했으니 한 달간 지켜보면서 소음이 얼마나 줄어들었는지 또는 아직도 소음이 나는지에 대한 피드백을 관리사무소를 통해서 위층에 전달하여 위아래층간의 의사소통이 될 수 있도록

노력해 달라

■ 사례 32 : 아이들 뛰는 소리와 장난감 놀이소리(분쟁기간 : 2년이상)

[민원접수 내용]

위층 아이가 침대에 뛰어 내리는 행위 및 발을 굴러 뛰는 행동으로 인해 경비실과 관리사무소에 연락을 부탁드렸으나 인터폰이 되지 않아 제가 천장을 2번 두드리고 난 후 지난 토요일부터 위층 아저씨가 고의적으로 밤 12시 무렵까지/ 새벽 5시부터 발 굴러 뛰기를 하고 물건으로 방마다 떨어뜨리거나 두드려 정신적으로 많이 힘든 상황입니다.

[현장 확인 세대방문]

※ 아래층 세대(민원인) - 부부

► 피해기간은 2년 이상임

► 직접 찾아가서 항의. 주로 오후 7시에서 오후 9시에 소음피해

► 오후 7시에서 오후 9시 정도에 아이들 뛰는 것과 장난감 소음을 줄여 줬으면 함

► 가정주부로 주로 집에 거주함. 가끔씩 낮 시간에 교육받으러 외출함

► 스트레스. 가슴이 쿵쾅거림. 두통이 심함

※ 위층 세대 - 부부, 아이(3)

► 아이들 두 명 유치원 갔다가 오후 5시쯤 도착. 아이 엄마랑 막내 아이는 주로 집에 거주함

► 너무 잦은 항의로 스트레스 받음

[민원인 요구사항]

아이들 뛰는 소리, 장난감 소리 및 보복 소음 자제

[상담 후 조정안]

※ 위층 세대

► 소음 저감에 관계되는 제품(매트, 슬리퍼 제공) 사용 권유, 체험해 보기

► 주 소음 발생시간대인 오후 7시~ 9시 사이의 소음을 주의해 달라고 함

※ 아래층 세대

► 너무 잦은 항의로 인해 위층도 예민한 상태이므로 상담 후 2주정도 경과를 지켜보기

► 보복성 소음과 관련해서 주관적으로 판단하는 부분이 있어 중재요함

■ 사례 33 : 위층의 미취학 아동 2명이 공놀이 하는 소음(피해기간 : 1년 8개월)

[민원접수 내용]

위층에 4살, 2살 아이가 있습니다. 뛰는 소리 및 발소리가 천정을 통해 울리며 공을 벽에 던지는 듯한 소리가 납니다. 위층에 2번 찾아가고, 그 후 경비실에 2번 중재를 부탁드렸습니다. 처음엔 조심하는가 싶었는데 지금은 오히려 신경을 안 쓰는지 더 많이 뛰고 크게 들립니다. 신경 안 쓰는 윗집 때문에 너무 고통스럽습니다. 집안에서는 아이들이 뛰지 못하게 주의를 계속 줘야한다고 생각합니다.

[현장 확인 세대방문]

※ 아래층 세대(민원인) - 부부, 초등학생(4학년, 1학년)

► 저녁 6시부터 저녁 9시까지 공을 벽에 던지는 소음과 쿵쿵거리는 발걸

음 소리를 비롯한 소음이 발생하여 스트레스를 받고 있음

► 간혹 오후 10시 이후에 소음이 발생하여 잠에서 깰 때도 있음

► 윗집에 직접 방문도 해보고 관리사무소를 통해 여러 차례 항의를 함

► 주의를 해달라고 전달을 했으나 개선이 안 되고 있음

※ 위층 세대 - 부부, 미취학아동(2명)

► 아래층의 잦은 항의에 스트레스를 받고 있음

► 비오는 날 밖에 나가지를 못해 아이들이 벽에 공을 던지고 논 일이 있었음.

► 아래층의 항의로 인해 주의를 주고, 그 이후로는 자제중임 ► 아래층은 시끄러우면 천정을 두드림. 고의적으로 발생하는 느낌이 듦.

► 아이가 기어다닐 때부터 항의가 시작되었음. 아래층이 예민한 것 같음

► 인터폰이 자주 울려 깜짝 놀라곤 한다. 자제해 주었으면 한다

[민원인 요구사항]

공놀이를 금지하고, 발걸음에 주의를 해주었으면 함

[상담 후 조정안]

※ 위층 세대

► 아이들 공놀이를 금지하고, 아이들 동선에 매트를 보강하기로 함

► 어른들은 슬리퍼를 착용하도록 함

► 오후 10시 이후에는 아이들이 잠을 잘 수 있도록 함

※ 아래층 세대

► 위층의 현재 상황을 전달하고, 소음 저감 노력으로 인해 피해가 줄어드는 지를 지켜보기로 함

► 인터폰을 자제하기로 함. 불만족 사항은 직접 올라가서 항의하지 말고 당분간 상담사를 통해서 얘기하도록 함

■ 사례 34 : 골프공 튀기는 소리, 아이들 뛰어 다니는 소리, 소파에서 뛰어 내리는 소리(분쟁기간 : 4개월)

[민원접수 내용]

특히 주말이나 휴일 아침에 윗세대 안방 베란다 쪽에서 골프 퍼팅 연습함. 남편이 퇴근 후에 아이들과 같이 뛰어다니며 놀아주면서, 밤 12시까지 소음 및 진동. 그동안 수차례 관리사무소를 통해 협조를 요청하여 관리사무소에서 직접 위층의 사람들을 만나 설득도 하고 본인도 윗세대에 방문하여 협조를 요청하고 엘리베이터에 공문을 부착하고 방송도 하였으나 변화 없음.

[현장 확인 세대방문]

※ 아래층 세대(민원인) - 부부, 자녀 2(남, 여)

► 일반 직장인 남편과 초등생 자녀 남(초4), 여(초1)

► 낮에는 괜찮은데 앞으로 아이들에게 스트레스가 될 것 같음. 이사를 갈까도 생각함. 가족 모두가 귀마개를 사용함, 한번 뛰기 시작하면 멈추지 않음. 아이들과 남편분이 놀아주는 상황의 소리가 전달됨. 바닥재를 바꾸고 인테리어를 한 달 시공하였는데 소음 전달이 더 잘되는 거 같음. 초반에는 직접 가서 말한 적은 없고 관리실을 통하여 연락하였더니 윗세대는 민원인 세대가 너무 예민하다고 함. 소음에 대해서 인정하지 않음. 직접 갔을 때에는 여자아이 2명이라 소꿉놀이를 하는 것뿐이라고 함. 골프 퍼팅 소리는 없어짐. 새벽에 공 떨어지는 소리가 나서 핸드폰으로 소음 측정을 함. 유리장과 천장이 울림. 어느 정도의 소음은 이해하나 지나치지 않기를 바람

※ 위층 세대 – 부부. 자녀 2 여(8, 6세)

► 일반 직장인 남편과 초등생 자녀 여(초3), 여(유치원)

► 7월 달에는 방학기간이라 아이들이 늦은 취침을 함. 남편분께서 매트를 설치하는 것을 원하지 않음. 아이들이라 주의를 주긴 해도 뛰는 경우가 있고 싸우면 더 뛰는 경우가 있음. 청소기를 돌리다 놓치거나 물건을 떨어트리는 경우 아래층에서 민감해 하실까봐 신경 쓰느라 스트레스 받음, 의자 소리가 날 경우 흡음재를 교체

[민원인 요구사항]

밤 시간대에는 자제해주었으면 함

[상담 후 조정안]

※ 위층 세대(피민원인)

► 슬리퍼와 가구 흡음재를 지급하고 사용법에 대해 설명과 생활 습관화 권고. 매트는 사용 의사에 따라 지급할 수 있음 설명

※ 아래층 세대(민원인)

► 윗세대가 저감 방법을 설명하고 수용 의사가 있으므로 경과를 지켜봐 주시도록 전달함. 소음 문제가 지속될 시 유선으로 상담을 진행하도록 함

■ 사례 35 : 발걸음 소리, 피아노 소리, 가구 끄는 소리(피해기간 : 2년 6개월)

[민원접수 내용]

2006년부터 살면서 전혀 소음을 못 느끼던 아파트에 윗층이 2010년 12월 이사 오면서부터 지속적인 피해발생. 처음에 몇 번 이야기하다가 참고 또 참으며 살았고, 또한 좀 나아진 면도 있었으나

아이를 낳고 그 아이가 크면서 다시 소음이 훨씬 많아졌음. 단지 아이가 뛰는 소리뿐만 아니라, 소음을 유발하는 생활습관, 아랫집을 배려하지 않는 생활태도가 문제가 됨. 의자나 가구 끄는 소리, 쿵쿵 크게 걷는 소리, 청소기 소리, 화장실에서 가래 뱉는 소리 등 수 많은 소리로 인해 집에 있어도 전혀 쉴 수가 없는 상황임.

[현장 확인 세대방문]

※ 아래층 세대(민원인) - 부부, 아들 1명

► 처음에 위층에서 이사를 왔을 때는 조용했으나 인테리어 공사를 한 후 소음이 심함

► 아이가 태어나서 전까지는 조용했다가 아이가 태어나고 걸음마를 배우면서 소음이 심함

► 피아노를 밤에 치고 찬송가 소리가 반복되어서 올라가서 이야기 하니 싸움으로 번졌고 피아노 소리는 항의를 한 후 조금 줄어 듬

► 위층에서 조용히 해주면 괜찮아지는데 신경 쓰지 않고 생활하면 소음이 발생됨

► 위층은 아이가 뛰는 소리에 대해 어쩔 수 없다는 입장

► 위층은 주로 집에서 생활하는 것 같음

※ 위층 세대 ― 부부, 아이 1명

► 아래층 거주자로부터 인터폰 항의를 많이 받았고 낮에도 많이 올라와서 항의를 받음

► 아이가 23개월 되어서 뛰기는 하지만 밤 10시 이후에는 아이를 재우고 있어서 늦은 밤에는 뛰지 않고 있으며 아이가 낮잠도 2~3시간씩 자고 있는 상황임

► 외출시간에 맞춰서 피아노 연습을 하고 있어서 피아노 소음에 대한 항의는 줄어듬

► 아래층에서 보통 항의를 하는 시간이 저녁 7~8시이며 그때 부모님이 귀

가를 하면 아이가 신이 나서 아빠랑 같이 놀거나 음악을 듣고 춤도 추지만 길어야 10~15분 정도임

► 아래층 거주자는 밖에서 확성기 소음까지 경비실에 항의를 하는 예민한 사람이라고 함

[민원인 요구사항]

집에서 휴식을 취할 수 있도록 도와주었으면 좋겠다.

[상담 후 조정안]

※ 위층 세대

► 가족 모두 슬리퍼 신고 생활해 달라고 권고

► 아래층에 배려한다고 생각하고 주의하고 조심하면서 생활해 달라고 당부

► 2~3주 조정기간 동안 중재안 지켜서 생활하기

※ 아래층 세대

► 2~3주 조정기간동안 중재안 지켜서 생활하기

► 보복소음 하지 않기

► 위층에 항의 하지 않기

■ 사례 36 : 늦은 시간 귀가로 인한 소음(피해기간 : 1년)

[민원접수 내용]

우리 집은 오후 10시면 소등하고 다 잡니다. 그러나 위층은 오후 10시쯤에 아이들을 친정에서 데리고 부부가 함께 퇴근을 합니다. 그때부터 온갖 생활 소음이 발생하고, 쿵쿵하는 소리가 들리기 시작합니다. 모든 소리가 다 흡수되어 들리니 잠을 잘 수가 없습니다. 위층은 새벽 한시까진 안 잔다고 합니다. 우리는 일찍 자야 합니다. 새벽

4시 30분에 출근을 해야 합니다. 밤 10시 이후가 두려워집니다.

[현장 확인 세대방문]

※ 아래층 세대(민원인) -부부, 초등학생(2명)

► 밤 10시에서 12시 전후에 발생함. 아이들 뛰는 소리를 비롯하여 온갖 생활소음이 들림

► 아래층의 수면시간대는 오후 10시이며, 10시 이후의 소음으로 수면방해를 받고 있음

► 인터폰을 하기도 하고, 직접 이야기를 하기도 했으나 크게 나아지는 것이 없다.

► 위층에 매트를 권했었지만 거절하였다. 전혀 협조할 의사가 없는 것 같았다.

► 소음저감에 협조를 해 주었으면 한다.

※ 위층 세대 - 부부, 초등학생(2학년), 5세

► 맞벌이를 하고 있으며, 친정에 아이들의 맡기고 오후 10시쯤에 함께 귀가하는 중이다.

► 귀가한 후에 씻고, 드라마를 보고 시간되면 잔다. 아이들은 바로 자게끔 하고, 부부는 12시쯤에 잔다. 늦게 자는 편이긴 하지만, 크게 소음행위를 한다고 느껴지지는 않음

► 아래층의 잦은 항의로 인해 스트레스를 받고 있다. 직접 항의를 자제했으면 한다. 예전에 집에 온지 5분도 안되어서 인터폰이 온 적도 있다. 우리도 조심은 하는데, 인기척만 나도 항의가 오는 걸로 봐서는 아래층 사람이 예민한 것 같다.

► 개선할 점이 있으면 시행해서 해결을 하고 싶다.

[민원인 요구사항]

밤 10시 이후에는 취침 시간대이니 소음이 발생될 수 있는 것에

주의를 요함

[상담 후 조정안]

※ 위층 세대

► 야간시간대에는 특히 주의를 요청함. 아이들 훈육에도 힘쓰고, 어른들은 슬리퍼를 착용하고 신경을 더 쓰기로 함

► 밤 10시 이후의 청소기나 세탁기 등 소음 유발행위에 대한 주의를 요청함

► 배려 차원에서 기본적 층간 소음 저감 노력을 안내함

※ 아래층 세대

► 위층의 현재 상황을 전달하고, 개선 의지와 노력 부분을 전달함

► 생활패턴이 다르므로 취침 방을 변경하고 지속적인 대화로 저감된 느낌을 받는지 추세를 지켜보기로 함

► 직접적인 항의 자제와 불만족 부분은 관리사무소와 층간 소음관리사를 통해 전달하기로 함

► 위층의 요인 외에도 다른 소음에 영향을 받기에, 음향적으로 취약한 상태임을 설명하고, 실내 음압을 올리고, 심할 때는 산책을 권유함

[2] 어른 발걸음 소리

■ 사례 1 : 성인 발걸음 소리, 쿵쿵 바닥을 찧는 소리(피해기간 : 1년)

[민원접수 내용]

발걸음 소리가 거의 하루 종일 발생하고 있으며, 밤 10시가 넘어가면 더 심하게 들립니다. 위층에 직접 주의 요청을 해보고 관리실을 통해 민원도 제기해 보았지만 개선이 없습니다. 항의를 하면 고의적으로 소음을 발생시키기도 합니다.

[현장 확인 세대방문]

※ 아래층 세대(피민원인) - 부부

► 평소 밤 10시~11시 사이에 취침함

► 아내가 임신을 하여 일을 그만두고 집에 있는 상황임

► 수차례 찾아가서 항의하였고, 관리사무소나 경비실을 통해 항의한 적도 있음

► 위층 소음이 심할 경우 벽이나 천장을 쳐보기도 했지만 소용이 없음

※ 위층 세대(민원인) - 부부, 자녀(18개월)

► 주/야간 근무를 하고 있음

► 아내가 아이 육아를 집에서 하고 있고 상황이기에 집에 종일 있는 편임

► 일상적인 생활이라고 생각하는데 아래층에서 항의를 지나치게 함

► 집안에서 수면양말을 착용하고 있고 고의적인 소음은 내지 않음

[민원인 요구사항]

발소리를 줄일 수 있도록 슬리퍼 착용을 원함

밤 10시 이후에는 소음에 좀 더 주의해주길 원함

[상담 후 조정안]

※ 위층 세대

▶ 수면양말도 착용하지 않는 것보다는 낫지만 발걸음 소음을 완화시키기에는 부족하므로 환경부/환경공단에서 제공하는 슬리퍼 제공하고 착용을 권유함

▶ 밤 10시 이후에는 생활소음에 좀 더 주의해달라고 권고함

※ 아래층 세대

▶ 중재기간(2~3주) 동안 위층에 직/간접적인 항의는 가급적 하지 않도록 권유함

▶ 위층 소음으로 인한 보복성 소음이 지나치지 않도록 권고함

▶ 중재기간이 지나도록 소음이 전혀 개선되지 않는다고 느끼실 경우 위층 소음의 법적기준 초과여부 확인을 위한 소음측정 신청이 가함

■ 사례 2 : 야간 시간대의 어른 발걸음 소음(피해기간 : 5개월)

[민원접수 내용]

　위층에는 아이 2명을 포함해서 4인 가족이 거주하고 있습니다. 밤 11시에서 새벽 1시 사이에 심각한 어른 발뒤꿈치 소리가 발생을 하여 취침을 방해받고 있습니다. 6개월 동안 수차례 개선을 요청하였으나, 위층은 양해를 바란다는 답변만 할 뿐 나아진 것이 없습니다.

[현장 확인 세대방문]

※ 아래층 세대(민원인) - 부부, 딸(초2)

▶ 오후 11시에서 새벽 1시 사이에 쿵쿵거리는 어른 발걸음 소리가 발생하여 수면 방해가 있음.

▶ 직접적인 방문에 인터폰도 자주 하고 관리사무소를 통해 여러 차례 항의를 함. 위층은 양해를 바란다고 이야기만 할뿐 실질적으로 개선된 점이 없음.

▶ 수면시간대에 발걸음 소리가 줄어들었으면 함.

※ 위층 세대 - 부부, 미취학 2명(4세, 1세)

▶ 아래층의 잦은 항의에 스트레스를 받고 있음.

▶ 갓 돌이 된 영아의 육아로 종일 거주하고 있음. 아이가 울 때 재우기 위해서 업고 집을 왔다 갔다 할 때가 있음.

▶ 아래층의 항의 이후 피해완화를 위하여 매트를 설치하였음. 아이를 돌볼 때도 매트 위에서 위치함.

▶ 아이를 일찍 재우려 노력한다. 간혹 아이가 아프다거나 잘 안 잘 때가 있으나, 대부분은 재우려고 한다. 이럴 땐 아래층이 양해를 해주었으면 한다.

▶ 인터폰이 자주 울려 아이가 깜짝 놀라곤 한다. 자제해 주었으면 한다.

[민원인 요구사항]

　　밤 10시 이후인 수면시간대에는 어른 발걸음 소리가 들리지 않았으면 함

[상담 후 조정안]

※ 위층 세대

▶ 슬리퍼를 착용하도록 하고 특히 밤 10시 이후에는 더 주의하기로 함

▶ 소음 발생 시 문자 메시지를 통하여 상황을 주고받기로 함

► 매트의 위치는 아이들의 동선에 설치하도록 함

※ 아래층 세대

► 아이가 깜짝 놀라기에 인터폰을 자제하기로 함

► 위층에 직접적인 항의를 하지 않기로 하고 불만족 사항은 문자메시지를 통하여 위층과 연락을 하거나 당분간 상담사를 통해 풀어가기로 함

■ 사례 3 : 대각선 방향에서 들리는 어른 발걸음 소리(피해기간 : 4개월)

[민원접수 내용]

별 문제가 없다가 4-5개월 전부터 발뒤꿈치 소리로 아침마다 잠에서 깨게 되었습니다. 처음엔 바로 위층인 줄 알고 수차례 방문하여 자제를 당부하였으나 소음은 계속 되었습니다. 위층과는 소음발생 시간대가 맞지 않아 다른 곳을 찾아보다가 소음의 근원이 대각선 위층의 옆집인 걸 알았습니다.

[현장 확인 세대방문]

※ 아래층 세대(민원인) - 신혼부부

► 새벽 6시 반에 어른 발걸음 소리가 발생함

► 밤 12시에 취침하고, 8시20분 경에 일어남.

► 새벽시간의 소음으로 수면피해 발생으로 신경안정제 를 복용 중임. 심장병 환자임

► 대각선 층에 내용증명서를 보낼 생각임.

► 쿵쿵거리는 발소리에 미칠 것 같음

► 수차례 대화를 시도하였으나 여의치 않고, 관리사무소에 민원을 제기하면 협조하겠다고는 하나 개선은 안 됨. 애들 뛰는 소리도 들림

※ 대각선층 세대 – 아버지, 딸(대학생), 아들(고등학생)

► 우리 집에는 어린아이가 없음. 성인들이라 피해주기 싫어, 슬리퍼 착용 중

► 아버지 4시 반에 출근을 하고, 자식들은 7시 쯤에 등교함 ► 아침에 뛰는 사람이 어디 있나. 바로 아래층도 아닌 대각선 방향에서 항의를 한다는 것이 이해할 수 없음. 아래층도 항의를 안 함

► 이사 온 날 바로 올라와 항의를 함. 밤 10시 임에도 고성으로 항의를 함. 조그마한 소리가 나도 즉시 올라옴. 아내와 아이들만 있을 때는 불안감이 극심함

[민원인 요구사항]

새벽 시간에 소음으로 인해 잠에서 깨고 싶지 않기에 주의해 주었으면 함

[상담 후 조정안]

※ 위층 세대

► 대각선 층도 소음 전달이 가능함을 설명하고 실내화를 착용하더라도 당분간 발걸음 소리에 주의하도록 함

► 새벽 4시 반에 출근하실 때 특히 주의해 달라고 함

※ 아래층 세대

► 대각선 층으로부터 소음이 전달될 수 있지만 확인을 하기는 어려운 부분이 있음을 설명함

► 위층에 직접적인 항의는 하지 않도록 하고 불만족 사항은 당분간 상담사를 통해 위층과 소통하기로 함. 또한 음압발생 장치를 설치하는 것이 도움이 될 수 있음을 안내함.

■ 사례 4 : 수면 시간대의 쿵쿵거리는 어른 발걸음 소리(피해기간 : 5개월)

[민원접수 내용]

밤 9시 이후에 쿵쿵거리며 걸어 다니는 어른 발걸음 소리, 청소기를 돌릴 때 나는 동일한 발걸음 소리에 너무 스트레스를 받습니다. 그리고 왜 꼭 밤에 그러는지 알 수가 없습니다. 제가 항의를 해서 더 그런 것 같기도 합니다. 위층과는 대화가 통하지 않습니다. 한차례 항의했더니 오히려 방바닥을 더 칩니다. 저희 집으로 내려와서 소리까지 치고 갑니다. 관리실을 통해서도 개선이 어렵습니다.

[현장 확인 세대방문]

※ 아래층 세대(민원인) - 부부, 초등학생(6학년, 5학년)

▶ 오후 9시 이후에 쿵쿵거리는 발걸음 소리와 청소기를 돌릴 때 동시에 들리는 발걸음 소리에 스트레스를 넘어 노이로제가 되려 하고 있으며, 수면방해도 겪고 있음

▶ 방문과 관리사무소를 통해 여러 차례 항의를 함. 주의를 해달라고 전달을 했으나 개선이 안되 고 있음. 위층에 항의를 하면 보복 소음이 들리고, 위협적으로 내려와서 소란을 피움 ▶ 수면시간대에 발걸음 소리가 줄어들었으면 함

※ 위층 세대 - 부부, 초등학생(6학년, 4학년)

▶ 아래층의 잦은 항의에 스트레스를 받고 있음

▶ 설날에 가족들이 모여 윷놀이를 한 적이 있음. 그때도 아래층이 항의를 심하게 하였음. 그 이후에는 조심을 하고 있고, 슬리퍼를 신고 다니고 있음

▶ 아이들은 학교를 마치고, 학원에 갔다가 늦게 옴. 집에 들어올 때도 주의를 시키고 있음

▶ 인터폰이 자주 울려 깜짝 놀라곤 함. 자제해 주었으면 한다

[민원인 요구사항]

수면시간대 만큼은 발걸음 소리가 들리지 않았으면 함

[상담 후 조정안]

※ 위층 세대

► 슬리퍼를 착용해도 주의하지 않으면 발걸음 소리가 들릴 수 있으므로 밤 9시 이후에는 좀 더 주의하기로 함

► 밤 시간대에는 청소기를 돌리지 않기로 함

※ 아래층 세대

► 위층에서 소음 저감을 위해 노력함으로 당분간 소음으로 인한 피해가 줄어드는지를 지켜보기로 함

► 인터폰을 자제하기로 하고 위층에 직접적인 항의를 하지 않기로 함

► 불만족 사항은 문자메시지를 통하여 연락하기로 하고 개선이 없을 경우 일정기간 동안 상담사를 통해 연락하기로 함

■ 사례 5 : 낮과 밤을 가리지 않는 어른 발걸음 소리로 인한 소음(피해기간 : 10개월)

[민원접수 내용]

아저씨가 낮과 밤을 가리지 않고 쿵쿵거리거나 항아리에 물을 넣거나 빼는 소리 두들기는 소리, TV나 라디오를 크게 틀고 쿵쿵거리는 소리, 창문이나 문 여닫으면서 여러 번 왔다 갔다 하는 발자국 소리, 돌이 부딪히는 소리 등으로 잠을 제대로 자지 못하고 밥맛이 없거나 머리가 항상 바늘로 찌르는 것처럼 아파서 터질 것 같음.

[현장 확인 세대방문]

※ 아래층 세대(민원인) - 부부

▶ 수시로 발걸음 소리와 같은 쿵쿵거리는 소음이 발생함

▶ 밤 10시 이후의 소음으로 수면방해를 받고 있어, 새벽에야 잠이 든다.

▶ 4번 직접 방문하여 대화를 했었고, 관리실을 통해 수차례 알렸음. 개선이 안 됨. 경찰에도 신고 한 적이 있으나 여의치 않음

※ 위층 세대 - 부부. 자녀 2명(고등학생, 중학생)

▶ 어린아이는 없는 상황임. 중고생만 수업 후 오후 늦게 집으로 귀가함. 낮 시간에는 공실임. 집에 없을 때도 항의를 받은 적이 있음

▶ 조심한다고 해도 항의는 계속됨. 중고생 자녀들만 학습을 하고 있는 시간에도 항의를 한 적이 있음

▶ 우리 층이 아닌 소음에도 항의가 옴. 아래층 사람이 예민하고, 모든 소음이 위층에서만 난다고 오인을 하는 것 같음

[민원인 요구사항]

밤 10시 이후에는 소음이 발생하지 않도록 주의했으면 함

[상담 후 조정안]

※ 위층 세대

▶ 슬리퍼를 착용하도록 하고 발걸음에 주의를 기울이기로 함 ▶ 특히 밤 10시 이후에는 특히 주의를 더 하기로 함

※ 아래층 세대

▶ 위층에 직접적인 항의를 하지 않도록 하고 소음 때문에 힘들 경우 당분간은 상담사를 통해 위층과 대화하도록 함

▶ 층간소음이 옆집이나 대각선 집에서 간혹 날 수도 있으니 위층이 비어 있을 때에도 소음이 나면 다른 소음원을 찾아보기로 함

■ 사례 6 : 위층에서 청소할 때마다 들리는 발걸음 소리(피해기간 : 10 개월)

[민원접수 내용]

위층의 아주머니가 아침부터 청소하는지 온 집안을 돌아다닙니다. 최소 한두 시간은 기본이고 길면 다섯 시간도 그러더군요. 아주머니 발걸음 소리는 일부러 쿵쿵하지 않고서는 들을 수 없는 소리라고 개인적으로 생각합니다. 처음에는 경비실을 통해 몇 차례 살살 걸어 다니라고 이야기했는데 인터폰과 동시에 저희 집에 찾아옵니다. 와서 하는 말이 '옆집이나 다른 층 소리일 것이다. 자기네는 아니다 이 아파트는 원래 다른 층 소리도 들린다'고 하더군요.

[현장 확인 세대방문]

※ 아래층 세대(민원인) - 부부

▶ 오전 7시 반에서 오후 5시 사이와 오후 7시에서 오후 9시까지 쿵쿵거리는 발걸음 소리가 발생하여 생활 및 휴식 방해가 있음

▶ 밤 10시 이후에도 간혹 들려서 잠에서 깰 때가 있음

▶ 인터폰으로 경비실을 통해 여러 차례 항의를 하면, 우리 소음이 아니다. 인터폰 하지 마라, 이사 가라는 반응을 보임

▶ 발걸음 소리가 줄어들었으면 함

※ 위층 세대 - 부부, 여아 2명(초등학생)

▶ 낮 시간에 청소를 하는 데도 아래층이 항의를 한다. 청소는 낮에 해야 하는 것 아닌가

► 아래층이 하루 종일 집에 있어서 피해가 더 큰 것 같다. 하루 종일 집에서 소음에만 집중을 하고 있는 것 같다.

► 우리는 밤 10시 전에 취침을 한다. 늦은 시간 다른 세대에서 나는 소음은 우리 층에서도 들린다.

► 우리 집도 소음피해가 있다. 아파트가 구조적 문제가 있는지 소음이 심하다. 아래층은 모든 소음을 우리가 원인이라고만 생각을 하는 것 같다

► 소리만 나면 항의를 해서 스트레스가 심하다. 인터폰이 자주 울려 스트레스가 심하다

► 항의를 자제해 주었으면 함

[민원인 요구사항]

특히 밤 10시 이후에는 쿵쿵거리는 발걸음 소리가 들리지 않았으면 함

[상담 후 조정안]

※ 위층 세대

► 슬리퍼를 착용하도록 하고 특히 밤 10시 이후에는 발걸음 소리에 더욱 주의해 달라고 함

► 청소 시에는 평소보다 더 많이 구석구석 다니므로 발걸음 소리에 주의해 줄 것을 요청함

※ 아래층 세대

► 위층은 밤 10시 이전에 취침을 한다고 하는데 계속해서 소음이 들릴 경우 직접적인 항의를 하지 말고 상담사에게 당분간 연락을 해서 대화 유도함

► 인터폰은 자제하기로 함

■ 사례 7 : 주간 시간대에 들리는 어른 발걸음 소리(피해기간 : 1년 4
개월)

[민원접수 내용]

최근 들어서 어른들의 쿵쿵 울리는 발걸음 소리가 시도 때도 없이
들리는데 정말 참을 수 없고 힘들고 스트레스가 쌓입니다.

[현장 확인 세대방문]

※ 아래층 세대(민원인) - 부부, 성인 자녀

► 어른 발걸음 소리가 오전과 저녁시간 이후에도 계속적으로 들리는데 특
히 밤 시간대에 피해를 크게 느낌

► 휴식을 방해받고 있음

► 위층과 대화로 해결하려고 해도 소통이 안 된다. 위층은 잘못을 인정 안한다

※ 위층 세대 - 부부, 아들(4세)

► 맞벌이 부부인데 부인은 오후 4시경 귀가하고, 아들은 5시경에 집에 온다

► 거실에 5cm의 층간소음방지 매트를 설치하였고, 안방의 침대 옆까지 매
트를 설치한 상태이다.

► 아래층의 잦은 항의에 스트레스를 넘어 노이로제까지 걸린 것 같다. 아
래층은 하루종일 소음만 듣고 있는 것 같다

► 우리도 위층에서 나는 쿵쿵 소리를 듣기 때문에 이해하려고 노력한다.
(실제로 상담 중에 뛰는 듯 한소리가 들림)

► 개선할 점이 있으면 시행해서 해결을 하고 싶다

[민원인 요구사항]

밤 10시 이후에는 쿵쿵 찍는 어른 발걸음 소리가 들리지 않았으면 함

[상담 후 조정안]

※ 위층 세대

► 실내화를 착용하도록 함

► 특히 밤 10시 이후에는 실내화를 착용하더라도 좀 더 소음에 주의하기로 함(실내화를 착용하더라도 주의하지 않으면 발걸음 소리가 들릴 수 있음)

※ 아래층 세대

► 위층 거실에 5cm 이상의 층간소음 매트를 설치가 되어 있고 소음에 대한 개선 의지가 있고 노력하려고 하니 당분간 지켜보기로 함

► 위층에 직접적인 항의를 하지 않도록 하고 소음 때문에 힘들 경우 일정 기간 동안 상담사를 통해 대화하도록 함

■ 사례 8 : 일상 중에 들리는 어른 발걸음 소리(피해기간 : 2년)

[민원접수 내용]

　2년 전부터 위층의 층간소음이 매우 심해서 정신적으로 많은 고통을 받고 있습니다. 위층 식구들이 걸어 다닐 때 쿵쿵거리는 소리가 발생하고 있습니다. 직접 올라가 항의를 해도, 관리사무소에 이야기를 해도 개선이 안 되어, 며칠 전 지나친 소음으로 경찰에 신고를 했습니다. 경찰이 층간소음 이웃사이에 연락을 해보라고 하여 이렇게 도움을 요청합니다.

[현장 확인 세대방문]

※ 아래층 세대(민원인) - 30대 초반(남)

▶ 발걸음 소리는 주로 오전 7시에서 8시, 오후 6시에서 9시 사이에 발생함. 밤 10시 이후에 소음이 발생하기도 함

▶ 자영업을 하고 있어서, 수면 시간대가 일정치 않음. 야근 후 주간에 자는 경우도 있음

▶ 전반적인 소음 때문에 생활이 불편함. 우울증 및 스트레스를 받고 있으며 식사 중 소음이 발생할 경우에는 구토 증상도 있음

▶ 집안에 거주하기가 불편함. 오후 6시에서 10시 사이는 소음 때문에 외출하고 있음

※ 위층 세대 - 부부, 아이 3명(고2, 초6, 6세)

▶ 출근과 등교로 집이 비어 있을 경우에도 항의를 한 적이 있음

▶ 술을 마시고 와서 하는 거친 항의가 심하고, 문을 심하게 두드림. 아이들에게도 욕을 함. 아이들이 불안해 함

▶ 초등학생과 6세 아이는 소음문제로 뛰지 않도록 신경을 많이 쓰고 있음

▶ 아래층은 모든 소음이 우리 층이라고만 하는 것 같음

[민원인 요구사항]

수면 시간대가 일정하지 않기에 평소에 발걸음 소리에 주의를 해주길 원함

[상담 후 조정안]

※ 위층 세대

▶ 슬리퍼를 착용하고, 발걸음에 주의하도록 하기로 함

▶ 아이들 방에는 매트를 설치하고, 뛰지 않도록 함

▶ 밤 10시 이후의 수면시간에는 소음 유발행위를 최대한 자제하기로 함

※ 아래층 세대

▶ 직접적인 항의를 하지 않도록 하고 특히 술을 먹고 문을 두드리거나 아이들에게 욕하는 것은 금지하기로 함

▶ 불만족 사항은 당분간 상담사를 통해 해결하기로 함

■ 사례 9 : 발걸음 소리로 인한 스트레스(분쟁기간 : 3개월)

[민원접수 내용]

어른들이 하루 종일 쿵쿵거리면서 걷는다. 천장에 전등이 딸가닥 거리면서 흔들릴 정도로 쿵쿵거리며 걷는다. 윗집에 직접 찾아가면 안 좋아할 것 같아 관리실을 통해 전달해 달라 했지만 항의를 하여도 소리가 들렸다. 12시에 취침을 하는데 그 시간까지도 쿵쿵 걸어 다녀서 일부러 회사에서 오래 있다가 귀가를 하기도 한다. 오래된 아파트라 더 조심해야 하는데 위층은 전혀 그런 생활을 하고 있지 않는 것 같다.

[현장 확인 세대방문]

※ 아래층 세대(민원인) - 신혼부부

▶ 신혼부부가 거주 중으로 주로 낮 시간엔 집이 비어 있는 상황

▶ 쿵쿵거리는 소음 때문에 일부러 밤 늦게 귀가할 때도 있음 ▶ 잠을 자는 순간까지도 쿵쿵 소리가 들리고 아침에도 쿵쿵소리에 잠에서 깸

▶ 직접적인 항의는 싸움이 날까봐 자제하고 관리사무소를 통해 항의를 함

※ 위층 세대 - 부부. 자녀(고등학생)

▶ 고3 아들은 저녁 늦게 귀가. 주로 방에서 생활을 하며 어른들은 집안 생활을 많이 하진 않음

▶ 갑작스럽게 관리사무소를 통하여 항의를 받아 당황스럽기도 하고 스트레스를 받았음

▶ 차라리 직접 올라와서 이야기도 안 해 보고 상담 신청을 했다는 것이 화

가 나고 어린아이가 있는 집도 아닌데 쿵쿵거리는 소리가 난다는 항의
는 당황스러웠음

▶ 복도식 아파트이고 계단 바로 옆 라인이라 본인 집에서도 쿵쿵거리는 소
리가 하루 종일 들림

▶ 다음부턴 아래층 세대주가 직접 찾아와서 직접 이야기 나눴으면 좋겠음

[민원인 요구사항]

위층에서 슬리퍼 착용을 하고 생활을 했으면 좋겠음

[상담 후 조정안]

※ 위층 세대

▶ 아래층은 이웃 간 싸움이 날까봐 조심스러워서 직접적으로 알리지 않고
있으며 만약 앞으로 아래층이 직접 연락을 취하면 적극적으로 소음 저
감에 노력을 하고 있음을 밝힐 것을 권유

▶ 센터에서 제공해드리는 소음저감 제품을 적극 활용하여 실내 발걸음 소
리를 줄일 수 있도록 노력해볼 것을 권유

※ 아래층 세대

▶ 복도식 아파트의 경우 다른 세대의 소음과 복도에서 발생되는 소음이 더
많이 전달됨을 안내

▶ 위층의 생활패턴을 안내하고 센터에서 제공하는 소음저감 제품을 적극
활용할 것임을 알림

▶ 한 번쯤은 위층에 직접 소음이 발생되는 상황을 구체적으로 전달하길 권유

■ 사례 10 : 위층에서 발걸음 소리와 물건 옮기는 소리가 난다.(분쟁기
간 : 1년)

[민원접수 내용]

위층의 쿵쾅거리는 소음으로 잠을 이루기 힘들고 새벽 2시 이후에도 걷는 소리, 물건 떨어지는 소리 등으로 힘듦. 낮 시간대에도 소음이 발생하여 공부를 하기 힘들며 강아지 우는 소리도 들림.

[현장 확인 세대방문]

※ 아래층 세대(민원인) - 40대 여인

► 쿵쾅거리는 소리가 위층에서 들려 본인 청력이 의심되어 검사도 했으나 정상임

► 거실과 안방에서 밤과 새벽시간대 소음(물건 옮기는 소리, 그릇 부딪치는 소리)이 심해 수면부족과 스트레스를 겪고 있음

► 관리소에 이야기 했으나 직접 하라며 회피함

► 현장방문 상담 시 위층 천정에서 쿵쿵거리는 발소리가 들림

※ 위층 세대 - 부부

► 경비실을 통해 2회 정도 항의를 받았으나 본인 집의 소음은 아니라고 생각함

► 아침 9시에 출근하고 밤 10시 정도에 퇴근함. 밤11시~12시경에 취침하며 집에서 살림은 거의하지 않음. 강아지도 키우지 않음

► 자신의 생활패턴으로 보아 본인 집의 소음은 아니라고 생각함

► 현장방문 시 발생한 위층 천정부분의 소음은 집이 비어 있었으므로 다른 곳에서 발생했다는 생각이 듦

[민원인 요구사항]

소음의 저감, 새벽시간대 발생하는 소음에 주의를 요함

[상담 후 조정안]

※ 위층 세대

▶ 아래층에서는 거의 대부분 위층에서 소음이 나는 것으로 들리며 아래층에서 새벽시간대 수면부족으로 고통을 받아 관리소를 통해 문의를 했으며 층간소음이웃사이센터에 상담신청을 했음을 알림.

▶ 위층의 생활패턴을 아래층에 전달하여 소음원을 찾는데 도움이 되도록 하겠음

※ 아래층 세대

▶ 관리소 방문하여 위층과 통화해보니 부재중이며 회사에서 근무 중으로 위층 상황은 아님을 알림

▶ 위층의 생활패턴을 알려주고 강아지도 키우지 않음을 알림

▶ 복도식 아파트로 대각선 방향의 소음도 전달될 수 있으므로 소음원을 찾아 상담하기로 함.

▶ 관리소도 소음원을 찾는데 협조하기로 함

■ 사례 11 : 성인 발걸음 소리, 아이 뛰는 소리(피해기간 : 5개월)

[민원접수 내용]

위층 성인들의 발소리가 여러 동선에서 들리는데 특히 아주머니의 발걸음 소리가 유독 심합니다. 하루 종일 집안에서 무엇을 하는지 쿵쿵거리는 소리가 계속적으로 들리고, 주말에는 손주들이 놀러오는지 집안에서 뛰어다니는 소리가 자주 들립니다.

[현장 확인] 세대방문

※ 아래층 세대(민원인) - 어머니, 남동생, 신청인

► 위층 사람들 발소리 때문에 퇴근 후 정온한 생활도 안 되고 취침에도 어려움을 겪고 있음.(어머니는 집에 계시는 편이고, 취침은 보통 밤 11시 전후에 함.)

► 직접 방문해 과일도 드리며 소음에 주의해 달라고 정중히 말씀도 드려봤지만 일시적으로 조용할 뿐 발걸음 소리는 다시 들리기 시작함

► 주말엔 늦잠도 자고 싶은데 위층에 아이들이 놀러오는지 아침부터 뛰는 소리가 남

※ 위층 세대(피민원인) - 부부, 성인 자녀 2

► 아래층 항의로 인한 스트레스를 받고 있음

► 실내화는 착용하고 있지 않지만 발소리는 어느 세대나 들리고 본인들도 이해하고 있는데 아래층 사람들이 너무 예민하다고 생각함

► 금요일 저녁에 손주들이 놀러왔다가 주말을 지내고 감

[민원인 요구사항]

　집안에서 발소리에 주의해주길 원하며, 주말에 아이들이 놀러오면 소음저감 매트를 설치해 주셨으면 좋겠음

[상담 후 조정안]

► 위층 세대 아래층에서 위층 발소리 힘들어하는 상황이므로 실내화를 착용하도록 권유함.(실내화를 구입 해서 착용하시겠다고 함)

► 환경부/환경공단에서 제공하는 아동 매트를 제공하면서 아이들이 놀 때 가급적 매트 위에서 놀 수 있도록 하고 집 안에서는 가급적 뛰지 않도록 교육해 달라고 권고함

※ 아래층 세대

► 위층에서 실내화를 착용하시겠다고 하고 매트도 지급되는 상황이므로 중재기간(2~3주) 동안 직/간접적인 항의를 하지 않도록 권유함

► 주간 시간대(06시~22시)에 발생하는 소음은 좀 더 양해해주시길 권고함

■ 사례 12 : 발걸음 소리, 물건을 꽝하면서 내리찧는 소리(분쟁기간 : 1년)

[민원접수 내용]

위층에서 쿵쿵 거리며 걷는 소리, 떨어지는 소리도 들림. 녹음까지 했는데 상당한 소음이 발생되고 있음, 밤낮 상관없이 계속 들리고 있음. 항의를 했더니 처음에는 줄어드는 것 같더 니 현재는 일부러 소음을 내고 있음.

[현장 확인 세대방문]

※ 아래층 세대 - 성인 남성 독거

► 위층이 이사 온 뒤로 소음이 시작. 상당히 오랜 기간을 참아옴

► 집에서 보내는 시간이 많고 일하면서 방해를 너무 많이 받고 있음

► 상당한 노력을 기울여서 마인드 컨트롤을 하고 있으니까 이 정도로 참고 있는 것이지 절대 예민한 것은 아니라고 주장함

► 소음측정한 것에 대해 위층 거주자는 이야기하지 말라고 강조함

※ 위층 세대 - 부부, 아들, 딸

► 다른 집의 소음도 들릴 수 있다.

► 하도 항의를 해서 슬리퍼 착용 및 부직포 방지 패드 부착 등 저감방안에 적용함

► 관리사무소를 통해 항의를 많이 하다 보니 관리사무소에 서로 얼굴 보고 이야기 좀 하자고 요청한 적이 있었으나 아래층 남자가 만나기를 거부함

► 항의하는 부분에 대해 경찰을 한번 불러 본 적이 있는데 그때 잠시 마주

쳤을 뿐 전혀 아래층 거주하는 분은 이웃들과 교류가 없음

[민원인 요구사항]

소음이 얼마나 크게 들리는지 위층도 알아야 한다

[상담 후 조정안]

※ 위층 세대

▶ 부직포 방지 패드의 추가 구입으로 조금 더 저감 보충하기

▶ 소음이 유발되는 것에 대해 고함과 욕설이 아닌 대화로 서로 연락하기

※ 아래층 세대

▶ 위층의 소음 저감에 대한 방법들을 제시 및 인식 전환

▶ 소음에 대한 항의 방법 및 절차 개선

▶ 직접 연락을 주고받아서 소음 유발에 대한 오해를 좁히도록 서로 문자 연락하기

■ 사례 13 : 어른 발걸음 소리, 물건 끄는 소리(분쟁기간 : 10개월)

[민원접수 내용]

위층이 늦은 귀가로 인해 밤늦게 발생되는 어른 발걸음 소리, 물건 끄는 소리 때문에 잠을 잘 수가 없는 상황임.

[현장 확인 세대방문]

※ 아래층 세대(민원인) - 중년부부(50대)

▶ 신청인은 자택근무중이라 낮 시간에도 집에 있음

▶ 이사 온 이후 밤늦게 위층에서 물건을 끄는 듯한 소리가 들려 잠을

못 잠

► 경비실 아저씨한테도 여러 번 인터폰 해 달라고 요청을 했으나 개선되지 않음

► 밤 늦은 시간 어른 발걸음소리가 거실 부분에서 심하게 들림

► 12시 이후에도 큰 소리로 이야기하거나 웃고 떠드는 소리가 크게 들림

► 항의를 할 때만 조용해 질 뿐 소음이 다시 반복됨

※ 위층 세대 - 20대 젊은 부부

► 아래층이 전화, 쪽지, 직접방문 등 항의가 너무 심함

► 젊은 부부가 슈퍼마켓 운영 중임

► 오후 4시에 출근해서 12시 이후 집에 들어 옴

► 아래층 항의로 인해, 슬리퍼 착용과 함께 거실에 카펫을 깔아 놓음

► 사생활에 피해를 받는 듯하고 층간소음 기준치에 관한 법 기준으로 협박을 받는 느낌이라 함

[민원인 요구사항]

밤 늦은 시간 정온한 생활을 원함

[상담 후 조정안   ]

※ 위층 세대

► 슬리퍼 생활과 더불어 소음 저감 매트를 설치하기로 함

► 밤늦은 시간 생활함에 있어 좀 더 신경을 쓰기로 함

► 아령 등 운동기구 사용은 운동매트 위에서 사용하기로 함

※ 아래층 세대

► 위층의 생활패턴을 알리고 직접적인 항의는 자제를 권유 함

► 위층이 매트, 슬리퍼 생활 등 소음 저감의 노력을 하겠다는 의지를 전달하고 당분간 지켜 보기로 함

■ 사례 14 : 발소리, 알람진동 소리, 문 여닫는 소리, 피아노 소리(분쟁기간 : 8개월)

[민원접수 내용]

쿵쿵 발소리가 심하고 아침에 알람 진동소리

[현장 확인 세대방문]

※ 아래층 세대(민원인) - 부부

► 평일 매일 아침 6시 10분 정체불명의 소리 때문에 항상 깸

► 매일 밤 10시부터 새벽 1시까지 발걸음 소리가 너무 심함

► 윗집에 쪽지도 붙여보고 경비실을 통해서도 알려봤음

► 윗집만 주의를 하고, 제대로 받아들이면 본인들도 크게 문제 삼지는 않을 거라고 하심

※ 위층 세대 - 부부, 딸, 아들

► 남편 오전 6시 출근, 오후 11시 퇴근

► 오전 6시에 나는 소리는 핸드폰 알람 소리임. 아랫집에서 시끄럽다고 해서 피아노 의자에 올려 두는 것으로 위치를 바꾸어 놓음. 핸드폰 알람 소리를 바꾸든가 위치를 바꾸는 시도를 하겠음

► 오후 12시에 퇴근하니 늦게 잘 수밖에 없음. 자신의 생활패턴으로 보아 본인 집의 소음은 아니라고 생각함

► 다 큰 성인들이라서 정말 소리 날 일이 없는데 너무 항의가 들어오니 난감함. 그냥 어느 가정과 같은 일반적인 가정이고 생활패턴이 사람마다 다 다른 것인데 어떻게 해야 하나, 생활권 침해 하는 것 같음

[민원인 요구사항]

특히 아침 6시 10분에 나는 정체불명의 소리를 자제 바람

[상담 후 조정안]

※ 위층 세대

► 아랫세대에서 강경한 태도가 아닌 협조적인 상호관계를 위한 노력을 하 겠다고 하였음

► 알람 위치를 바꿔보도록 요청함

※ 아래층 세대

► 위 세대가 중재안을 수렴하기로 한 결정에 대하여 전달함

■ 사례 15 : 걷는 소리, 청소기 소리, 여닫이 문소리, 바닥에 물건 끄 는 소리, 강아지 소리(피해기간 : 6개월)

[민원접수 내용]

사람 걷는 소리, 울림, 청소기 소리, 여닫이문 소리, 바닥에 물건 끄는 소리, 강아지 소리 등(위층에 올라가서 바닥을 노크하듯이 똑똑 해보았더니, 아래층에서 노크소리가 고스란히 들림, 청소기 밀때 바 닥에 청소기를 끄는 소리조차 들림. 바닥 자체가 얇은 듯함) 근본적 인 원인규명. 실내화 및 매트 사용

[현장 확인 세대방문]

※ 아래층 세대 - 30대 부부

► 30대 부부가 살기 전 시부모님이 살 때부터 층간소음 문제로 위층과 사 이가 좋지 않았음

► 오후 8시부터 발걸음 소리가 심하고 주말 오전 10시경 돌리는 청소기 소리로 피해가 큼

► 위층이 이사를 올 때 바닥 시공을 하였고 그 뒤로 소음이 더 크게 들리며 TV소리, 말소리도 들리는 상태임

► 시부모님이 거주할 때부터 지속적으로 항의를 하고 이야기를 해도 나아지지 않으며 위층 거주자가 반감을 가지고 대응을 하여 대화 자체가 어려움

※ 위층 세대 — 60대 부부, 20대 자녀 1명

► 3~4개월에 한 번씩 항의를 하고 여성 거주자가 올라오거나 낮에 항의를 하면 괜찮을 텐데 늦은 밤, 남자 거주자가 올라와 항의를 하여 어려움이 있음

► 아래층의 항의 이후로 미닫이문도 못 닫고 까치발 들고 다니며 생활 제약이 있음

► 밤늦게 청소기 및 세탁기를 돌리지도 않고 집안에서 크게 움직이지도 않음

► 아래층 항의 때문에 이사를 가려고 집을 내놓음

► 이사를 오고 소리가 난다고 항의를 한 것이 아니라 왜 2년 반이 지나고 나서부터 항의를 하는지 이해를 할 수 없음

[민원인 요구사항]

근본적인 원인 규명, 실내용 슬리퍼 착용, 매트 사용

[상담 후 조정안]

※ 위층 세대

► 슬리퍼 생활하며 아래층 거주자 배려하기

► 아래층 거주자와 원만한 관계 개선 확립 및 대화방법 알리기

※ 아래층 세대

► 소음이 꼭 위층만 발생하는 것이 아니라는 것을 인식시키기

► 소음 발생 시 밤늦은 시간 직접 항의를 하지 않고 경비실이나 낮 시간 동안 찾아가 의사 전달하기

■ 사례 16 : 걷는 소리, 문 닫는 소리, 화장실 사용할 때 나는 소리(피해기간 : 10년)

[민원접수 내용]

낮에는 집에 없고 낮에는 이해한다. 밤에 걷는 소리와 문 닫는 소리가 들린다. 밤에 무언가를 집어 던진다. 화장실 사용할 때 무언가를 내려치는 소리가 들린다.

[현장 확인 세대방문]

※ 아래층 세대(민원인) - 60대 여자

► 위층이 이사 온 지 10년 정도 되었는데 그때는 아이들이 어려서 참을까 했는데 해가 거듭할수록 소음이 커지고 늦게까지 발생함

► 현재 위층 아이들이 고등학생들이라 새벽 1시~2시까지 발걸음 소리가 들리고 물 사용하는 소리가 큼

► 안방에 있는 화장실을 사용하며 소음을 유발해서 안방을 사용하지 못하고 있음

► 이사를 가려고 했지만 집이 안 팔리고 인터폰으로 항의를 하면 안 받음

► 반장 및 지인을 불러 밤 12시나 새벽에 들리는 소리를 확인시켰고 카펫을 깔라고 하니 알레르기 때문에 못 깐다고 함

※ 위층 세대 - 50대 부부, 중·고등 자녀 3명

► 이사 오기 전 안방 화장실 누수 문제를 해결하지 못했더니 이사를 오고 나자 매년 누수가 될 때마다 항의를 함

► 항의를 하는 과정에서 마찰이 있었으며 방에서 컴퓨터를 하며 자고 있어

도 시끄럽다고 항의를 함

▶ 세탁기를 밤에 돌린 적이 없고 가정주부라 낮에 집안일을 하며 가끔 아이들 옷 때문에 밤 20시 쯤 탈수기를 돌린 적은 있음

▶ 경비실이나 관리실을 통한 항의가 아니라 직접 올라와서 욕을 하며 현관 문을 발로 참

[민원인 요구사항]

조용히 살기

[상담 후 조정안]

※ 위층 세대

▶ 현재처럼 생활을 하며 오후 22시 이후에 정온한 생활 유지하도록 노력 하기

▶ 마지막까지 대화의 연결고리를 끊기지 않게 노력하기

※ 아래층 세대

▶ 보복 소음 내지 않기

▶ 마지막까지 대화의 연결고리를 끊기지 않게 노력하기

■ 사례 17 : 서로 다른 생활패턴으로 인한 소음(피해기간 : 6개월)

[민원접수 내용]

저는 저녁에 일을 나가야 하는 직업에 종사하고 있습니다. 그래서 낮에 잠을 자야 하는데 천정이 울리는 위층의 소음 때문에 도통 잠을 잘 수가 없습니다. 아침 6시부터 발걸음 소리로 시작해 청소소리며 달그락 거리는 소리, 망치소리, 오후엔 아이가 뛰는 소리까지 정말 시끄러워 잠을 잘 수가 없습니다. 경비실에도 이야기를 했고, 직접

방문해서 부탁도 해 보았지만 소용이 없습니다. 제가 예민한 건지 위층 소음 탓인지 정말 알고 싶습니다.

[현장 확인 세대방문]

※ 아래층 세대(민원인) - 신혼부부(임산부)

► 층간소음 피해로 고통 받게 된 것은 6개월 정도이다.

► 야간 일을 마치고 새벽에 취침을 하고 있는데, 아침 6시 반쯤의 소음과 위층 아이가 유치원을 마치고 복귀한 후의 소음이 심하다.

► 아침시간 때와 오후 시간에도 본인은 수면을 취하기 때문에 소음이 줄었으면 한다.

► 일을 해야 하는데 너무 힘들다. 낮 시간 때이지만 배려를 해주었으면 한다.

※ 위층 세대 - 부부, 유치원생 2

► 주간은 공실일 때가 많다. 오후 9시 이후 시댁에서 아이들을 데리고 온다.

► 아래층이 밤중에 문을 세게 두들기며 올라와 놀랐었다. 남편이 없는 상황에서 위협감이 들어 직접 이야기하지 말고 관리실을 통해서 이야기를 하라고 했었고, 그 이후로는 한동안 잠잠해서 괜찮아진줄 알았었다

► 최대한 조심하고 있으며, 층간소음 매트도 설치한 상태이다.

[민원인 요구사항]

아침과 낮에 취침을 하기 때문에 최대한 배려를 해주길 원함

[상담 후 조정안]

※ 위층 세대

► 아래층이 산모라니 배려 차원에서도 더 신경을 쓰겠음. 이웃 간에 얼굴 붉히는 것을 원하지 않고, 잘 해결되었으면 좋겠다고 함

► 매트는 설치된 상태이고, 주 동선 쪽으로 이동 재배치

► 밤 10시 이후의 야간 시간대에는 소음행위를 조심

※ 아래층 세대

► 산모의 안정이 첫째이니 소음의 영향을 덜 받을 수 있도록 소음에 신경을 덜 쓰고 심하다고 느낄 때에는 태교로도 좋은 클래식, 파도 소리 등을 들어 관심을 덜 쓰게끔 하는 것도 도움이 될 수 있다는 점을 설명

► 위층의 소음 저감을 위한 노력 부분을 전달하고, 추가적인 부분을 실시함을 전달

► 직접적인 항의 자제와 불만족 부분은 관리사무소와 층간 소음관리사를 통해 전달하기로 함

► 외부의 요인이 있을 수도 있으니, 위층이 더 신경을 쓴 상태에서 소음의 추세를 지켜보기로 함

■ 사례 18 : 새벽시간에 귀가하는 위층으로 인한 소음(피해기간 : 1년)

[민원접수 내용]

새벽 시간에 침대로 뛰어 올라가는 소리에 천장 전체가 울리고 전등이 흔들림, 심야시간임에도 발걸음 소리, 화장실 소리가 심하여 잠을 못자고 있습니다. 위층 아저씨에게 사정을 이야기하며 층간소음 매트를 요청했으나, 애들이 안 뛰어서, 매트가 필요 없다고 합니다. 낮 시간도 아닌 한참 잘 시간에 매일 이러니 괴롭습니다.

[현장 확인 세대방문]

※ 아래층 세대(민원인) - 부부, 중학생, 초등학생

► 새벽 2시에서 5시 사이에 주로 발생함

► 오후 11시 이후에 수면을 취하며, 층간 소음으로 인하여 수면방해를 겪

고 있음

► 발걸음 소리, 화장실 배수 소음 등 낮에 발생하는 소음이 밤에도 발생함

► 직접 방문, 인터폰, 관리사무실을 통해 수차례 자제 요청을 하였고, 개선이 안 됨

► 수면시간에는 조심해 주었으면 함

※ 위층 세대 – 부부, 7세, 5세

► 남편이 가락시장에서 사업을 해서 새벽시간대에 귀가를 함

► 인터폰이 자주 오고, 관리 사무실을 통해서도 많이 옴. 가끔은 소음이 발생하지 않았을 때에도 항의를 하는 경우가 있음

► 층간소음 방지매트를 설치하고, 새벽시간대에 소음 저감 노력을 하겠음

[민원인 요구사항]

취침을 하고 있는 시간대에 소음이 발생하지 않도록 요함

[상담 후 조정안]

※ 위층 세대

► 소음 발생 시간대가 심야시간이므로, 소음 유발행위에 주의를 더 하기로 함

► 발걸음 소리 부분은 동선에 해당하는 부분에 층간 소음방지 매트를 설치하고, 발걸음에 주의를 하기로 함

► 이웃에 대한 배려를 설명함

※ 아래층 세대

► 위층의 생활패턴 차이로 인한 소음으로 이해를 부탁하고, 위층의 층간소음 저감 노력을 통하여 소음 피해가 줄어드는지를 지켜보기로 함

► 직접적인 항의와 인터폰 자제를 요청함

► 문자 등의 자극적이지 않는 방법으로 이웃 간 배려 문화 조성토록 요청함

► 항의 자제 요청을 전달함 불만족 사항은 관리 사무실이나 층간소음관리사를 통해 전달하기로 함

■ 사례 19 : 새벽시간에 일찍 일어나는 위층으로 인한 소음(피해기간 : 1년)

[민원접수 내용]

위층은 뭐가 할 일이 많은지 계속 왔다 갔다 합니다. 발걸음 소리도 엄청 크게 들립니다. 그리고 뭔가를 쿵쿵 치는 소리도 들리고 쇠뭉치를 떨어뜨리는 소리도 들립니다. 한번은 못 참아서 올라갔더니 위층 분은 잠이 없어서 그래 이러고 끝입니다. 제가 너무 화가 나서 천정을 여러 번 치기도 해봤습니다. 근대 소용이 없었습니다. 주말에는 애들이 와서 하루 종일 뛰어 다닙니다. 그렇다고 내려와서 미안하다는 소리 한 번도 안합니다. 올라가면 오히려 올라올 줄 알았어 이럽니다. 정말 매너가 너무 없습니다. 이게 하루 이틀 문제가 아닙니다.

[현장 확인 세대방문]

※ 아래층 세대(민원인) - 모자

► 새벽 1시에서 4시 사이에 주로 발생함. 주로 발걸음 소리와 절구소리(뭔가를 두드리는 소리)가 주로 들린다.

► 아들이 뇌 병변 장애로 종일 거주하며, 어머니는 간호중임 ► 특히 새벽시간의 층간소음으로 인하여 수면방해를 겪고 있음

► 직접 방문, 인터폰, 관리사무실을 통해 수차례 자제요청을 하였고, 개선이 안 된다.

► 생활소음 및 다른 발생 소음은 괜찮다. 새벽 소음만 조심해 달라

※ 위층 세대 – 할머니, 아들, 손자(3세)

► 공공근로를 할 때를 제외하고는 종일 거주

► 새벽 4시 경에 일어난다. 나이가 들어서인지 잠이 없어지기도 했고, 공공근로를 나가야해서 일찍 일어난다. 일어나면 아침 준비를 한다.

► 인터폰이 자주 오고, 관리사무실을 통해서도 많이 온다. 약간의 소음만 발생해도 아래층에서 바로 올라온다

► 아래층이 지팡이로 벽 및 천정을 두드린다.

[민원인 요구사항]

생활소음 및 다른 발생 소음은 괜찮다. 새벽 소음만 조심해 달라

[상담 후 조정안]

※ 위층 세대

► 소음 발생 시간대가 심야시간이므로 소음 유발행위에 주의를 더 하기로 함

► 슬리퍼, 버선, 수면양말 등을 착용하고, 발걸음에 주의하기로 함

► 이웃에 대한 배려를 설명함

※ 아래층 세대

► 위층의 현재 상황에 대한 양해 부분을 전달하고, 위층의 층간소음 저감 노력을 통하여 소음 피해가 줄어드는지를 지켜보기로 함

► 항의 방문 자제와 인터폰 자제 요청을 전달함. 불만족사항은 관리 사무실이나 층간소음관리사를 통해 전달하기로 함

► 벽 및 천정 두드림 자제 요청함

■ 사례 20 : 심야시간 발소리와 무언가 떨어지는 소리(분쟁기간 : 9개월)

[민원접수 내용]

두드리는 소리로 주민들 간의 분쟁이 심각함. 상호 욕설에 서로 고의적으로 두드리는 소리를 발생시키고 경찰이 출동한 경험이 있으나 문을 열어주지 않음. 소음원이 명확하지 않음. 퇴거 희망세대 늘어나고 있음. 부부싸움, 수면방해

[현장 확인 세대방문]

※ 아래층 세대(민원인) - 부부, 딸, 아들

▶아들 아침 출근 후 저녁 늦게 귀가, 어머니 주로 집안에서 생활, 아버님 잦은 외출.(기상시간은 5, 6시경이고 취침시간 주로 11, 12시)

▶ 수면방해, 부부싸움, 스트레스로 인한 신경과민

▶ 자정 12시 이후 밤새 소음이 발생. 최근에는 줄어든 듯 하나 하루에 수 차례 소음피해를 겪는다

※ 위층 세대 - 부부와 성인 자녀(민원인 주장)

▶ 아래층의 보복 소음으로 관리소에 계속적인 민원을 넣고 있음

▶ 관리소에서도 소음원에 대한 소음측정을 의뢰할 정도로 피민원인의 민원이 잦음

[민원인 요구사항]

위층의 배려와 오후 시간대의 매트와 슬리퍼 사용 등의 실질적인 소음 절감 노력 원함

[상담 후 조정안]

※ 위층 세대

► 아파트 단지 내, 층간소음 맞춤형 서비스를 통하여 층간소음 관리방안이 제대로 될 수 있도록 권유함. 소음측정은 개인적으로 간이측정 등을 먼저 진행할 수 있도록 하였음.(관리소에게 제시한 중재방안)

※ 아래층 세대

► 연락을 통한 사후관리, 직접항의 자제 요청. 아파트 층간소음교육 등을 활용하여 단지 내 올바른 층간소음 문화 정착을 위해 다각적으로 노력을 시도하겠다고 전달하였으며, 관찰기간을 통하여 지켜볼 수 있도록 권고함

[3] 망치질 소리

■ 사례 1 : 망치소리 (보복성) (분쟁기간 : 4년)

[민원접수 내용]

　　한 달에 한두 번 친정에 외손주 아이들 데리고 놀러오면 그때마다 밑의 층에서 올라오고, 망치소리를 냄. 심지어 사람이 없고 딸(성인)이 침대에서 자고 있는 중에도 올라옴. 소음측정을 해봐야 하겠음

[현장 확인 세대방문]

※ 아래층 세대(민원인) - 부부

▶ 위층의 외손자가 거의 매일 집에 방문하여 아이들 뛰는 소리에 고통을 받고 있음

▶ 가구 끄는 소리와 발자국 소리 및 온갖 소음을 발생 시켜서 연구와 교수 역할에 많은 지장을 받음

▶ 훈육 통해 소음 절대 저감에 노력해 주길 강력하게 요구함

※ 위층 세대(민원인) - 맞벌이 부부. 자녀(1명)

▶ 맞벌이라 주간 거의 공실임

▶ 한 달에 한 두번 외손주 아이들이 오면 즉각 보복소음(망치소리)시작함

▶ 수면 중과 공실인데도 항의를 줄기차게 함

▶ 측정을 받아 고통에서 해방되고 싶다

[민원인 요구사항]

　　어느 정도의 생활 소음은 이해바람

[상담 후 조정안]

※ 위층 세대

► 집안 행사 및 친지들 방문 시 사전에 소통하여 양해주시길 권유

► 배려 차원에서 저녁 시간대 소음발생에 좀 더 신경 써서 생활해 주길 부탁함

► 현재처럼 소음저감을 위해 슬리퍼 착용 등 기본적 노력 지속 약속

※ 아래층 세대

► 현재 위층의 상황을 전달하고 슬리퍼 착용하고 소음 저감 노력으로 인해 피해가 줄어드는 지를 지켜보기로 함

► 보복 소음은 상황을 악화시킬 수 있으므로 절대 금지하길 권유함

► 다른 이웃에도 피해를 주어 민원 악화시킬 수 있음 주의시킴

■ 사례 2 : 쿵쿵 소리, 드르륵 소리, 또르르 굴러가는 소리(피해기간 : 6개월)

[민원접수 내용]

　위층에서의 소음으로 피해가 심합니다. 낮에는 참을 만하지만 밤새도록 쿵쿵거리는 소리 드르륵하며 물건을 끄는 소음 때문에 견딜 수가 없습니다. 아버지는 잠을 통 못 이루셔서 더 힘들어 하십니다. 여러번 찾아 갔고 메모도 남겼고 관리사무소나 경비실을 통해서도 항의했고 경찰에 신고도 했는데 본인이 아니라고만 우기고 되려 폭력을 행사하려 했습니다. 서로 이곳에 거주한지 10여년이 지난 지라 소음의 원인이 1803호라고 확신하고 있습니다

[현장 확인 세대방문]

※ 아래층 세대(민원인) - 5명 거주

▶ 경찰도 여러 번 왔었고 항의도 하였지만 그런 일이 있고 나면 오히려 보복소음을 내고 있음

▶ 아버지께서 잠을 못 주무시고 계시면 그로 인해 스트레스를 받고 있음

▶ 위층 거주자가 건축 일을 하였다고 했는데 그런 일을 집에서 부업으로 하고 있는 것 같음

▶ 새벽시간에도 세탁기를 돌리고 TV소리를 크게 하는 등 집에 귀가하면 시끄러워서 생활을 할 수가없음

※ 위층 세대 - 4인 가족(대학생, 고등학생)

▶ 새벽에 세탁기를 돌린 적은 있지만 집에서 부업은 전혀 하고 있지 않음

▶ 방에 매트도 깔고 남자 혼자 사는데 무슨 소음이 발생하겠느냐, 소음이 발생된다면 그 부분에서 노력을 하겠지만 아무것도 하지 않는데 어떻게 소음을 줄일 수 있겠는가 반문

▶ 원만하게 지내고 싶은데 경찰도 부르게 되고 너무 아래층에서 예민한 것 같음. 어떤 부분에서 정확히 소음이 발생되는지를 알려 주었으면 좋겠음

[민원인 요구사항]

소음에 대해 인정을 하고 조절할 수 있는 방안을 알고 있어라

[상담 후 조정안]

※ 위층 세대

▶ 위층의 상황과 마음을 전달하고 당분간 지켜보기로 함

▶ 위층에 올라가서 직접적인 항의는 하지 않도록 함

▶ 소음이 심할 경우 일정 기간 상담사를 통해 연락하기로 함

※ 아래층 세대

► 잘못된 소음 인식 바로잡기

► 소음을 피하기보다는 오히려 즐길 수 있는 방법 모색하기

► 몸과 마음에 안정을 기할 수 있게끔 단련하기

■ 사례 3 : 드릴 소리, 의자 끄는 소리 등(피해기간 : 8개월)

[민원접수 내용]

    12시 넘어서까지도 아이들과 어른들 걸어 다니는 쿵쿵 소리에 여러 번 잠을 깹니다. 아이들이 뛰어서 나는 소리라면 아이들을 조용히 시킨다지만 어른들이며 아이들 돌아다니는 발걸음 소리, 일상 실생활에서 나는 소리와 물건을 바닥에 떨어뜨리는 소리가 너무 청명하게 울려서 소리가 납니다. 전에 살던 위층 세대에서는 할머니가 쿵쿵 뛰어다녀도 이렇게 직접적으로 소리가 크게 전달이 안 되었는데 마룻바닥이 소리가 몇 배로 크고 사실적으로 걸러지지도 않은 채 직접적으로 소리가 들려 생활하기가 너무 힘듭니다. 싸우고 항의하는 것도 지쳐 여러 곳에(관리실, 시공회사 등) 문의까지 하는 중이었습니다.

[현장 확인] 세대방문

※ 아래층 세대(민원인) - 50대 부부, 성인 남, 여 자녀

► 위층 젊은 남자가 미대 출신으로 집에서 작품활동을 하고 있음

► 연장 떨어뜨리는 소리, 물건 옮기는 소리, 톱질 소리, 드릴 소리, 의자 끄는 소리, 기계 소리, 망치 소리 등 작업 소음이 나며 그 외에도 아파트 자체 방음처리가 미미하여 옆집 핸드폰, 전화벨, 대화 소리 등도 들림

► 위층, 아래층 거주한지는 오래됐지만 작업 소음으로 피해를 보는 건 약 6개월가량 됨

► 낮에도 작업 소음이 나나 특히 늦은 밤 23시부터 새벽까지 지속이 되고 있음

※ 우층 세대 – 70대 노모, 50대 부부, 성인 남, 여 자녀

► 처음 항의한 후로 작업 활동을 하지 않고 있고 작업 활동은 그림 그리는 것임

► 새벽에 올라오면 식구들이 다 깨서 남자 자녀가 따로 연락처를 주고 소음 발생 시 올라 오시지 말고 문자나 전화를 주면 바로 조용히 하겠다고 두 차례 연락처를 주었지만 무조건 올라옴

► 아래층에서는 드릴을 박고 물건을 끄냐고 항의를 하는데 그림만 그리고 베란다 문 닫는 소리 등 생활 소음을 작업 소음으로 오해를 하는 것 같음

► 매트를 깔고 방안에 소음이 날 수 있는 물건들을 다 치우고 정온한 상태를 유지하려고 하지만 퇴근 후(오후 22시정도) 생활하는 소리에 민감함

► 관리사무소에서도 와서 매트 깔려져 있는 것을 확인하고 아래층 사람도 직접 올라와서 매트 깔아져 있으며 생활하는 모습을 보고 감

[민원인 요구사항]

집에서 작업을 하지 말 것

[상담 후 조정안]

※ 위층 세대

► 오후 10시 이후 정온한 생활 상태 유지하기

► 슬리퍼 생활 및 가구 밑 소음방지 패드를 붙이며 소음 저감을 유도하기

※ 아래층 세대

► 보복소음 및 지속적인 항의하지 않기

► 작업 활동에 대한 중지보다는 시간 조율을 할 수 있는 방안 찾기

■ 사례 4 : 불특정한 하루 종일 발생하는 불특정한 소리(피해기간 : 1년)

[민원접수 내용]

연속적이지 않으나 5분에서 10분에 한 번씩 어떤 식으로든 타격음이 들림. 낮에도 두시 이후는 소리가 조금씩 들릴 때가 많고 안 들릴 때도 있음. 비정기적인 소음은 항시 지속적임. 특히 오후 8시전후는 뭔가 정리하는 듯 의자를 끌고 무거운 것을 내려놓고 아이가 뛰는 등이 한 시간 동안 들림. 안방 위에서 크지 않으나 역시 지속적으로, 거의 끊임없이 소리가 들림.

[현장 확인 세대방문]

※ 아래층 세대(민원인) - 부부

► 불특정한 소음이 간헐적으로 하루 종일 발생함. 아침 8시부터 늦은 시간까지 발생을 함. 이로 인해 휴식을 방해받고 있음. 간혹 수면시간에도 발생을 하여 수면방해도 있음

► 주로 쿵쿵거리며 뛰는 소리와 물건 떨어뜨리는 소리, 가구 끄는 듯한 소리가 발생함

► 관리사무소를 통해 5차례 정도 항의를 하고, 한 차례 편지를 보였으나, 위층은 반응을 보이지 않음. 대응을 하지 않는 것 같음

► 처음 이사 온 직후보다는 개선은 된것 같으나, 견디기가 힘듦. 기준치 이하라도 인내하기가 힘이 듦

※ 위층 세대 - 부부, 자녀 3명(초등학교 6학년·4학년·2학년)

► 주방에서 믹서기를 잠깐 가동해도 아래층에서 항의를 함

► 아이들이 3명이고 해서, 아래층의 항의 후 거실에 층간 소음 매트를 설치하였음

► 오후 5시 귀가 후 식사를 하고, TV를 보다가 밤 10시에서 11시 사이에 취침을 함

► 아래층의 잦은 항의로 스트레스가 심함

[민원인 요구사항]

집에서 편히 쉬거나 잘 수 있기를 원함

[상담 후 조정안]

※ 위층 세대

► 아이들이 매트 위에서 활동하게끔 하기로 하고, 아이들에게 층간소음 관련 훈육에 신경을 쓰기로 함

► 성인은 슬리퍼를 착용 중에도 발걸음에 주의를 하기로 함. 특히 오후 10시 이후에는 더 주의를 하기로 함

► 믹서기 등은 바닥이 아닌 식탁 위에서 사용하기로 함

► 주말 오전에도 주의를 하기로 함

※ 아래층 세대

► 위층의 현재 상황을 전달하고, 소음 저감 노력으로 인해 피해가 줄어드는지 지켜보기로 함

► 불만족 사항은 층간 소음관리사를 통해 전하기로 함

► 상대적으로 낮은 배경 음압으로 인해 소음에 노출된 부분도 있기에, 가습기 등 음압을 올리는 장치가 도움이 될 수 있음을 안내함.

► 믹서기 등의 일정 수준의 생활 소음은 어느 정도 수인해야 함을 설명함

■ 사례 5 : 마늘 빻는 소리 같은 쿵쿵쿵 소리(분쟁기간 : 2년)

[민원접수 내용]

아침과 점심, 저녁 자는 시간에 수도 없이 늘 빻는 소리 같은 쿵
쿵쿵 소리가 들리며, 새벽까지 들리는 날도 많습니다. 올라가서 초인
종을 누르면 없는 척하며. 경비실에 항의를 하면 집문을 여네요. 2년
조금 더 된 거 같은데 아버지도 그렇고 저 역시 너무 스트레스 받으
며 살고 있습니다. 윗집에 찾아가도 대화조차 하지 않으려고 하며 없
는 척하고 자기는 무조건 아니다 라고 되려 화를 내네요.

[현장 확인 세대방문]

※ 아래층 세대(민원인) - 성인 남자 2명

► 아버지는 퇴직하시고 주로 낮에 집안에서 생활하시고 아들은 직장생활

► 올라가서 초인종을 누르면 없는 척하며 경비실에 항의를 하면 문을 열고
　집에 찾아가도 대화조차 하지 않으려고 하며 본인은 무조건 아니다 라
　고 하고 오히려 화를 냄

※ 위층 세대-성인 여자 1명

► 성인여자 홀로 생활. 직장생활 중. 낮에는 집에 있지 않고 퇴근 후에는
　종교활동으로 집안에서 거의 활동을 안 함

► 오히려 아래층의 무분별한 항의로 아파트 내에서도 경찰출동도 하고 소
　문이 자자함

► 집안에서 조용히 생활하고 있는데도 불구하고 밤늦은 시간에 무작정 찾
　아와 문을 발로 차고 욕설을 퍼붓는 등 오히려 항의 피해를 겪음

[민원인 요구사항]

　　원만하게 대화로 해결

[상담 후 조정안]

※ 위층 세대

▶ 아래층의 과도한 항의로 상당히 스트레스를 받고 있어 무분별한 항의 자제하기

▶ 향후 경찰의 도움을 받거나 환경분쟁조정위원회에 도움을 청해 보기

※ 아래층 세대

▶ 위층을 만나 밤늦은 시간에 작업을 하는지 여부를 확인하여 시정조치

▶ 관리사무소에서도 당부의 말씀을 드리기

■ 사례 6 : 마늘 찧는 소리, 어른 발소리, 새벽 시간대 생활소음(분쟁 기간 : 4년)

[민원접수 내용]

　　마늘 빻기, 고기 다지기, 걸음소리, 아이들 뛰는 소리, 베란다 돌 옮기는 소리 등이 많이 나며 몇 번을 부탁했지만 변화가 별로 없음.

[현장 확인 세대방문]

※ 아래층 세대(민원인) - 부부, 자녀 3명

▶ 마늘 빻기는 1시간~2시간 지속되며, 새벽시간대 고기 등을 다지는 소리, 청소기 돌리는 소리, 장독대 옮기는 소리도 남

▶ 저녁 7시 이후로 발소리가 심하게 나며 밤늦은 시간 아이 뛰는 소리가 심하게 나는 적도 있음

▶ 소리가 없어지기를 바라는 것은 아니며 마늘 빻기 등을 할 때 매트라도 깔고 하면 좋겠음

▶ 본인도 남편의 발걸음 습관이 피해를 준다는 사실을 알고 매트와 실내화를 사용하며 노력하고 있음

※ 위층 세대 - 노모, 부부

▶ 할머니가 새벽 시간대 일어나 집안일을 자주 하는데 자식들이 말려도 오랜 생활 습관을 고치는 데는 한계가 있음

▶ 슬리퍼는 사용 중이며 매트를 이용하여 소음 저감 노력을 해 보겠음

▶ 마늘 빻기는 집에서 하지 않겠음

▶ 어른들만 거주하므로 아래층에 소음이 많이 전달되는 것을 잘 모르겠음

[민원인 요구사항]

소음이 조금이라도 줄어들었으면 좋겠음

[상담 후 조정안]

※ 위층 세대

▶ 매트를 사용하여 저감노력을 하기로 함

▶ 할머니에게 새벽시간대 생활습관이 아래층에 피해가 갈 수 있음을 인지시키려는 노력을 하기로 함

▶ 친지 방문 시 아래층의 양해를 구하기로 함

※ 아래층 세대

▶ 위층이 평상시 실내화는 사용하고 있으며 매트를 사용하기로 함

▶ 마늘 빻기 등은 하지 않기로 하고 할머니의 생활습관을 바꾸는데 한계가 있어 양해를 구함

▶ 직접적인 항의는 자제하고 관리소를 통해 의사전달 하기로 함

■ 사례 7 : 아래층 망치 소리(피해기간 : 3개월)

[민원접수 내용]

새벽 01시경부터~03시경 천정을 두드리는 소리가 견딜 수가 없네요.

[현장 확인 세대방문]

※ 위층 세대(민원인) - 부부, 성인 자녀

▶ 아래층에서 망치로 천장을 두드리는 소리

▶ 새벽 1시부터 3시까지 천장을 두드리는데 침대없이 생활하여 고통이 너무 큼

▶ 3개월 전에는 신청인이 자고 있는 밤 12시에 문을 발로 차면서 떠들지 말라고 하심

▶ 관리소에 이야기하였음

※ 아래층 세대 - 노부부, 성인 자녀 2

▶ 위층에서 쾅 치거나 무거운 물건 떨어뜨리는 소리

▶ 밤 11시 이후 안방 쪽에서 일부러 두드리는 소리가 시끄러워 수면방해를 받음

▶ 위층에 직접 방문하여 조용히 해달라고 부탁하였음

▶ 위층에서 빗자루가 넘어져 소리가 났다고 말한 적이 있음

[상담 후 조정안]

※ 위층 세대

▶ 아래층에 오인 소음일 수 있으니 소음원을 파악하도록 권유하겠음

▶ 오후 10시 이후에는 특히 정온유지에 주의를 하기로 함

※ 아래층 세대

▶ 망치소리가 오인 소음일 수 있으니 관리소의 협조를 얻어 소음원을 파악하도록 권유

▶ 위층에 대한 항의가 이웃에게도 피해가 되므로 자제하기 당부함.

■ 사례 8 : 도마 소리, 가구 끄는 소리(피해기간 : 7개월)

[민원접수 내용]

(1) [가장중요] 작년 6월 위층 호수를 새로 취득한 새 집주인이 인테리어공사를 하였는데 그때 바닥재를 변경한 것으로 강하게 추정됨. 이를 확인하고 제 추측이 맞다면, 위층 집주인이 바닥재의 소음방지조치를 해야 한다고 생각됨.

(2) 위층 세입자(할머니 및 아주머니)의 도마질은 최소한 소음방지 매트위에서 행해져야 하며 제 부탁은 오전(낮12시 이전)에만 피해 주셨으면 합니다. 그리고 대화 자체를 거부하는데 이웃의 고통에 대해 인식하고 협의를 하는 자세가 필요합니다.

[현장 확인] 세대방문

※ 아래층 세대 - 50대 후반 부부

► 1시간 이상 지속되는 도마소리가 들렸으나 요새는 들리지 않음

► 걸음걸이, 의자 등을 옮기는 소리, 바닥을 때리는 소리가 1분 정도 났는데 밤에 찾아가 보니 다른 집에서 발생하는 소리였음. 이때 서로 오해가 생김

► 저녁부터 오후 23시까지 위층에서 종교의식을 하는 듯 남자가 마이크로 설교하는 소리가 들림

► 4층에서 아이들이 딱지 치는 소리도 들림

► 위층 세입자가 이사 오기 전에는 문제가 없었는데 세입자가 새로 들어온 후로 소음 발생이 심각함

※ 위층 세대-할머니 두 분

► 밤늦은 시간에 여자 둘만 있는 공간에 항의를 와서 무조건 집을 확인하겠다며 집으로 들어옴

► 바닥공사는 모르겠으나 인테리어가 되어 있는 상태에서 이사를 들어옴

► 가을에 김장을 하느라 무를 썰었는데 그때 바로 올라옴

► 김장철은 소음 발생 부분에 관해 사과를 했음

► 가끔 교회 사람들이 와서 예배를 본다든지, 손님이 와도 낮에 2시간 정
도 앉아서 이야기하고 있는데 아래층의 항의로 사람들이 방문하면 눈치
가 보임

[민원인 요구사항]

바닥공사 여부 확인, 소음 줄이기

[상담 후 조정앤]

※ 위층 세대

► 층간소음에 관한 인식 변화, 상담을 진행하기

※ 아래층 세대

► 바닥상태는 크게 문제가 될 정도의 상태는 아니었음을 전달해 드림

► 슬리퍼 착용 중이며 많이 인지하고 조심스럽게 생활을 하고 있음을 전달
하기

[4] 가구 끄는 소리

■ 사례 1 : 가구 끄는 소리, 발걸음 쾅쾅 찍는 소리(피해기간 : 1년)

[민원접수 내용]

자야 할 시간대인 밤 12시 이후에는 어쩌다 소음나는 것은 이해가지만 주기적으로 소음이 발생(돌 끄는 소리, 기계 돌리는 소리, 사람 뛰어 다니는 소리, 문 쾅 닫는 소리). 잠을 못자네요. 낮에는 아이들이 가끔 뛰어 다니고 강아지 짖는 소리. 괴롭네요. 작년 9월 전세로 이사를 와서 기간 채우지 못하고 다시 나가려고 합니다. 그동안 위층 아주머니하고 인간적으로 이야기를 시도하려고 노력해 보았지만 자기하고 싶은 대로 하겠다며 그리고 그 이후에도 내려와 미안하다고 사과를 했지만 다 말뿐이었습니다. 이제는 새벽에 소음 때문에 올라가면 절 정신병자 취급까지 하네요. 경비원 아저씨도 다 들었고 기록 또한 되어 있습니다. 정말이지 감옥 같은 아파트에서 탈출하고 싶네요. 도와주세요.

[현장 확인 세대방문]

※ 아래층 세대(민원인) -부부, 아이 1명

► 관리실 및 경비실에 4~5차례 항의

► 밤 10시 이후에 올라가서 시끄럽게 하지 말라고 말해 본 적이 있다고 함

► 밤에 시끄러워서 수면제 먹으면서 자고 있다고 함

► 심장병이 있으신 어머니는 같이 생활하다가 건강이 안 좋으셔서 동생이 모시고 감

※ 위층 세대 - 부부, 처제 1명

► 가만히 거실에서 어항만 보고 있어도, 소파에 앉아서 맥주 한잔 마시고 있어도 경비아저씨 올려 보내서 시끄럽다고 항의하는 거 보면 아래층 거주자들이 정신병자인 것 같다고 함

► 전에 살던 누나가 아래층 항의 때문에 본인들이랑 집을 바꿔서 이사를 왔다고 함

► 항의를 너무 많이 해서 스트레스 받는다고, 항의하지 않았으면 좋겠다고 함

[민원인 요구사항]

슬리퍼 신고 생활하기, 밤 10시 이후에는 시끄럽게 하지 않기, 가구 끌지 않기

[상담 후 조정안]

※ 위층 세대

► 확인한 결과 가구마다 방지 패드를 부착하고 있으며 슬리퍼 생활도 하고 있음

► 아래층에서 매트리스 사용에 대해 매트리스를 구비해 주면 사용할 용의

► 구체적인 항의하는 방법과 시기 등을 조절하여 시행하기

※ 아래층 세대

► 생활환경에서 소음 저감 방법 알려주기

► 실내화나 매트리스를 사용하겠다면 제공 용의

■ 사례 2 : 의자 끄는 소리, 쿵쿵거리는 소리(새벽)(피해기간 : 1년)

[민원접수 내용]

작업을 하는지 의자 끄는 소리, 쿵쿵하는 소리가 자주 납니다. 어

쩌다 한 번이 아니고 지속적으로 소음이 발생하여 스트레스를 받아서 살 수가 없습니다. 몇 번을 이야기하고 관리 사무소에다가 여러 번 이야기를 하여도 똑같이 소음이 납니다. 여러 번 이야기하고 사정을 해 보았으나 시정이 안 되네요.

[현장 확인 세대방문]

※ 아래층 세대 - 50대 부부, 장애인 아들

► 항의성 방문으로 인터폰으로 연락을 취하였지만 오히려 시끄러우면 이사를 가라는 식으로 답변을 함

► 항의성 방문 시 우리는 아무것도 안 했다는 식으로 항변

► 낮에는 이해하지만 밤에라도 좀 조용히 해주었으면 좋겠음

※ 위층 세대 - 40대 부부, 초등 1명, 할머니

► 낮에는 할머님 홀로 거주하시는 상황인지라 소음 발생이 될 여지가 없다

► 의자 끄는 소리는 우리 위층에서 나는 소음으로 판명이 되어 우리가 방음 패드를 부착시켜 해결하였음

► 항의성 보복소음으로 천정을 두들기기도 한다.

► 새벽에 핸드폰 충전기를 떨어뜨린 소음에도 항의 방문을 시도한 적도 있음

[민원인 요구사항]

새벽만이라도 쿵쿵쿵 거리는 소리가 없어져 잠이라도 잤으면 합니다.

[상담 후 조정안]

※ 위층 세대

► 밤 10시 이후에는 신경을 써서 소음 발생 줄이기

► 위, 아래층 사이가 좋으면 소음이 줄어 들지만 사이가 안 좋으면 소음은

더 커진다.

※ 아래층 세대

▶ 쿵쿵쿵 거리는 소음원에 대해 밝히기

▶ 항의성 방문을 자제

▶ 대화의 문을 열어 놔라

▶ 한 달 정도 시간을 가지고 지켜보기

▶ 아래층의 애로사항 전달하기

■ 사례 3 : 가구 끄는 소리, 발걸음 소리, 목소리(피해기간 : 3년)

[민원접수 내용]

가구 밑에 캡이 설치되지 않아 마찰음이 심함. 수험생이 둘이나 있어 부탁하였으나 부탁이후에는 일부로 가구를 끌고 다님. 뛰는 소리가 심하지만 공휴일과 휴일에는 자폐아인 손자가 놀러 온다고 하여 참았으나 알고 보니 170이 넘는 청소년이었음. 쉬는 날이면 할머니 집으로 보내는 것으로 보아 거주지에서도 마찰이 있을 것으로 보이나 일 년에 한두 번 가끔 온다면서 발뺌을 하며 자신의 집이 아니라면서 피해가 극심해 본인도 잠을 못 잔다고 하면서 6층에 가서 확인을 못 하게 함. 무거운 물체를 굴리고 다니는 소리에 문의하였더니 자신의 집에서는 "원단 굴리는 소리는 자신의 집이 아니라."고 구체적으로 사물을 특정하여 말함. 소음으로 인하여 가족 중의 한 명은 신경정신과 상담으로 우울증 약을 복용 중이며, 본인은 불면증과 스트레스로 인하여 사행성 탈모가 진행되어 일반병원에서는 대학병원에서의 치료를 권하며 외부 출입이 어렵고 사람과의 대면에 위축됨을 느낌

[현장 확인 세대방문]

※ 아래층 세대 – 맞벌이 부부, 자녀 3(대학생 및 성인)

► 7년 전에 이사 와서 3년 정도부터 소음이 들리기 시작하면서 어머니께서 먼저 우울증 처방을 받고 약을 드시기 시작함

► 민원인은 편집 쪽에 일을 집에서 하면서 시끄러운 소음 때문에 업무의 방해와 스트레스로 인해 탈모가 시작되어 치료를 받으면서 약 처방을 받음

► 경찰에 2번 정도 신고를 했었고, 한 번은 출동해서 위층을 방문함

► 상담 일정에 대해 전달한 뒤 소음이 줄었다고 함

※ 위층 세대 – 할머니, 40대 남자 아들

► 다른 집 소음도 들림

► 슬리퍼 생활에 대해 이야기를 하니 몹시 화를 냄

► 여기서 더 이상 할 것이 없다고 함. 건물에 방음이 잘못되었다고 생각함

► 오히려 우리 위층이 시끄럽다고 함. 그 소리가 아래로 내려오는 것이라 함

► 소음이 어떤 부분에서 나오는 소음인지를 알아야 대처할 것이 아닌가 하고 반문

► 아래층 분들이 너무 소음에 대해 예민한 것 같음

[민원인 요구사항]

아이로부터 발생되는 소리 자제 및 소음 유발에 대해 인정하기

[상담 후 조정안]

※ 위층 세대

► 슬리퍼를 착용하다가 중지한 상태. 지속적으로 착용 권유

► 손주가 오는 경우에 대해서는 아래층에다가 분명 이야기를 하였기 때문에 이해할 것임

► 슬리퍼 착용 및 매트 설치에 대해 강조 및 권유

► 위층 분들에게 소음 저감에 대한 방법들을 제시 및 인식 전환

► 상담 결과에 대한 부분이 만족스럽지 못할 경우 향후 취해야 할 부분들을 알림

■ 사례 4 : 새벽시간에 들리는 소음(피해기간 : 3년)

[민원접수 내용]

[현장 확인 세대방문]

3년 전부터 새벽에 위층에서 돌 굴리는 듯한 소음이 발생되고 있습니다. 처음에는 마치 항아리를 끄는 듯한 소리가 들렸었고, 이후에는 무언가를 끄는 듯한 소리와 뭔가 떨어지는 듯한 소리가 납니다. 낮 시간도 아닌 잠자는 시간대에 소리가 발생되어 잠도 잘 수가 없고, 간신히 자도 자꾸 깨게 되어 힘이 듭니다. 몇 번 올라가서 사정도 해보고, 관리무소에 해결을 요청해도 나아지지가 않습니다.

[현장 확인 세대방문]

※ 아래층 세대(민원인)- 노인과 손녀

► 특히 5시경에 소음이 발생한다고 함. 종일 집안에 거주함

► 항아리를 끄는 듯한 소리와 비슷하다. 무게가 나가는 물건을 끄는 듯한 소리와 가끔씩 무거운 물건이 떨어져서 쿵쿵 거리는 소리가 발생하게 되어 수면이 힘들다.

► 위층에 5번 정도 항의를 했었고, 이후에는 관리사무실에 요청을 했으나 개선이 없다.

※ 위층 세대 - 70대 부인

▶ 혼자 살고 있다. 무언가를 끈다는 데 끌 것도 없고, 끌만한 힘도 없다. 특히 새벽시간에는 위층도 잠을 자는 시간대이다. 11시쯤 수면을 취하고, 새벽 5시쯤 기상한다.

▶ 아래층이 자주 올라 왔었고, 이후에는 관리실을 통해서 인터폰이 자주 온다. 별다른 요인이 없는 데도 계속 항의를 해서 스트레스를 받고 있다.

▶ 항의를 자제해 주었으면 한다. 개선할 점이 있으면 노력 하겠다.

[민원인 요구사항]

새벽 시간대에 소음으로 인해 잠을 깨지 않았으면 함

[상담 후 조정안]

※ 위층 세대

▶ 기본적인 층간소음 저감 노력을 설명함

▶ 가구 밑에 흡음재를 부착하고 신경을 쓰는 듯 소음 저감 노력을 하기로 함

▶ 기상시간인 새벽 5시가 수면 시간대임을 설명하고, 잠자는 이웃을 위해 소음 저감 노력에 힘쓸 것을 요청함

▶ 아침 시간에는 소음 유발행위를 자제하고, 낮 시간대에 하기를 권고함

※ 아래층 세대

▶ 위층의 현재 상황을 전달해 줌. 혼자 살고 있고, 집안에 끌만한 물건이 없음을 설명함.

▶ 소음 발생 시간대에는 위층도 자고 있음을 안내함

▶ 새벽 시간에는 위층이 소음 유발행위를 조심하겠다고 한 것을 전달해 줌

▶ 위층이 신경을 쓴 상황에서 소음피해가 줄어드는지를 지켜보기로 함

► 항의 자제 요청을 전달함. 불만족 사항은 관리사무실이나 층간소음관리사를 통해 전달하기로 함

■ 사례 5 : 독을 *끄는* 소리, 화분 *끄는* 소리(분쟁기간 : 3년)

[민원접수 내용]

새벽에 수면을 취할 수 있게 장독과 화분을 안 끌어 주었음 한다.

[현장 확인 세대방문]

※ 아래층 세대(민원인) - 부부, 아들 부부, 손자 2명

► 신청인 이명, 안압상승, 실명위험으로 항히스타민 3년 복용 중

► 피신청인 댁 80대 여자가 밤에 안 자고 화분을 옮긴다.

► 현재는 밤에만 청소기, 장독을 끄는 소리, 피신청인 80대 남자가 성격이 과격하다. 피신청인에게 내용증명 보냈음.(2번 보냈는데 한번은 수취거절)

► 피신청인이 낮에는 인터폰을 꺼둔다(인터폰 항의를 못하게).

※ 위층 세대 - 노부부, 성인 자녀 2명

► 전 가족 슬리퍼 착용 중. 모든 가구 밑 패드전면 부착, 개를 키움. 신청인이 2010년부터 계속 괴롭힌다.

► 아내는 허리수술(인공척추)하여 잘 움직이지도 못한다. 난 눈이 안 좋아 TV도 일찍 끈다.

► 신청인이 불 지른다고 협박. 공동주택에 살면서 최대한 이웃에게 피해를 안 주기 위해 노력한다.

► 10시면 자는데 새벽에 무슨 장독을 끄느냐? 장독도 간장독 하나만 있다.

[민원인 요구사항]

밤에 조용히 살자! 소음에 가슴이 두근거리고, 수면부족과 스트레스로 안압이 상승, 실명위험이 있는데 제발 새벽에 조용히 해 달라 간곡히 부탁

[상담 후 조정안]

※ 위층 세대

► 약 과다 복용하지 마시고 낮에 밖에 나가서 산책하라고 권유

► 피신청인에게 최대한 소음자제 요청하겠다.

► 장독을 확인하였지만 조그만 장독 하나 밖에 보지 못했음 설명(믿지 않음)

※ 아래층 세대

► 절대 직접 대면하지 마시고 혹시 급박한 상황이 있으면 관리소에 중재요청 권유

► 밤 시간대 최대한 소음 발생 자제 권유

► 소음 항의가 심해 운동기구 사용치 않음

■ 사례 6 : 가구 끄는 소리, 발걸음 소리, 이이들 뛰는 소리, 피아노 소리, 문을 쾅닫는 소리 등(분쟁기간 : 1개월)

[민원접수 내용]

그 전에 분들도 층간소음이 있었으나 윗집이 2, 3주 전에 이사를 온 후 소음으로 창틀이나 전구 틀이 흔들릴 정도. 경비실을 통해 두 번의 인터폰, 한 번의 천장 두드림을 하였고 경비아저씨가 집에 방문하여 소음의 정도를 확인 후 올라가셨음. 아침부터 소음이 심각하고 이러다 창틀이나 전구 틀이 떨어지지 않을까 싶을 정도임. 일단 윗집은 배려가 없는 건지, 본인들이 어느 정도로 소음을 일으키는지 모르

는 것 같음.

[현장 확인 세대방문]

※ 아래층 세대(민원인) - 부부

► 아내 분은 집에서 상주

► 윗세대는 어른들이 심하게 쿵쿵거리는 것 같음. 문을 닫을 때에도 세게 닫는 편이고, 무언가 끄는 소리가 심함(안방), 아이들이 뛰는 소리도 나며, 경비원께서도 확인해 본 후 올라가서 말씀해 주심. 아파트 이사한 곳 중 제일 심함. 이사 왔을 때 소음이 많이 심했지만 그래도 주의하는 게 보이고 지금은 많이 노력해주시는 것 같음. 하루 종일 참다가 경비원께 연락드렸더니 경비원께서는 그냥 시끄러우니 조용해달라고 전달함. 신경을 너무 많이 써서 스트레스로 머리가 빠지기도 함,이해는 하지만 안방에서의 가구 끄는 소리, 물건 떨어뜨리는 소리는 조심해 주시길 바람

※ 위층 세대 - 부부, 자녀 2(남아), 가사도우미

► 대낮 청소기 사용도 전화가 2번 이상 옴

► 늦은 시간은 조용하고 조심하고 있음을 알아주길 바람

[민원인 요구사항]

많이 고쳐진 것 같아 이해는 하지만 가구 끄는 소리, 물건 떨어뜨리는 소리만 주의해주시길 바람

[상담 후 조정안]

※ 위층 세대

► 안방을 아이들 공부방으로 사용하고 있어서 아이 의자 소리가 났었는데 최근 새 의자를 구입하고 부직포를 새 것으로 교체하여 소음을 줄였음, 부직포는 3~4개월에 한 번 교체할 예정이며 10시 정도 자녀 취침 권유

※ 아래층 세대

► 윗세대에게 상황을 전달해 드릴 것이고, 생활 패턴이 빠른 시일 내에 바뀔 수 없으니, 몇 주간 지켜봐 주실 것

► 윗집의 안방 자녀 책상 사용 개선으로 저감이 이루어짐

[5] 가전제품 소리

■ 사례 1 : 라디오 및 음악소음 (음양 소음) (피해기간 : 10개월)

[민원접수 내용]

음악소리가 너무 커서 경비실로 항의 전화를 했더니 윗집은 경비실 항의 전화를 받은 후에도 변함 없습니다. 그 후에도 음악소리, 라디오 소리 등으로 재차 더 항의했습니다. 개선되는 사항이 없고 시끄러운 소리가 계속 진행되고 있습니다. 하루 종일 집에서 그 소리를 듣고 있자면 노이로제가 걸려서 환청까지 들립니다. 이제는 더 이상 참을 수을 수도 없도 어떻게 해야 할지 몰라 민원을 신청합니다. 도와주세요.

[현장 확인 세대방문]

※ 아래층 세대(민원인) - 부부, 자녀 2명(5세, 3세)

▶ 입주 초기에 라디오 소리 및 음악 소리로 항의를 한 적이 있는데, 그 이후로 보복 소음으로 인한 쿵쿵거리는 발걸음 소리 소음도 발생함

▶ 남편과도 함께 방문을 하여 항의를 해 보고, 관리사무소를 통해 항의를 하였으나, 위층은 반응을 보이지 않음. 전달되었는지도 모르겠음

▶ 큰 음악 소리와 라디오 소리를 자제해 주었으면 함

※ 위층 세대 - 중년 여성

▶ 혼자 살고 있어서 소음 요인은 없다고 생각함. TV 대신에 라디오를 켜놓는 것임

▶ 오후 5시 이후에 귀가를 함. 집에 없는 시간에도 항의를 함. 아래층이 예민한 것 같음

▶ 아침에 일어나 라디오를 듣는데, 아래층에서 이사 오자마자 올라와서 항의를 했었음. 그 이후에는 아침 시간에는 볼륨을 줄이고 있음. 고의적으로 소음을 발생시키지는 않음

▶ 이른 아침이나, 밤에는 조심을 하겠으나, 낮 시간에는 어느 정도 이해를 바람

[민원인 요구사항]

큰 음악소리와 라디오 소리를 자제해 주길 바라고 보복소음도 내지 않길 원함

[상담 후 조정안]

※ 위층 세대

▶ 음악 소리 및 라디오 소리의 볼륨을 낮출 수 있도록 함. 특히 오후 10시 이후에는 더 주의를 하기로 함

▶ 실내에서 실내화를 착용하도록 함

※ 아래층 세대

▶ 위층이 음향기기 볼륨을 조절하고, 슬리퍼를 신고 발걸음을 조심하는 소음 저감 노력으로 인해 피해가 줄어드는지를 지켜보기로 함

▶ 불만족 사항은 층간소음관리사를 통해 전하기로 함

▶ 상대적으로 낮은 배경 음압으로 인해 소음에 노출된 부분도 있기에, 가습기 등 음압을 올리는 장치가 도움이 될 수 있음을 안내함

■ 사례 2 : 야간시간에 아래층으로 인한 소음(피해기간 : 6개월)

[민원접수 내용]

6개월 정도 전에 이사를 온 후 심야시간의 생활 소음을 비롯한 층간소음으로 피해를 보고 있습니다. 처음에는 위층에서 발생한 소음

으로 생각되어 위층 사람들과 이야기를 해 보았습니다. 위층은 밤에 일하는 사람이라 그 시간대에는 공실입니다. 위층이 공실인데도 소음이 계속 발생하여 이리저리 알아보니 소음은 아래층 때문에 발생하는 것 같습니다. 아래층에 항의하러 내려갔었는데 아래층은 이야기를 들으려고 하지 않습니다. 집에 환자가 있어서 배려를 요청하였으나 나아지는 것이 없기에 신청합니다.

[현장 확인 세대방문]

※ 위층 세대(민원인) - 부부

▶ 특히 밤 1시 정도에 아래층의 퇴근 이후의 소란스러운 활동으로 소음이 발생

▶ 신청인은 새벽 4시에 출근을 해야 해서 일찍 자는데, 심야시간의 소음으로 수면 방해를 받고 있음. 침대가 불편해서 바닥에 이불을 깔고 잠

▶ 소음이 심할 때 밖에서 보면, 아래층 불이 켜 있다.

▶ 들어오면 현관문 닫는 소리와 TV소리, 화장실 배수 소리 등 대낮처럼 소리가 들린다.

▶ 잠자는 시간대를 보호해 주었으면 한다.

※ 아래층 세대 - 할머니, 딸 2(성인), 손녀(성인)

▶ 손녀가 강사인데, 밤 12시 넘어서 퇴근을 한다.

▶ 귀가한 후에 씻고, TV 켜고 잔다. 손녀가 폐쇄공포증이 있어서 불을 켜 놓고 잔다.

▶ 위층이 너무 민감하게 반응을 하는 것 같다. 소리 내지 않고 있을 때도 반응을 보이는 경우가 많다.

▶ 집에 환자(고관절, 고혈압)가 있어서 조용한 분위기이다. 남에게 피해를 주고 싶지 않다.

▶ 개선할 점이 있으면 시행해서 해결을 하고 싶다.

[민원인 요구사항]

밤 10시 이후에 잠자는 시간대를 보호해 주었으면 한다.

[상담 후 조정안]

※ 위층 세대

► 아래층의 현재 상황을 전달하고, 개선 의지와 노력 부분을 전달함

► 바닥 취침으로 직접적으로 소음에 노출되어 있으므로, 침대나 매트리스 등을 통해 바닥과 거리를 두는 것도 도움이 됨을 설명함

► 항의 자제와 불만족 부분은 층간소음관리사를 통해 전달하기로 함

► 위층의 요인 외에도 다른 소음에 영향을 받기에, 음향적으로 취약한 상태임을 설명하고, 침실 쪽에 가습기 등을 권유함

※ 아래층 세대

► 귀가 후의 야간시간은 특히 주의를 요청함. 현관문 닫을 때 주의를 하고, TV소리도 줄이도록 함. 샤워도 배려 차원에서 짧고 신경을 쓰도록 함

► 배려 차원에서 기본적 층간소음 저감 노력을 안내함

■ 사례 3 : 실외기 소음, 문 닫는 소리(피해기간 : 3개월)

[민원접수 내용]

실외기에서 '웅~'하는 소리가 나는데 잠을 잘 수가 없을 정도로 시끄러워서 위층에 조치 좀 해달하고 여러 번 항의를 해도 개선되는 게 없어 너무 힘들며 요즘은 현관문 닫히는 소리가 사람들이 오갈 때마다 들려서 괴롭습니다.

[현장 확인 세대방문]

※ 아래층 세대(민원인) -부부

► 퇴근 후 주로 독서를 하는 편이고 취침은 밤 11시 전후로 함

► 잠을 자다가 위층 실외기가 작동하면 그 소리에 잠이 깸

► 문 닫는 소리가 너무 심하게 들려서 심장이 떨림

► 위층에 항의를 해 보았지만 나아지는 게 없음

※ 위층 세대(피민원인) - 부부, 자녀 2(초2, 초4)

► 아래층의 잦은 항의로 인해 스트레스를 받고 있음

► 실외기 소리가 들린다고 하는데 보통 들리는 소음으로 생각됨

► 맞벌이 부부라 아이들이 하교하면 집에 들렸다가 학원에 감

► 실외기 밑에 소음방지 매트를 설치함

[민원인 요구사항]

A/S라도 받아서 실외기 소음을 조치해 주길 원하고, 출입 시 현관문 소리가 나지 않도록 조심히 닫아 주었으면 함

[상담 후 조정안]

※ 위층 세대

► 실외기를 작동해보니 콤프레샤의 떨림이 다소 크게 들리는 것 같으니 A/S를 받아보도록 권유함

► 현관문 도어키퍼 나사가 풀려 있어서 조여 줌(이후에도 확인 요함)

► 방문이 바람이 닫히지 않도록 스토퍼(문닫힘 방지)를 제공함

※ 아래층 세대

► 위층에서 실외기 A/S를 요청을 한다고 하니 중재기간을 지내보도록 하

고 그 이후에도 소음으로 힘들 경우 소음측정을 할 수 있도록 함

► 위층 현관문이 '쾅' 닫히지 않도록 조치를 하고 추가적으로 환경부/환경공단에서 제공하는 스토퍼를 지급했다고 전함

■ 사례 4 : 세탁하는 소리(분쟁기간 : 5년)

[민원접수 내용]

저녁 6시 이후부터 밤마다 매일 세탁기를 돌려서 잠을 잘 수 없고 스트레스가 심함. 다른 이웃 주민들도 항의마저도 묵살하고 있음.

[현장 확인 세대방문]

※ 아래층 세대(민원인) - 모(신청자)

► 모 : 혼자 거주

► 위층이 세탁영업을 하고 있으며 영업용 손수건을 밤마다 빨래하고 있음. 매일같이 손빨래 및 행구는 소리가 발생하고 있음. 며느리가 2년 전 추석 방문 당시에 밤 12시경에 위층에서 샤워기 내려놓는 소리 및 물 수압소리를 심하게 들음. 시청에서도 여러 차례 방문했었지만 소용이 없음.

► 위층은 올라가면 문도 열어주지 않고 있는 상황임. 위층으로 배달하는 락스 차량도 여러 차례 목격하였음. 현재 관리사무소와 짜고 수도계량을 조작하고 있음

※ 위층 세대 - 노부부

► 노부부(남편 거동이 불편함)

► 뇌출혈로 불편한 아버지와 어머니가 조용히 거주할 집을 구입했다고 생각했는데 아랫집에서 소음항의 제기로 생활이 안 되고 있음. 물 사용도 못할 정도. 세탁기는 사용도 못하고 시도 때도 없이 욕설과 항의로 기본적인 생활도 안 되고 오히려 몸이 불편한 아버님의 건강도 어려움

► 관리소장 진술 : 이전 위층 세대의 경우 아래층의 항의로 인해 이사를 간 상태임. 아래층의 모는 이사를 간 위층이 빨래를 하러 밤마다 다시 온다고 주장함. 락스 차량이 온다는 얘기는 사실무근임. 아래층의 요구로 수도 사용량도 이미 뽑아드린 상태임. 모의 자녀분과 통화를 희망하고 있으며 안타까운 마음이 큼

[민원인 요구사항]

늦은 시간대 세탁을 자제해 주길 원함

[상담 후 조정안]

※ 위층 세대

► 불편사항이 있을 시 상담사에게 유선 연락하시도록 함

※ 아래층 세대

► 윗집이 물을 사용한 적이 없으며 관리소의 협조로 수도 계량 수치도 확인하였음. 부부만 거주하고 있고 거동이 불편한 남편의 상황으로 보아 아래층이 주장하는 세탁소음과 개연성이 없음. 모의 소음 오인 및 며느님이 들었다는 소리의 경우 명절의 특성상 일시적 소음이었을 가능성 제시

※ 2013년 접수 건으로 아랫집 민원인의 치매성 오인소음으로 인한 분쟁

[6] 악기 소리

■ 사례 : 피아노 소리, 악기 소리(피해기간 : 4개월)

[민원접수 내용]

아래층 피아노 소리 및 클라리넷 소리로 인해 매일 같이 소음에 시달리고 스트레스를 받고 있습니다. 관리사무소를 통해 민원을 제기해도 크게 달라지는 게 없습니다.

[현장 확인 세대방문]

※ 아래층 세대(피민원인) - 부부, 자녀 2(초6, 초3)

► 아이들이 방과 후에 학원에 다녀와서 악기 연습을 1시간씩 하고 있음

► 밤에 연주하는 것도 아니고 낮인데 항의받는 것은 너무 심하다고 생각함

► 직접적인 항의는 받지 않았지만 관리사무소 연락은 받음

※ 위층 세대(민원인) - 부부, 신청인

► 대학 졸업반인데 현재 집에서 취업준비(공부)를 하고 있음 ► 피아노에 소음방지를 위한 조치를 취하기를 원함

► 악기 연습을 시간을 정해서 했으면 함

► 갈등이 심해 질까봐 아래층에 직접 내려가지는 않음

[민원인 요구사항]

피아노 소리를 줄일 수 있는 소음 저감 장치를 하기를 원하고 연주도 시간을 정해서 하기를 원함

[상담 후 조정안]

※ 위층 세대

► 아래층에서 오후 5~6시까지 1시간만 악기 연주를 한다고 하니 해당 시간 동안은 양해를 권유함

► 아래층에서 피아노 소음을 줄일 수 있는 방법을 알아본다고 함

► 중재기간(2~3주)이 지나도록 계속적으로 소음으로 힘든 경우 소음측정을 통해 법적기준치를 넘는지 확인해 볼 필요도 있다고 함

※ 아래층 세대

► 민원인이 악기 연주를 하는 것 자체를 문제시 하는 것보다 시간을 정해서 하기 원하므로 조율 가능한 시간을 정해주기를 권고함

► 피아노 소음을 줄이는 저감 장치가 있으니 알아보도록 권유함

[7] 문 닫는 소리

■ 사례 1 : 문 닫는 소리(피해기간 : 10개월)

[민원접수 내용]

위층에서 무엇을 하는지 간헐적으로 문 닫는 소리 외에 서랍장 여닫는 소리 등이 들리는데 그 때마다 깜짝깜짝 놀라고 스트레스를 받는다.

[현장 확인 세대방문]

※ 아래층 세대(민원인) -부부, 딸(고등학생)

▶ 낮 시간대에는 무엇인가를 닫는 소리가 딱딱하고 들리고 밤에는 가끔씩 광하는 문닫는 소리가 심하게 들림

▶ 수면 방해로 수면제를 복용하고 있음. 소음측정기를 구매하여 측정하고 있으며, 소음일지로 기록을 하고 있음

※ 위층 세대 - 부부, 작은 아들

▶ 부부가 주로 거주하고, 큰 아들 내외가 손자를 데리고 주말에 옴. 항의가 심하여 못 오고 있는 상황임. 작은 아들은 직장이 멀어서 가끔씩 집에 방문함

▶ 오전에는 운동을 하고, 오후 2시에서 4시 사이는 교육으로 집이 비어 있을 때가 많음. 집에 사람이 없을 때에도 항의가 들어옴

▶ 작은 아들이 올 때는 오후 11시쯤 귀가를 하고, 보통은 오후 10시에서 11시 사이에 수면을 취함. 새벽시간에 자고 있는데 아래층에서 천정을 쳐서 깬 적이 있음

▶ 원만히 지내고 싶으나 쉽지가 않음

▶ 엘리베이터 안에서 아이에게 혼을 내서 친정 부모님이 아래층에 항의를 하러 갔다 언쟁을 벌인 적이 있음

[민원인 요구사항]

낮에 편히 쉬고 밤에 푹 잘 수 있도록 소음에 주의해 주길 원함

[상담 후 조정안]

※ 위층 세대

▶ 문을 닫을 때 좀 더 주의해서 닫고, 도어 키퍼(Door Keeper)를 설치하도록 함

▶ 아들이 귀가하는 오후 11시는 수면 시간대이므로, 발걸음에 주의하고, 소음 유발행위에 각별히 신경을 쓰기로 함

▶ 성인들은 슬리퍼를 착용하고, 발걸음에 주의하기로 함

※ 아래층 세대

▶ 위층의 아이를 만날 때 혼내지 않도록 함

▶ 위층이 비어 있을 때에도 소리가 날 경우 다른 소음원을 찾아야 하기에 관리사무소나 상담사에게 연락을 주기로 함.

▶ 불만족 사항은 당분간 직접적으로 항의하지 말고 상담사를 통해서 하도록 함

■ 사례 2 : 문 여닫는 소음(피해기간 : 6개월)

[민원접수 내용]

이사 온 지 일주일 후, 아래층 아저씨가 인터폰으로 아이가 뛰어다니도록 놔두는 거 너무 심한 거 아니냐는 내용으로 항의를 했었습니다. 사과를 하고, 소음방지용 매트를 깔아놓고 아이에게 주의를 시키고 있습니다. 그러나 몇달 간, 수차례의 아래층의 방문 항의와 인터폰을 통한 항의로 노이로제 상태에 있습니다. 아이는 계속 이사가

자 조르고 스트레스로 놀이터에서 뛰다가도 멈칫멈칫 합니다. 거듭 사과에도, 나름의 조치에도 친정 부모님까지 나서서 좋은 방향으로 풀어나가려 노력하였으나 상황이 나아지지 않아 중재를 부탁드리게 되었습니다. 저희 부부도 그렇지만 무엇보다도 아이가 스트레스를 받아 걱정스럽고 아이에게 나쁜 영향이 미칠까 무척 염려스럽습니다.

[현장 확인 세대방문]

※ 위층 세대(민원인) - 부부, 딸(6세)

► 사소한 일로도 잦은 항의를 하며, 난폭한 언사를 동반하여 공포심을 유발하고 있음

► 젊은 부부로 맞벌이를 하고 있으며, 아이는 유아원에 다니고 있음

► 항의하러 와서 가끔 문을 차는 등의 난폭한 행동을 하고, 인터폰을 수차례 함

► 엘리베이터 안에서 아이에게 혼을 내서, 아이가 공포를 느끼고 있음. 친정 부모님이 아래층에 항의를 하러 갔다 언쟁을 벌인 적이 있음

※ 아래층 세대 - 부부

► 아이들 들랑날랑할 때 문을 세게 여닫는 소리에 휴식을 방해받고 있음

► 오후 8시 경이 소란하고 불시에 문을 닫는 소리가 시끄러움

► 위층 부모는 제지를 안 함

► 위층이 이사를 오기 전에는 4식구, 6식구가 거주를 했어도 문제가 없었음. 위층이 오고 난 후 소음문제가 생겼음

[민원인 요구사항]

문을 열고 닫을 때 광 하는 소리가 나지 않길 원함

[상담 후 조정안]

※ 위층 세대

▶ 문에 고무패드를 부착하거나 도어 키퍼를 설치하도록 함

▶ 아이들이 집에 들어오고 나갈 때 성급히 문을 열거나 닫지 않도록 함

※ 아래층 세대

▶ 위층에서도 문 여닫는 소음을 저감시키려고 노력하려고 하니 당분간 지켜보기로 함

▶ 위층에 직접적인 항의를 하지 않도록 하고 아이에게 혼을 내거나 불안감과 공포감을 느끼게 하지 않도록 함

▶ 일정 수준의 생활 소음은 어느 정도 수인해야 함을 설명함

■ 사례 3 : 문 여닫는 소리, 성인 걸음걸이, 아이 뛰는 소리, 가구 끄는 소리 등(피해기간 : 2년)

[민원접수 내용]

아주머니가 움직일 때 대부분 소리가 요란하며 자신의 소리가 얼마나 불안정하고 불쾌한 소음을 유발하고 있는 것과 아래층 주거환경에 쉬고 안정을 누릴 수 있는 권리를 침해하며 정신적, 환경적 피해를 야기 시키고 있는 것에 대하여 전혀 인식하거나 인정하지 않고 주의하지 못함. 공동주택에 대한 기본개념과 예의와 인식 절대 부족. 입주 후 일주일 정도 뒤에 아이들이 마구 뛰는 소리에 놀라 올라갔더니 아이들 정신없이 뛰어 놀고 있어 주의를 부탁드렸고, 그 후 케익과 의자 발 커버를 가지고 올라가 다시 한 번 주의부탁을 드렸다. 처음에는 알겠다고 했으나 개선되지 않아 세 번째 올라가니 "아이들이 유치원이 좁아 집에서 마음껏 뛰어 놀게 한다" 며 "남자아이가 둘이면 반은 먹고 들어 가는 거 아니냐, 위집인데 어쩔꺼냐" 적반하장으로 당연한 태도를 취함. 아주머니 거짓말과 달리 위집 아저씨는 전에

도 아랫집으로부터 시끄럽다 얘기 들었다며 주의하겠다고 했으나 아주머니 발소리 소음과 부주의한 행동방식으로 인한 소음과 아이들의 놀이터 수준의 뛰어다는 소리로 인해 심각한 스트레스를 받고 있음.

[현장 확인 세대방문]

※ 아래층 세대 - 부부

▶ 주방 샤시 도르래 고장으로 문 여닫을 때 소리가 너무 큼

▶ 샤시 소리를 들어보고 문 수리를 하겠다고 하였으나 개선되지 않고 있음

▶ 조심성 없는 성인 여자 걸음걸이가 발생

▶ 아이들이 집에서 뛰어놀게 하는 것을 당연시 여기는 인식

▶ 물건을 자주 떨어뜨려서 조심성이 없음

▶ 주방에서 활동하는 소리 및 청소할 때도 소음이 심각하게 발생

▶ 수면방해 뿐만 아니라 정신적 육체적 스트레스가 심각

※ 위층 세대 - 부부, 남아 2명

▶ 아래층이 신경 쓰여서 20시 이전에 세탁기며 모든 살림을 끝냄.

▶ 주말에 미사를 보러 아이들만 두고 부부가 외출했을 때 아이들한테 전화 오고 경찰들이 옴

▶ 샤시는 당장 수리가 어려워 지금은 우선 반대방향으로 사용하고 있음

▶ 아래층의 항의로 사람들의 발길이 끊기고 스트레스를 받고 있음

[민원인 요구사항]

샤시 도르래 수리 및 성인 걸음걸이 개선

[상담 후 조정안]

※ 위층 세대

▶ 조심히 생활을 하기로 약속함

▶ 화분이나 피아노 의자 등에는 소음이 발생하지 않도록 조치를 취하기로 함

▶ 빠른 시일 내에 샤시 도르래 개선을 하기

▶ 아이들뿐만 아니라 어른들도 조심하며 생활을 하기

※ 아래층 세대

▶ 샤시는 빠른 시일내로 수리를 하기로 약속했으니 기다려 주기

▶ 2주간 항의는 하지 않기

▶ 아이들만 있을 때는 항의하지 않고 서로 알고 있는 남자 번호로 문자 연락하기

[8] 운동기구 소리

■ 사례 1 : 운동기구 소리로 추측되는 소음(피해기간 : 1년 6개월)

[민원접수 내용]

밤늦게 퇴근한 위층의 가족들이 심야시간임에도 운동기구 사용하여 소음이 발생하고 있습니다. 몇 년 동안 계속된 피해로 관리소장을 통해 중재를 했으나, 통제권이 없는 상태로 소리가 날 때마다 관리실로 전화하면 중재 받으라는 대답뿐 실질적인 개선이 이루어지지가 않습니다. 심야시간인 새벽시간에 관리실로 연락하는 것은 사실 관리실 직원에게 민폐라 생각됩니다. 관리실 직원들에게 피해자가 더 욕먹는 현실적이지 못한 이런 처리로 계속된 피해가 발생하고 있고, 현재는 감정싸움 을 거쳐 몸싸움으로 번지려 하고 있습니다.

[현장 확인 세대방문]

※ 아래층 세대(민원인) - 노모, 신청인

► 운동기구를 사용하는 소음이 발생함

► 대체로 밤 11시 이후에 소음이 발생하며, 새벽 3.4시에도 소음이 발생함. 이로 인한 수면방해를 받고 있음

► 위층에서 위협적인 반응을 보여 불안감도 느끼고 있다.

► 낮에는 어느 정도 이해할 수 있지만 밤 시간인 10시 이후에는 자제를 해주었으면 한다.

※ 위층 세대 - 50대 부부

► 밤새 운동을 한다고 하는 데 집안에 운동기구가 없고, 10시 이후에는 우리도 취침을 한다. 자고 있는데 운동을 한다고 하니 답답하다

- ▶ 평소에 아래층 할머니가 억지소리를 잘한다.
- ▶ 관리소장 통해서 중재를 해서 조심하고 있는데도 항의는 계속되니 스트레스를 받는다.
- ▶ 개선할 점이 있으면 시행해서 해결을 하고 싶다.

[민원인 요구사항]

밤 10시 이후에는 운동기구를 사용하지 않길 원함

[상담 후 조정안　]

※ 위층 세대
- ▶ 이해와 배려 차원에서 생각해 보기
- ▶ 매트는 설치된 상태이고, 주 동선 쪽으로 이동 재배치
- ▶ 밤 10시 이후의 야간 시간대에는 소음 행위를 조심

※ 아래층 세대
- ▶ 위층에 운동기구 등의 소음원이 없음을 확인시켜 주었고, 할머니도 그 점을 인정하였음
- ▶ 직접적인 항의 자제와 불만족 부분은 관리사무소와 층간 소음관리사를 통해 전달하기로 함

■ 사례 2 : 쇠구슬 굴러가는 소리, 돌 떨어지는 듯한 소음(피해기간 : 1년)

[민원접수 내용]

하루 종일 쿵쿵 울리며 발걸음 소리가 나서 천정이 통째로 울립니다. 문을 닫을 때는 쾅쾅 닫아서 깜짝 놀라게 되고, 그로 인해 심장

이 두근두근 뛰게 됩니다. 그리고 밤에는 쇠구슬 굴러가는 듯한 소리가 들려 자다가도 깨게 됩니다. 돌 떨어지는 소리와 비슷한 느낌이 나기도 합니다. 너무 힘들어 관리사무소를 통해 수차례 조심해달라고 요청하였으나 견딜 수 없을 정도로 심한 상태가 지속됩니다.

[현장 확인 세대방문]

※ 아래층 세대(민원인) - 4인 가족

► 거주한 지는 2년 정도 되었음

► 발걸음 소리, 문 여닫는 소리를 비롯해 세탁기 소리 등 온갖 소음에 피해받고 있음

► 밤 10시 이후에 세탁기를 돌리는 것 같다. 위층에서 매트를 전체적으로 설치하고, 아주 극도로 조심을 해야 해결될 것 같다.

※ 위층 세대 - 부부, 딸(회사원), 아들(고등학생)

► 주간 시간대에는 집이 공실이다. 출근과 등교로 비어있는 경우가 많은데 낮에도 항의를 한다.

► 밤 10시 이후에 소음이 발생한다던데, 고등학생 자녀가 하교해서 잠깐 돌아다니는 정도이다.

► 우리는 어린아이도 없고, 다들 성인이라 조심조심한다. 아래층이 너무 예민하게 반응을 하는 것 같다.

► 아래층의 잦은 항의로 인해, 스트레스를 받고 있다. 직접 항의를 자제했으면 한다.

► 개선할 점이 있으면 시행해서 해결을 하고 싶다.

[민원인 요구사항]

밤 10시 이후에는 세탁기를 돌리는 등 온갖 소음에 주의를 해주길 원함

[상담 후 조정안]

※ 위층 세대

► 어린아이는 없는 상황으로 슬리퍼를 착용하여 발걸음 부분을 조심하도록 권유함. 거실의 중앙지점에는 러그나 카펫을 깔아서 보호하고 신경을 더 쓰도록 안내함

► 문 여닫을 때에도 주의를 요청함

► 배려 차원에서 기본적 층간 소음 저감 노력을 안내함

※ 아래층 세대

► 위층의 현재 상황을 전달하고, 개선 의지와 노력 부분을 전달함

► 직접적인 항의의 자제와 불만족 부분은 관리사무소와 층간 소음관리사를 통해 전달하기로 함

► 위층의 요인 외에도 다른 소음에 영향을 받기에, 음향적으로 취약한 상태임을 설명하고, 실내 음압을 올리고, 심할 때는 산책을 권유함

[9] 기계음 소리

■ 사례 1 : 기계 돌리는 소리, TV소리(피해기간 : 1년)

[민원접수 내용]

천정이 울리고 침대 위에 누워 있으면 머리가 울림. 수면을 청할 수가 없음. 울림이 없도록 해 주세요.

[현장 확인 세대방문]

※ 아래층 세대(민원인) - 할아버지, 할머니, 손주 2명

▶ 작년에는 낮부터 기계를 돌리고 경찰이 출동했을 때 기계를 돌리면 문을 열어 주지 않고 기계를 돌리지 않을 때 문을 열어 주어 위층 거주자가 아무것도 안 한다고 발뺌을 한다고 함

▶ 안방에서 기계를 돌리면 윙윙 소리가 나서 누워 있을 때 천장이 울려서 잠을 청할 수가 없다고 함

▶ 새벽 5시부터 물건을 떨어뜨리고, 쿵쿵 찧는 발걸음소리로 인해 잠이 깨서 새벽 6시에 올라가니 내일 보자고 하고 인터폰을 끊었다고 함

▶ TV를 틀면 하루 종일 TV를 켜놔서 잠을 잘 수가 없다고 함

▶ 위층에 올라가서 항의를 하면 이사 가라고 함

※ 위층 세대-부부, 아들 1명

▶ 아래층 할머니가 환청을 듣고 있는 것 같다고 함

▶ 아파트 전체에서 아래층 거주자를 이사 보내자는 말이 나오고 있다고 함

▶ 집에서 TV시청을 잘 하지 않는다고 함

▶ 아래층 때문에 청소기 사용도 일주일에 1번씩 했었고 안방 화장실도 사용하지 않고 생활하고 있는데 작은 소리만 나면 경찰을 부른다고 함

► 아래층 할머니가 옆집에서 발생하는 소리를 위층에서 소리 난다고 항의하고 나름 조심해서 생활하고 있는데 지속적으로 항의를 하니 힘들다고 함

[민원인 요구사항]

천장 울림이 없도록 해줘라

[상담 후 조정안]

※ 위층 세대

► 집에 손님이 올 때는 아래층 거주자에게 사전에 미리 양해 구하기

► 아래층에서 오해할 만한 행동 자제하기

► 아래층 거주자를 배려한다는 생각으로 조금 더 신경쓰고 주의해서 생활하기

※ 아래층 세대

► 소음은 개인차에 따라 다르다고 설명

► 잦은 항의 자제하기

► 센터업무 안내 및 환경분쟁조정위원회 안내

► 2~3주 동안 중재기간 갖기

■ 사례 2 : 야간시간대에 기계로 의심되는 소음(피해기간 : 10년)

[민원접수 내용]

경찰도 불러봤고 이야기도 해봤지만 자기 집은 아니고 아마도 옆집 아니면 위층일 거라고 핑계만 대고 몇 번을 싸웠는지 모릅니다. 경찰은 나 몰라라 하고 참을 수 있는 데까지 참아왔습니다. 뒤꿈치로

인한 쿵쿵거리는 소리가 납니다. 그 집은 아파트에서 사는데도 슬리퍼를 신고 다니지 않습니다. 소음방지매트 같은 것은 바라지도 않습니다. 낮에는 상관없지만 오후 8시부터 새벽 4시까지 일정하진 않지만 쿵쿵 걸어 다니는 소리가 나고, 동선이 느껴질 정도입니다.

[현장 확인 세대방문]

※ 아래층 세대(민원인) - 할아버지

► 특히 새벽 1시에서 새벽 4시까지 발걸음 소리를 비롯하여 프레스 기계 소리가 난다고 함

► 수면과 휴식을 방해받고 있음. 새벽에 소리가 심해 경찰 신고를 한 적이 있으며, 신고 후에는 3일정도 조용한 적이 있음

► 소음이 심할 때 밖에서 보면, 아래층 불이 켜있다.

► 기계 소리가 나는데, 가정집이니 가동을 금지했으면 한다.

► 잠자는 시간대를 보호해 주었으면 한다.

※ 위층 세대 - 부부

► 밤 11시에서 12시 사이에 귀가하고, 새벽에 출근한다. 집에는 잠만 자러 들어온다. 피곤해서 밤에 움직이기도 힘들다.

► 우리도 가정집이다. 기계는 없고, 게다가 인쇄소 프레스 기계는 둘 공간도 없다.

► 아래층 할아버지가 민감하게 반응을 하는 것 같다. 소리 내지 않고 있을 때도 억지소리를 한다.

► 개선할 점이 있으면 시행해서 해결을 하고 싶다.

[민원인 요구사항]

밤 10시 이후에는 편히 잘 수 있게 잠자는 시간대에 소음자제를 원함

[상담 후 조정안]

※ 위층 세대

▶ 귀가 후의 야간시간에는 특히 주의를 요청함. 발걸음도 조심하고 슬리퍼를 착용하여 신경을 쓰도록 함

▶ 배려 차원에서 기본적 층간 소음 저감 노력을 안내함

※ 아래층 세대

▶ 위층에 기계적인 장치는 없음을 확인 시켜주고, 그 외의 소음 개선 의지와 노력 부분을 전달함

▶ 슬리퍼를 착용하고 신경을 더 쓴 상태에서 개선이 되는지를 지켜보기로 함

▶ 항의의 자제와 불만족 부분은 층간소음관리사를 통해 전달하기로 함

▶ 위층의 요인 외에도 다른 소음에 영향을 받기에, 음향적으로 취약한 상태임을 설명하고, 침실 쪽에 가습기 등 권유함

■ 사례 3 : 위층 세대의 야간 시간대에 작업으로 인한 소음(피해기간 : 1년 8개월)

[민원접수 내용]

위층에서 걷는 소리와 아이 뛰는 소리, 쇳덩어리 떨어지는 소리가 심합니다. 위층에 몇 번 항의했는데 위층 사람들은 우리는 시끄럽게 한 적이 없다고 합니다. 항의를 해도 개선이 안 되어 경찰에 신고도 해 보았지만 나아진 건 없습니다. 문제가 되는 것은 야간 시간대입니다. 남편이 건설업을 해서 일찍 자는데 잘 때 위에서는 작업을 한다고 해서 밤 10시부터 새벽 1시까지 난리가 나서, 잠을 들기도 힘들고, 자다가도 깨서, 피해가 큽니다. 자도 잔 것 같지가 않아 피로감도 큽니다. 위층은 생업이라고 어쩔 수 없다고는 하는데 해결책을 구하

고자 신청을 하게 되었습니다.

[현장 확인 세대방문]

※ 아래층 세대(민원인) - 부부, 유아 2명(5세 · 3세)

► 밤 10시부터 새벽 1시 사이의 위층의 작업으로 인한 층간 소음 주 피해임

► 남편의 생활 패턴상 야간시간에 최대한 조심을 했으면 함. 그 외의 시간은 어느 정도 이해함

※ 위층 세대(소음 피해) - 부부, 아들(중 1), 딸(초 5)

► 업무의 특성상 아침까지 납품을 완료하여야 하고, 야채이기에 신선도 관련 문제도 있고, 야간 시간대만 가능하다

► 생업과 관련된 일이라 어쩔 수 없다. 납품 시간이 정해져 있어서 변경도 어렵다. 그래서 주의를 하는데도 항의가 너무 심하다. 인터폰이 수도 없이 울린다. 이제는 인터폰 소리만 들어도 심장이 요동을 치는 듯하다

[민원인 요구사항]

밤 10시 이후 취침을 한 시간에 소음 행위를 금지해 주길 원함

[상담 후 조정안]

※ 위층 세대

► 작업 공간 바닥에 매트를 설치하고 작업대, 의자 밑에는 흡음재를 부착을 권유하였고 승낙함

► 야간시간인 만큼 소음 관련 행동에 관한 주의를 요청함

► 추후에는 작업 공간을 아래층의 수면 공간을 피해서 변경할 수 있음을 고려하기로 함

※ 아래층 세대

► 위층의 상황을 전달. 조절은 불가한 대신, 소음 저감 노력을 하겠다는 부분을 설명함

► 위층의 작업 공간에 소음 저감 장치를 설치하고, 주의를 기울이며 아래 층에서는 소음의 추세를 지켜보기로 함

► 개선이 없을 때에는 추가적으로 작업 공간을 변경하기 위해 아래층의 수면 공간과의 협의를 하기로 함

► 직접적인 항의를 자제하고, 층간소음관리사를 통하기로 함

■ 사례 4 : 쿵쿵거리는 알 수 없는 소리(분쟁기간 : 2개월)

[민원접수 내용]

위층에서 가내수공업을 하는지 새벽 시간대 쿵쿵거리는 소리 때문에 잠을 잘 수가 없는 상황임.

[현장 확인 세대방문]

※ 아래층 세대(민원인) - 할머니, 할아버지(60대)

► 할머니는 일을 나가시고, 할아버지는 하루 종일 집에 있음

► 위층이 이사 온 이후 새벽시간 쿵쿵거리는 소리로 스트레스를 받고 있으 며 두통이 생김

► 위층 소음 발생 시 베란다에서 소리도 질러보고, 올라가 직접 항의도 해 보았음

► 낮에도 소음이 들릴 때 소음을 피하기 위해 간혹 외출을 한다고 함

※ 위층 세대 - 어머니, 성인 아들1 명, 고등학생 딸 1명

► 오전에 집안일을 하고 낮 12시쯤 방과 후 교사를 나가서 5시쯤 딸과 함 께 집에 옴

- 아들인 경우 야간 아르바이트를 해서 새벽 2시쯤 귀가하는데 얼른 씻고 잠을 잔다고 함
► 아래층의 항의로 실내화와 PVC 매트를 사용 중이지만 별다른 소음원이 없다고 생각함
► 간혹 아래층 거실에서 불경소리도 크게 들리고, 베란다에서 마늘 찧는 소리도 들림
► 밤늦게 아래층 할아버지가 문을 두드리며 고함을 질러 경찰을 부른 적도 있음
► 가슴울렁증이 생길 만큼 스트레스를 받고 있음

[민원인 요구사항]

밤늦은 시간 쿵쿵거리는 발걸음 소리가 안 들렸으면 합니다.

[상담 후 조정안]

※ 위층 세대
► 가족들 모두 슬리퍼 착용을 생활화하고 발걸음에 주의를 기울이기로 함
► 밤늦게 귀가하는 아들 동선으로 매트를 설치하기로 함

※ 아래층 세대
► 위층의 생활패턴을 알리고 위층에서 실내화와 가구패드, 사용 중임을 알림
► 소음을 피할 수 있는 방법을 안내함.(운동하기, 산책하기)
► 직접적인 항의를 자제해 주기를 안내함

■ 사례 5 : 기계 돌리는 소리, 발걸음 소리(분쟁기간 : 10개월)

[민원접수 내용]

발걸음 소리와 원인모를 기계소리(뭔가 제조하고 있는 것같다.) 때문에 위층 방문하여 항의도 해보고 관리소의 도움도 받아 보았지만 효과가 없음. 상담원이 방문하여 중재해 주길 원함.

[현장 확인 세대방문]

※ 아래층 세대(민원인) - 성인 3명

▶ 남편 5시 출근, 아내 낮에 외출 잦음(낮 시간대 사람 거의 없음)

▶ 절구소리 같이 쿵쿵거리며 돌아가는 기계소리가 들린다. 범중에 하는 기계작업에 너무 힘들다. 위층은 들을 생각도 없고 대화로 하려고 하면 오히려 역성을 낸다. 발걸음 소리도 쿵쿵거리며 일부러 크게 내는 것 같다. 주말에 손자들이 오지만 아이들 소리는 이해하고 있다. 부녀회장이 방문하자 문 안 열어주고 밖에서 대화하는 것을 보면 기계가 분명히 있다. 경찰이 와도 관리실에서 와도 아무런 중재가 없고 효과도 없다. 밤에라도 조용히 해주길 원함

※ 위층 세대 - 성인 3명

▶ 부부(집안 거주 가끔 낮 외출), 아들 출퇴근

▶ 부모님이 연로하셔서 일찍 주무시고 기계같은 것은 있지 않다. 아버지는 특히 몸이 안 좋으셔서 휠체어로 움직이시고 아들은 출퇴근하여 집에 있는 시간에는 잠만 잔다. 발소리도 기계 소리도 이해할 수가 없다. 슬리퍼는 어머니는 착용 중이시나 아들은 착용 안 하고 있었으나 앞으로 착용하겠음. 휠체어에도 고무패킹 등이 부착되어 있음

[민원인 요구사항]

수면 방해라도 받지 않길 원한다.

[상담 후 조정안]

※ 위층 세대

► 성인 남자의 발소리도 아래층 전달시 불쾌감을 줄 수 있으니 슬리퍼 착용을 생활화 하실 수 있도록 하시고, 휠체어도 가구 등에 부딪히는 부분이 있으시다면 완충재 사용 권장. 불편한 점 상담사에게 전달될 수 있도록 하기

※ 아래층 세대

► 기계의 유무는 확인할 시간이 더 필요할 것 같고 휠체어 사용이나 슬리퍼 미사용으로 인한 소음일 수도 있으니 개선되는 시간을 갖고 지켜보고 중재기간 중 불편하신 사항은 상담사에게 연락하기

[10] 동물소리

■ 사례 1 : 개 소음 (짖는 소리, 돌아다니는 발자국 소리)(분쟁기간 : 1년 3개월)

[민원접수 내용]

개 소음(개가 짖고 돌아다니는 소리)이 들림. 5마리를 키우고 있음.

[현장 확인 세대방문]

※ 아래층 세대(민원인) - 성인 남성(40대) 1명

► 새벽 3시 30분~4시에 기상을 한 후 출근, 보통 밤 7~9시 사이에 취침함

► 잠을 자야 할 시간에 위층 개들이 돌아다니는 발자국 소리 때문에 수면 방해를 받고 스트레스로 인하여 술을 마시고 억지로 잠을 잘 때도 있음

► 좁은 실내에서 개를 너무 많이 키우는 것이 문제인 것 같음

► 위층에서 제대로 사과도 하지 않고 오히려 큰 소리 치는 게 화가 남

※ 위층 세대-부부, 자녀(신생아)

► 현재 신생아가 있어 부인은 집에서 생활을 하고, 남편은 주야근무를 하고 있음

► 만삭일 때 아래층 거주자가 저녁시간에 술을 마시고 올라와서 위협적으로 문을 발로 차고 고함을 지르는 등의 협박식으로 항의를 해서 스트레스를 많이 받았음

► 한동안 집에 개들을 포함 아무도 없을 때도 개 소음이 들린다며 항의를 한 적도 있었음

► 다른 세대에서 들리는 개 소음(짖는 소리)도 모두 위층에 올라와서 항의를 함

► 개를 많이 키우고 있어(5마리) 집안 전체에 4cm 이상의 매트를 설치하

였고, 추가로 매트시공도 생각하고 있음

* 관리소장 진술내용 : 위층 분이 몸이 많이 불편하셔서 휠체어 사용 중이신데 그 소리로 예측된다.

[민원인 요구사항]

위층에선 개를 키우지 않았으면 좋겠음

[상담 후 조정안]

※ 위층 세대

▶ 현재 매트가 깔리지 않은 부분에 추가적으로 센터에서 제공해주는 매트를 깔아 소음을 저감할 수 있도록 노력할 것을 권유

▶ 아래층과 직접적인 접촉을 피하고 센터나 관리사무소를 통해 중재를 받을 것을 권유

※ 아래층 세대

▶ 직접적인 항의를 자제하고 최대한 관리사무소나 경비실을 통하여 항의할 것을 권유

■ 사례 2 : 개 짖는 소리, 소리 지르고 문 쾅쾅 닫는 소리(분쟁기간 : 12년)

[민원접수 내용]

옆집에서 들려오는 개 짖는 소리와 생활소음으로 인해 지속적으로 항의했으나 달라진 것이 없다.

[현장 확인] 세대방문

※ 옆 세대(민원인) - 50대 부부, 30대 자녀 2

▶ 50대 부부. 30대 아들 2, 취업준비생이었으나, 최근 취업됨

▶ 여러 번 항의해도 소음이 전혀 줄지 않고 있다. 개를 싫어한다. 개가 3 마리 이상인 것 같다. 개 짖는 소리를 교육을 통해 줄였으면 좋겠다.

▶ 스트레스, 탈모, 과민성 대장증후군, 놀람

※ 옆 세대 - 50대 부부, 20,, 30대 아들 2

▶ 현재 강아지를 안방에서 키워서 거의 짖는 소리가 안 나고, 오히려 1303호 강아지 짖는 소리가 더 크다.

▶ 전철 다니는 소리, 항공기 소음, 공장 프레스 소음 등 소음이 심한데도 평소에 조금만 소음이 나도 욕을 하면서 심하게 항의를 한다.

▶ 옆집 남편이 욕을 심하게 하면서 자주 항의를 해서 스트레스가 심하고, 대화 거부

[민원인 요구사항]

개 짖는 소리

[상담 후 조정안]

※ 옆세대 (민원인)

▶ 현재 개를 키우는 데에 대한 아파트 제약 규약이 없으며, 옆집 안방에서 개를 키워서 큰 소리가 나지 않는다. 복도식 아파트이고 항상 문은 열어 놔서 소음이 크게 들릴 수 있는데, 소음이 심하면 소음측정을 통해 객관 적 판단을 요청

※ 옆세대(피민원인)

▶ 안방에서 개를 키우고 개 목걸이를 통해 개 짖는 소리를 줄여주는 등 꾸 준한 소음 자제 협조를 요청

[11] 과도한 항의

■ 사례 1 : 위층의 보복소음(피해기간 : 4개월)

[민원접수 내용]

꼭대기 층인 위층에서 매일 막대기 같은 걸로 아래층에서 벽을 친다면서 그것도 새벽시간대에, 그 걸 보복으로 위층에서 커다란 물건을 시도 때도 없이 내리칩니다. 몇 달 전 가족 모두가 모였을 때, 그 소리를 듣게 되어 경찰에 신고한 적이 있습니다. 경찰이 위층 사는 사람에게 물어보니 복수하고 싶어서 그랬다고 경찰에게 시인도 했습니다. 위층은 점점 더 심 해져 아래층에 살고 계신 부모님이 무서움에 떨 정도로 무언가를 아래층에 시도 때도 없이 내리쳐서 베란다 창문이 흔들릴 정도입니다. 위층은 아래층에서 딱딱거리는 소리가 들린다고 합니다. 아래층에서 매일 소리가 정말로 들린다면 어딘가에 문제가 있을 것 같은데 어떤 해결책이 안나니 답답합니다.

[현장 확인 세대방문]

※ 아래층 세대(민원인) - 노부부

▶ 보복성 소음이 발생하기 시작함. 주로 새벽 시간대에 발생을 하여 수면 방해 및 불안감을 느끼고 있음

▶ 위층은 아래층에서 소음이 발생하여, 보복으로 소음을 발생한다고 함

▶ 노부부가 살고 있고, 소음요인이 적다. 소음원인 규명을 위해 관리사무소와 이웃들과 공동으로 해결을 요청했고, 입주자대표회의에 입안을 한 상태이다.

※ 위층 세대 - 부부, 중학생, 초등학생, 유치원

▶ 꼭대기 층이라 소리는 아래층에서 올라오는 것 같다고 함. 새벽 시간에 쿵쿵거리는 소리로 잠에서 깨는 경우가 많다.

► 아래층과 대화를 하려고 해도 소통이 안 된다. 부정만 하고 인정하려는 태도가 안 보인다. 대화를 진행할 수가 없다.

► 소리가 날 때 우리가 바닥을 치면 소음이 멈춘다.

► 쿵쿵 소리는 항상 난다. 특히 야간시간에 주의를 해줬으면 한다

[민원인 요구사항]

야간시간에 특히 쿵쿵거리는 소리를 주의해줬으면 한다.

[상담 후 조정안]

※ 위층 세대

► 관리사무소와 협조하여 소음원을 파악하기로 함

► 보복성 소음을 자제하기로 하고, 불만족 부분은 관리사무소와 층간소음 관리사를 통해 전달하기로 함

► 외부 요인에 의한 소음일 수 있음을 안내하고, 일정 부분의 소음은 용인 할 수 있는 마음이 도움이 될 수 있음을 안내함

※ 아래층 세대

► 야간시간대에는 소음 유발행위에 신경을 더 쓰기로 함

► 배려 차원에서 기본적 층간 소음 저감 노력을 안내함

► 보복 소음 발생과 불안감 발생 시에는 관리사무소와 층간 소음관리사를 통해 전달하기로 함

■ 사례 2 : 아래층이 옥상에 올라가 내는 보복소음(피해기간 : 10개월)

[민원접수 내용]

우리 집에서 발걸음 소리, 창문 소리, 핸드폰 진동 등의 생활 소

음이 발생하면, 아래층은 우리 집 위인 옥상으로 올라가 보복 소음을 냅니다. 옥상에서 발 구름 소리를 내고, 벽돌을 내리치고, 구두 뒤꿈치로 찍습니다. 그 외에는 아래층에서 천장이나 벽을 칩니다. 전에 옥상에서 소음을 내고 있어서 올라갔다가 아래층이 먼저 쳐서 몸 싸움이 났던 적이 있습니다.

[현장 확인 세대방문]

※ 위층 세대(민원인) - 부부, 아들(대학생)

► 소리만 발생을 하면 천정이나 벽을 치고, 옥상에 올라가서 발걸음 소리, 벽돌로 내리찍는 소리 등을 발생시킴

► 옥상에서 쿵쿵거리는 것은 남편 퇴근 후인 저녁 시간에 발생

► 우리는 어린아이도 없고, 슬리퍼를 착용하여 조심을 하고 있는데, 소음만 나면 항의를 하니 이해하기가 힘들고, 게다가 고의적으로 소음을 발생하고 있으니 피해가 큼

※ 아래층 세대 - 부부

► 소음에 대한 항의 표시로 옥상에 올라가 쿵쿵 구른다.

► 발소리, 핸드폰 소리 등으로 위층에 소음 항의를 하면 위층에서 욕을 함. 대화가 어렵고, 말을 들으려 하지 않음

► 위층은 발뒤꿈치로 찍듯이 걷는다. 그 외에도 의자 끄는 소리가 심하고, 창문 여닫는 소리가 심하다. 휴대폰 진동으로 소리가 울린다.

[민원인 요구사항]

옥상에서 보복 소음을 내지 않았으면 함

[상담 후 조정안]

※ 위층 세대

▶ 전 가족이 슬리퍼를 착용하고, 특히 아침 시간과 오후 10시 이후의 야간시간에는 발걸음에 신경을 쓰도록 함

▶ 가구·의자 밑에 흡음재를 추가로 부착하기로 함

▶ 창문 여닫을 때 소리가 심하니, 윤활유를 뿌리기로 함

▶ 휴대폰을 방바닥에 놓지 않기로 함

※ 아래층 세대

▶ 위층의 현재 상황을 전달하고, 소음 저감 노력으로 인해 피해가 줄어드는지를 지켜보기로 함

▶ 옥상에서의 보복 소음을 자제하기로 함. 불만족 사항은 층간소음관리사를 통해 전하기로 함

■ 사례 3 : 지속적인 항의(피해기간 : 1년 6개월)

[민원접수 내용]

윗집 아가들이 뛰는 소리로 인하여 아랫집 아주머니는 저희 집이 그런 줄 아시고 계속 경비실, 관리사무소에 찾아가셔서 항의를 한다고 합니다. 아래층 부부만 아니면 편안한 삶을 살아갈 것 같네요. 한동안 괜찮으시더니 또 시작하셔서 여러 사람 괴롭히고 있네요.

[현장 확인 세대방문]

※ 아래층 세대 - 50대 부부, 성인 자녀 1명

▶ 이사 온지 1년반 가량 됐고, 계속 소음피해 받고 있음

▶ 여자 거주자는 몸이 아파서 피해가 크고, 남자 거주자는 늦게 들어와 일찍 나가 오전 일을 함으로 수면을 취하지 못해 어려움

▶ 자녀는 시끄럽다고 집을 나갔음

► 아이들 뛰는 소리, 어른들 걷는 소리, 모터소리(밤, 낮)으로 나고 있음

► 새벽 2시까지 안방, 부엌에서 응 ~ 하는 기계음이 발생함

※ 위층 세대(민원인) - 30대 부부, 아이 3명

► 아래층에서 처음에는 TV소리가 크다고 항의를 해 TV 위치를 바꼈음

► 그 후로는 아이들 뛰노는 소리가 난다고 항의를 했는데 24개월 아이가 기어 다니는 상황. 매트를 깔면 더 이상 항의를 안 한다고 하여 매트를 4장 구입하여 설치하였지만 항의를 계속함

► 관리사무소, 경비실, SH공사, 층간소음 관련 교수 다 방문해서 위, 아래층을 방문하여 꼭 소음이 신청자에게서 나는 것이 아니라 했지만 현장에서 알겠다고 하며 또 항의를 함

► 아래층에서도 PM 9시 정도 망치질로 보복 소음을 내고 있음

[민원인 요구사항]

　항의 안하기

[상담 후 조정안]

※ 위층 세대(민원인)

► 아이들 교육용 CD로 교육시키기

► 놀이공간을 정해 그곳에만 매트를 깔기

► 어른들 슬리퍼 신고 생활하며, 그 외 낮 시간동안에는 세탁기 등을 편하게 이용하며 생활하기

※ 아래층 세대

► 소음이 꼭 위에서 발생한다고 생각하지 말기

► 보복 소음 내지 말기

■ 사례 4 : 아래층 항의로 인한 스트레스(피해기간 : 9개월)

[민원접수 내용]

잠을 자고 있는 새벽마다 아래층 할머니가 올라와서 문을 치며 욕하는 항의로 인해 엄청난 스트레스를 받고 있으며, 고소를 하려고 준비하고 있습니다.

[현장 확인 세대방문]

※ 위층 세대(피민원인) - 부부, 자녀(6세)

▶ 오후 8시쯤 퇴근하고 취침은 아이 때문에 밤 10시 전에는 함

▶ 낮에는 아이는 유치원에 가고 집에는 아내만 있음

▶ 새벽마다 신청인 집에서 기도 소리와 찬양 소리가 난다며 아래층 할머니가 올라와서 욕을 하며 문을 치는 소리에 아이가 매번 놀라서 울고 잠을 설치 때가 잦음

▶ 특정 새벽 시간대(03시)에 집안에서 녹화를 하고 있음

※ 아래층 세대(민원인) - 독거(60대)

▶ 위층에서 새벽 시간(03시)에 기도와 찬양을 하는 소리에 잠을 잘 수가 없음

▶ 수차례 올라가서 조용히 해달라고 해도 소용이 없음

▶ 관리사무소나 경비실을 통해 여러 번 항의를 함

▶ 요즘은 낮 시간대에도 소음을 냄

[민원인 요구사항]

잠을 잘 수 있도록 위층에서 제발 새벽에 아무런 소리도 내지 않

기를 원함. 거짓말을 하지 않았으면 함

[상담 후 조정안]

※ 위층 세대

► 아래층에서 상담 이후에도 직접 올라와서 문을 치거나 고성을 지를 때는 바로 경찰에 민원을 제기하도록 함

► 특정 시간대에 계속 올라올 경우 관리사무소에 도움을 요청하도록 함

※ 아래층 세대

► 위층에서는 지정하는 시간대에 잠을 자고 있는 상황을 녹화를 하고 있기 때문에 중재기간 동안 직접적인 항의는 하지 않도록 함

► 소리(기도/찬양)가 계속 들린다고 하니 보호자가 신청인 세대에서 잠을 자보고 상황을 신청인에게 알려줄 수 있도록 함(신청인의 조카와 통화를 하고 상황을 알려줌)

■ 사례 5 : 일찍 취침하는 아래층으로 인한 소음(피해기간 : 4년)

[민원접수 내용]

　아래층은 낮 12시에 청소기 돌린다고 항의하러 올라옵니다. 저녁 8시경에 저녁 식사를 하고 있는데, 뛴다고 항의를 하러 올라옵니다. 또 한 번은 9시경 집에 손님이 와 있었는데, 아래층에서 항의로 벽을 두드리고, 배관을 두드려서 불쾌감을 넘어 공포감마저 느끼게 됩니다. 야간 시간이 아닌 저녁 시간인 오후 7시에서 9시 사이에도 항의하러 올라오고, 현관문 앞에서 욕설을 퍼붓고 갑니다. 아이들도 공포에 휩싸여서 집에 오기가 겁난다고 합니다.

[현장 확인 세대방문]

※ 위층 세대(민원인) - 부부, 딸(초등학교 2학년)

► 오후 6시에서 9시 사이에 주로 항의를 함

► 오후 10시경에 취침을 한다. 수면 시간대도 아닌 저녁 시간에도 항의를 하니 간섭을 받는 느낌이 강하다. 하루 중 가장 많은 인원이 거주하는 시간대이고 당연히 소음도 증가할 텐데, 아래층은 무조건 우리라고만 한다. 우리도 해당 시간에는 소음이 들린다.

► 아래층은 일찍 출근을 해서 일찍 잔다고 한다. 아래층의 생활패턴이 다른 걸로 우리까지 생활패턴을 맞출 수는 없다고 생각한다.

► 아이들이 공포감을 느끼고 있다. 직접 항의를 자제했으면 한다. 해결을 하고 싶다.

※ 아래층 세대(소음피해) - 부부

► 새벽 5시전에 출근을 하여야 함, 오후 6시에서 9시 사이에 취침을 한다. 잠만 자려고 하면 쿵쿵거려서 잠을 잘 수가 없다. 현장 근무로 몇 달에 한번 집에서 자려고 하면. 소음이 발생한다.

► 많이 참다가 위층에 올라가 항의를 한다. 막대기로 천정을 치면 위층 아이들이 발뒤꿈치로 바닥을 찍어서 대항한다.

[민원인 요구사항]

욕설이나 직접적인 항의를 자제했으면 한다. 문제를 원만히 해결을 하고 싶다.

[상담 후 조정안]

※ 위층 세대

► 이웃에 대한 배려로 저녁 시간대이지만 주의를 요청함

► 슬리퍼, 매트, 가구 부착 흡음재 등을 통하여 소음 저감 노력을 하기로 함

► 아래층의 항의 등으로 인한 불만족 사항은 관리사무실이나 층간소음관리사를 통해 전달하기로 함

※ 아래층 세대

► 보편적으로 수면 시간대가 아닌 상황을 설명함. 위층의 층간소음 저감 노력으로 피해감이 줄어드는지를 지켜보기로 함

► 어느 정도의 소음은 용인할 수 있는 태도가 도움이 됨을 설명함

► 아이들의 공포감을 전달하고 직접항의 방문 자제 요청을 전달함

► 천정 및 배관 두드림 자제 요청함

■ 사례 6 : 천정을 치는 소리, 주방 냉장고 위쪽이 더 심함(분쟁기간 : 1년)

[민원접수 내용]

위층에서 고의로 바닥을 내려친다. 관리사무소에 찾아가도 별다른 해결을 안 해 준다.

[현장 확인 세대방문]

※ 아래층 세대(민원인) - 할머니(60대)

► 몸이 아파서 10년 전 일을 그만두고 집에서 쉬고 있음

► 위층이 1년 전 이사 온 이후 바닥을 내리치는 소리로 스트레스를 받고 있으며, 두통이 심해서 일상생활을 할 수가 없음

► 집에 있는 것을 위층이 알면 소음을 낼까 봐 들어 올 때도 숨다시피 들어옴

► 밤 시간대 주방 냉장고 위쪽에서 내리치는 소음이 심함

※ 위층 세대 - 부부, 대학생 딸 1명, 고등학생 딸 1명

► 낮에는 부인만 집에 있고 저녁 시간대 이후에 가족들이 모임

► 별다른 소음원이 없다고 생각하며 아래층의 항의로 실내화와 가구패드 등을 사용 중임

► 휴대폰 진동 소리도 아래층에 전달될까 봐 거치대를 사용 중임

► 큰소리로 마찰도 있었지만 위, 아래층 함께 살고 있으니까 문제가 잘 해결되기를 바람

[민원인 요구사항]

내려치는 소리가 들리지 않았으면 좋겠다.

[상담 후 조정안   ]

※ 위층 세대

► 실내화와 가구패드 등을 지속적으로 사용하기로 함

► 생활패턴을 아래층에 알려서 오해를 풀고 관리소를 통해서라도 대화를 지속적으로 해 볼 것을 권유함

※ 아래층 세대

► 위층의 생활패턴을 알리고 위층에서 실내화와 가구패드, 휴대폰 거치대 등을 이용 중임을 알림

► 상담 후 소음측정 결과 규칙적으로 내려치는 듯한 소리가 집안 내부소음으로 생각되었음

► 소음이 주로 냉장고(20년 이상된 제빙기능 냉장고)부분에서 발생하므로, 냉장고 점검을 통해 소음원을 찾아 볼 것을 권유함

■ 사례 7 : 천정과 욕실 배관 등을 치는 소음(분쟁기간 : 2년)

[민원접수 내용]

위층에서 야구방망이로 그 위층 소음에 보복하기 위해서 천정과 마루 바닥을 일부러 쳐서 소음이 아래층까지 전달된다.

[현장 확인 세대방문]

※ 아래층 세대(민원인) – 노부부

► 위층에서 그 위층(504호)의 소음(물건 끄는 소리, 청소기 소리 등)으로 괴롭다며 마루 바닥 등을 치는 소리가 수시로 나서 괴롭고 스트레스가 심함

► 보복 소음으로 위, 아래층 여러 세대가 고통을 받고 있음

► 위층으로부터 아래층의 의자 끄는 소리와 친지 방문 시 말하는 소리 등이 들린다는 항의를 받았음

► 관리소를 통한 중재도 받았지만 보복 소음이 줄어들지 않음

※ 위층 세대(404호) – 부부, 자녀 2명

► 위층에서 나는 발소리, 끄는 소리, 청소기 소리 등으로 괴로워 천정이나 마루 바닥을 친 적이 있음. 본인을 괴롭히려고 친다는 생각이 듦

► 관리소를 찾아가도 아래층(304호)편만 든다는 생각이 들고 아래층(304호)이 위의 위층(504호)에게 보복 소음을 해달라는 부탁을 한 것을 알게 되어 화가 남

► 아래층(304호)과 전화번호라도 교환하여 대화할 수 있었으면 좋겠음

[민원인 요구사항]

보복 소음의 금지

[상담 후 조정안]

※ 위층 세대

▶ 본인 집(404호) 위층의 소음으로 괴롭다고 하므로 그 위층(504호)과 상담함. 504호는 어른들만 거주하여 별다른 소음상황은 없지만, 매트 등 소음 저감 제품을 이용하여 노력하는 모습을 보여주기로 함

※ 아래층 세대

▶ 위층(404호0에 보복 소음의 자제를 요청하고 보복 소음으로 맞대응하기보다는 가구패드 등을 사용하여 세대 내 소음을 저감하는 노력을 위층에 보여주기로 함

■ 사례 8 : 우퍼 소리(분쟁기간 : 7개월)

[민원접수 내용]

매일 우퍼를 틀어 놓고 사는 것 같음. 퇴근 이후에도 휴일에도 항시 켜져 있음

[현장 확인 세대방문]

※ 옆세대(민원인) - 부부, 아이 2(20세, 초 5학년)

▶ 남편 : 지방출장 중 / 아내 : 직장인

▶ 옆집은 2월경 이사를 온 것임. 4/19일 소음이 시작되었으며, 당시 라디오 소리를 크게 틀어 놓은 것이라 생각되었지만 이후 주말에 음악 소리가 크게 들림. 멜로디 있는 음악부터 드럼 소리까지 녹음 해 놓은 상태임. 1802호에서 쿵쿵거리는 소리가 심해 일부러 켜 놓은 것이라는 말을 들음. 집을 비운 시간에도 본인의 집에서 소리가 들린다며 다른 집의 소리일리 없다고 주장하고 있음. 옆집은 인터폰을 끄고 경비실을 통한 항의도 없이 일방적으로 소리를 켜 놓고 있으며 구체적인 소음유형 및 시

간대에 대한 언급 또한 없었음. 옆집과 여러 차례 대화를 시도하려고 해 보았지만 모습을 드러내지 않음. 상담받기 전날 경찰을 부른 상황에서도 문을 열지 않아 인터폰을 통해 의사소통을 하였음. 자신들은 소리를 틀은 적이 없다며 당당한 태도를 보임. 1701호 또한 해당세대의 소리로 피해가 심함. 옆집이 이전에도 소음 갈등으로 칼부림이 날 뻔 했었으며, 경찰을 부른 적이 있다는 얘기를 들은 적 있음

※ 옆세대 -

► 방문하지 못함(문을 열어주지 않음 or 부재)

► 1801호가 인터폰도 받지 않고 연락처도 주지 않는 상황임

[민원인 요구사항]

옆집과의 소통을 원함

[상담 후 조정안   ]

※ 옆세대(민원인)

► 중재기관의 특성상 피민원인 세대의 협조가 있어야 중재가 가능한 부분임을 안내. 피민원 세대와의 접촉을 위해 관리사무소의 협조 요청 및 방문 서신을 전달하도록 함. 1차적으로 해당 세대와의 소통을 위해 2주의 기간을 두고 연락을 기다려보도록 함

※ 옆세대(피민원인)

■ 사례 9 : 충격음, 발소리로 인한 울림, 뭔가를 굴리는 소리(분쟁기간 : 10년)

[민원접수 내용]

수면 방해로 인한 스트레스 및 신경쇠약(1605호). 관리사무소에서

16층, 17층, 18층 간의 분쟁에 대한 의뢰를 대행하였음.

[현장 확인 세대방문]

※ 아래층 세대 - 부부, 자녀(33살)

► 남편은 9시 이전에 출근함. 저녁 9시~10시 퇴근함. 자녀는 8시, 10시 귀가함. 아내는 집에 상주하고 계심

► 생활 소음으로 인한 노이로제, 수면 방해, 스트레스로 인한 신경쇠약 (1605호)

► 초기에는 17층에서 나는 소리 일거라 생각하여 17층과 직접적인 분쟁이 있었음. 그러나 17층에서 장기간 집을 비웠음에도 불구하고 소음이 지속되어 18층과 분쟁이 생김

► 8층에서의 소음이 건축 구조상 16층까지 전달되기 힘든 이유는 18층은 17층과 슬라브 사이에 70cm 정도의 공간이 특수하게 존재하므로 16층에 들릴 수 없다고 함. 이 분쟁으로 인해 1605호의 거주자가 상당히 과격해 졌다고 함

※ 위층 세대 - 어르신(독거) 1705호, 부부, 아이(9세, 22세), 어르신(1803호)

► 거주자는 7명이나 되지만 어른 한 명과 아이들을 제외한 분들은 다 직장을 다님

► 저녁 10시 즈음에 귀가함. 자녀들은 저녁 8시에 취침

► 잦은 항의와 보복 소음으로 인한 스트레스

► 민원인의 과격한 보복 소음 행위로 인해 스트레스를 받음.(소음의 근원지가 아니라고 주장하며 비디오카메라로 동시 촬영한 장면을 보여줬으나 소용이 없었음. 주변 지인에게 과격한 언어를 사용하여 신경쓰임.)

[민원인 요구사항]

수면방해로 인한 스트레스가 쌓였으나 좋게 해결되었으면 좋겠다고 말함.(1605호)

[상담 후 조정안]

※ 위층 세대

▶ 소음저감 등 노력을 민원인과 아래층 거주자에게 전달하겠다고 함.(직접적인 접촉을 피해 달라고 당부함)

※ 아래층 세대

▶ 직접적인 보복 소음 자제 요청함. 소음측정이 목적이 아닌 중재의 목적이 크다는 것을 알림

제2장 다세대 주택(빌라)

[1] 어린이 뛰는 소리

■ 사례 1 : 위층 어린이 뛰는 소리(피해기간 : 6개월)

[민원접수 내용]

윗집 소음 공해가 너무 심합니다. 아이들 뛰는 소리, 아침 7시 쯤 아이들 일어난 시간부터 어린이집 가는 시간까지. 아이들 어린이집 갔다 오는 오후 4~5시 경부터 밤 11시 12시까지

[현장 확인] 세대방문

※ 아래층 세대(민원인) - 부부, 자녀(2세)

► 위층에서 아이들이 오전에는 7시~9시까지 오후에는 4시~ 밤 11시~12시까지 뛰어다님. 또한 물건 떨어뜨리는 소리, 가구 끄는 소리 등 소음이 심함

► 위층에 밤 8~9시부터는 소음을 줄여달라고 부탁하였으나 개선되지 않음

► 위층에 소음을 항의하면 항의한다고 역정을 내서 싸우게 되었음

► 위층에서 매트를 7월 22일 설치하였다고 사진을 보내왔으나 소음저감 효과는 없었음

※ 위층 세대 - 부부, 자녀 2(7세, 5세)

► 아래층의 잦은 항의로 스트레스가 심함

► 거실 전체에 4장의 두꺼운 매트를 설치하였음. 아이들이 뛰지 않은 때에도 항의함

► 20 : 00 이후 소음이 유발될 만한 가전(청소기, 세탁기 등)은 사용하지 않음

► 20 : 00 이후 아래층 아기방의 위쪽 방은 문을 잠궈 놓고 사용하지 않음

► 주말에는 항의가 듣기 싫어 인근 친정으로 가기도 함

[민원인 요구사항]

21 : 00 이후 위층 아이의 정온한 생활 요청. 지속적인 매트 사용 요청

[상담 후 조정안]

※ 위층 세대

► 매트를 지속적으로 사용하고 밤 9시 이후 정온 유지를 당부하였음.

► 위층의 소음 저감노력을 아래층에 설명하고 이해를 당부하겠음.

※ 아래층 세대

► 위층 방문하여 매트 지속적으로 사용과 밤 9시 이후 정온유지를 당부 하겠음.

► 위층에 항의를 자제하기를 당부함.
[위층 상담 후 위층의 아이 뛰는 소리, 물건 떨어뜨리는 소리 및 가구 끄는 소리 등에 대한 소음저감 노력을 아래층에 전달하였음.]

■ 사례 2 : 아이들 뛰노는 소리(피해기간 : 5개월)

[민원접수 내용]

소음 때문에 신고를 합니다. 얘들이 너무 시끄럽고 쿵쿵 소리 때 문에 우리도 집안에서 너무 시끄러워서 약 사먹고 있습니다. 한번 방 문 해 주세요. 부탁드립니다.

[현장 확인 세대방문]

※ 아래층 세대 – 부부, 대학생 딸, 재수생 아들

► 새벽 2시에 아이들 뛰는 소리와 대화 소리가 들림

► 아침 일찍 잠을 깸. 2시까지 아이들이 안자고 돌아다님

► 대학교 3학년 딸은 공부가 안돼서 도서관을 감. 경찰도 다녀감

► 아침 일찍 잠을 깨서 특히 아침에 조심해 주었으면 함. 부인은 소음을 느끼지 못함. 남자만 예민한 것이라고 생각함

※ 위층 세대 – 부부, 할머니, 6세 여아, 4세 남아

► 베트남 부인과 할머니가 아이들만 있을 때 술 먹고 올라와서 욕설 및 항의

► 위협적인 항의로 불안함

► 아래층의 항의로 아이들에게 화풀이를 하고, 아이만 잡게 됨

► 아래층 남자와 고모가 직접 대화를 하려고 하고 있으나 시간이 안 됨

► 고모와 아래층 여자와는 대화가 잘됨

[민원인 요구사항]

소음 줄어들기

[상담 후 조정안]

※ 위층 세대

► 매트에 대한 오해부분 설명하기

► 아침시간 특히 조심해 주가

► 뽀로로 동영상 교육용 CD 및 사뿐이 슬리퍼 제공하여 체험해 보기

► 아래층 거주자의 위협적안 항의 시 경찰에 도움받기

► 아래층 거주자와 대화하기(방법) 3

► 특히 아침 시간에 조심할 수 있게 위층에 중재안을 전달하기

► 소음이 심할 때는 소음을 피하는 것도 방법임을 알리기

■ 사례 3 : 위층 미취학아동 2명의 공놀이 등으로 인한 소음(피해기간 : 1년)

[민원접수 내용]

　　대중없고 일반적으로 낮부터 밤12시까지 시끄럽습니다. 종종 새벽 1시까지도 시끄러울 때가 많습니다. 아이랑 어른들이 늦은 밤까지 뛰어다니는 소리가 나고, 어떨 때는 농구공 소리도 시끄럽게 납니다. 아이 우는 소리와 아이 야단치는 소리, 청소기 소리 등 온갖 소리가 납니다.

[현장 확인 세대방문]

※ 아래층 세대(민원인) - 부부

► 대중없이 낮부터 밤 12시 사이에 소음 발생

► 쿵쿵 거리며 천정을 울리는 느낌을 동반함, 이로 인해 스트레스를 받고 있으며, 밤 10시 이후의 소음으로 수면 방해도 겪고 있음

► 빌라로 관리사무소가 없어 직접 올라가 항의를 했으나, 개선된 점은 없음

► 빌라로 소음이 취약한 것 같음

※ 위층 세대 - 부부, 아이(4세)

► 남편은 오후 9시 30분 경에 귀가를 하고, 오후 10시에서 11시 사이에 아이들과 수면을 취함. 주의를 하고 있음

► 전에 아래층에서 1번 올라와서 알겠다고 하고 내려갔었음.

► 초저녁 때에 아이가 활동을 하는 시간대라 주의를 하고 있음. 층간 소음 매트는 설치되어 있음

[민원인 요구사항]

밤 10시 이후에는 취침할 수 있도록 소음에 주의를 해주길 원함.

[상담 후 조정안]

※ 위층 세대

► 층간 소음 저감매트의 위치를 아이의 주 활동 공간과 동선으로 이동 배치함

► 성인은 슬리퍼를 착용 중에도 발걸음에 주의를 하기로 함. 특히 오후 10시 이후에는 더 주의를 하기로 함

► 오후 10시 이후에는 아이들에게 층간소음 관련 훈육에 신경을 쓰기로 함

► 아이가 매트 위에서 활동하게끔 하기로 함

► 청소기, 세탁기 등의 소음 유발행위는 낮 시간에 하기로 함

※ 아래층 세대

► 위층의 현재 상황을 전달하고, 소음 저감노력으로 인해 피해가 줄어드는지 여부를 지켜보기로 함

► 직접 항의는 자제하기로 함. 아이가 불안해하는 부분이 있기에, 불만족 사항은 층간소음관리사를 통해 전하기로 함

► 일정 수준의 소음은 어느 정도 수인해야 함을 설명함

► 잠자리 주변에 가습기 등 음압을 올리는 장치가 도움 될 수 있음을 설명함

■ 사례 4 : 아이 뛰는 소리, 어른 걷는 소리(피해기간 : 36개월)

[민원접수 내용]

위층에 아이가 4명이 있는데, 하루 종일 뛰는 소리 때문에 편히 쉴 수도 없고, 잘 수도 없어서 수차례 올라가서 항의도 하고 매트를 더 깔아달라고 요청도 해 보았지만, 위층에서는 할 수 있는 노력은 다하고 있다고만 하고 나아지는 것은 전혀 없습니다. 아주머니 발소리도 장난 아니게 큽니다.

[현장 확인 세대방문]

※ 위층 세대(민원인) - 부부, 자녀 4(초3, 초1, 6세, 4세)

► 거실과 방마다 매트도 깔고 아이들도 주의를 주고 있는데 아래층에서 수시로 항의를 하는 것 때문에 너무 큰 스트레스를 받고 있음

► 위층 소리때문 참기 힘들 때마다 연락을 달라고 핸드폰 번호를 줬는데 때로는 아이들이 뛰지 않을 때도 뛴다고 문자를 함

► 아이들은 아빠가 늦게 퇴근하는 관계로 밤 11시 정도에 취침함

► 아래층에서 키우는 개소리도 시끄러운데 참고 있음

※ 아래층 세대(피민원인) - 부부, 강아지

► 위층 아이들 뛰는 소리로 인해 정온한 생활도 어렵도 낮에 잠을 잘 수도 없음

► 남편은 2교대 근무로 낮에 잠을 자야 하는 상황임

► 관리사무소가 없는 빌라이기 때문에 직접 항의를 하다 전화번호를 받은 뒤로는 수시로 문자를 보내고 있음

► 매트를 추가적으로 설치하길 원하고 어른들도 실내화를 착용하기를 원함

[민원인 요구사항]

아래층 항의를 더 이상 받지 않기를 원함. 옆집도 아이들을 키우는데 소리가 날 때마다 우리 집이라고 생각하지 않았으면 함

[상담 후 조정안]

※ 위층 세대

▶ 환경부/환경공단에서 제공하는 아동용 매트와 실내화를 지급함

▶ 밤 10시 이후에는 아이들이 뛰지 않도록 더 주의를 권고함

※ 아래층 세대

▶ 위층에서 설치한 매트를 사진으로 보여드리고 추가적으로 매트와 실내화도 제공해드린 상황임으로 중재기간(2~3주)을 지내보도록 함

▶ 중재기간 동안에는 직/간접적인 항의를 자제하도록 권유함

▶ 소음개선이 없을 경우 소음측정을 해볼 수 있음을 안내함

■ 사례 5 : 옆집에서 나는 소음(피해기간 : 2년)

[민원접수 내용]

밤 9시 이후 잠을 지야 하는 시간에 소음을 낸다. 일부로 소음을 낸다. 벽 하나 사이에 싱크대가 있다. 우리 집 아저씨가 비스 운전기사인데 잠을 못자서 사고가 두 번이나 났다. 옆집 중학생 1명, 초등학생 1명이 있고, 뛰어 다닌다. 스트레스로 인하여 신경성 위장병이 생겼다.

[현장 확인 세대방문]

※ 신청인 세대(민원인) - 부부, 성인 자녀

▶ 저녁 9시 이후로 새벽 1시 사이에 소음 피해가 발생함

▶ 남편이 버스 운전기사인데 수면을 방해받고 있음

▶ 벽하나 사이에 주방이 위치해 있고, 부주의한 소음으로 인한 피해와 아

이들의 심한 장난으로 인한 피해 발생

▶ 직접 방문도 했었고, 개선이 없어 경찰에 신고한 적이 있음. 벽을 두드리면 괜찮아짐

※ 옆집 세대 - 부부, 중학생, 초등학생

▶ 등교와 출근으로 낮 시간대에는 주로 공실이다. 복귀 후 저녁 식사를 하고, 휴식을 취하다가 수면에 든다.

▶ 잦은 항의로 인해 스트레스를 받고 있다. 옆집이 소리만 나도 벽을 치는 소리가 난다.

▶ 개선할 점이 있으면 시행해서 해결을 하고 싶다.

[민원인 요구사항]

밤 9시 이후에 잠을 자야 하기 때문에 소음에 주의를 해주길 바람

[상담 후 조정안]

※ 옆집 세대

▶ 아이들에 대한 훈육과 지도, 특히 수면 시간대(오후 10시 이후에는 신경을 더 쓰기로 함. 또한, 매트를 깔기로 함

▶ 다세대 주택의 구조적 특성을 설명하고, 이웃에 대한 배려로 주방에서 신경을 쓰기로 함

※ 신청인 세대

▶ 다세대 주택의 구조적 특성을 설명하고, 어느 정도의 소음은 용인하는 태도가 도움이 됨을 설명함

▶ 옆집이 오후 10시 이후에 신경을 쓴 상태에서 소음 피해가 개선이 되는지를 지켜보기로 함

▶ 추가적으로 옆집이지만 뛰는 소리가 난다고 하여 매트도 설치하기로 함

► 항의의 자제와 특히 보복성 소음의 자제를 요청함. 불만족 부분은 층간 소음 관리사를 통해 전달하기로 함

► 옆집의 요인 외에도 다른 소음에 영향을 받기에, 음향적으로 취약한 상태임을 설명하고, 거실 쪽에 분수대, 어항 등 음압레벨을 높일 수 있는 장치를 권유함

■ 사례 6 : 아이 발걸음 소리, 아이 뛰는 소리(분쟁기간 : 4개월)

[민원접수 내용]

4월 중순경 이사 온 후 얼마 되지 않아 어른 발걸음 소리가 들려 항의를 함. 위층 거주하는 아이들은 없고, 1주일에 2~3번 손자들이 놀러 오는 상황임. 무엇보다 어른들이 쿵쿵거리며 걷는 소리로 인해 스트레스를 받고 있으며, 귀마개도 착용도 해 보았으나 소용이 없음.

[현장 확인 세대방문]

※ 아래층 세대(민원인) - 부부

► 위층에서 쿵쿵 찧고 다니는 발걸음 소리로 휴식 방해를 받아 스트레스가 심함

► 좋은 관계 유지를 위해 휴지와 슬리퍼를 위층에 갖다 주었으나 저녁에 도로 가져왔다 함

► 일주일에 1~2번 손주들이 놀러 올 때는 소음이 더 심해짐

► 소음발생 시 항의하면 "미안하다."고 해주면 감정이 상하지 않고 이해하는 측면이 생길텐데 전혀 대화가 되지 않음

※ 위층 세대 - 노부부, 성인 딸 1

► 아래층(민원인)이 이사 오기 전까지 층간 소음 문제로 항의를 받은 적이 없음

► 4월 이사 온 후 일주일 지나면서 어른 발걸음 소리 때문에 항의를 받기 시작하면서 스트레스가 쌓임

► 노부부와 딸이 살고 있어, 가족 모임이 있어도 아래층이 항의 할까봐 밖에서 하고 있는 상황

► 아래층 요구 사항을 이해하는 부분도 있어 상담에 임하는 입장을 밝힘

[민원인 요구사항]

슬리퍼를 착용해서 어른 발걸음 소리를 줄였으면 좋겠다.

[상담 후 조정안]

※ 위층 세대

► 발걸음 소리에 더욱 주의를 기울이기로 하고 매트 등 저감제품을 지속적으로 사용하기로 함

► 집안 행사 등 소음발생 시 경비실을 통해 사전에 아래층 양해를 구하기로 함

※ 아래층 세대

► 생활 소음에 있어서 어느 정도 수인해야 하는 부분에 대해서 안내함

► 상담이 후 완전히 소음이 없어질 수 없음을 안내함

► 슬리퍼, 매트 등 저감제품을 위층에 제공하여 층간소음 저감에 노력하고 있음을 알림

[2] 어른 발걸음 소리

■ 사례 1 : 성인 걸음 걸이(분쟁기간 : 5개월)

[민원접수 내용]

5월 3일에 이사오셨는데요 이사당일 발소리가 쿵쿵나고, 가구 옮기는 소리가 나도 이삿날이니 참고 있다가 10시가 넘어도 쿵쿵대서 관리실을 통해서 조용히 해 주십사하고 연락을 드렸습니다. 다음날 밤늦게까지 대놓고 쿵쿵대지는 않는데 뭔가를 드르륵 끄는 듯한 소리가 계속 들려서 참다참다 새벽 1시에 경비실로 또 인터폰을 했더니 바로 뒤에 부부 두 분이 쫓아 오셔서 벨을 막 누르시고 나가니 현관 앞에서 얼굴보자마자 소리를 지르시더군요. 방금 들어왔는데 무슨 소음이 나냐고 하시면서 아저씨분께서 현관을 막으시면서 걷지도 말고 이렇게 기고 다닐까 그러시면서 고함을 치시더군요. 남들 다자는 새벽 1시에요 아저씨분은 먼저 올라가고 아주머니분이 남으셨는데 처음에는 저희가 '여기 층간 소음이 장난 아니다. 우리도 1 달 전에 이사 왔는데 집에 슬리퍼만 10켤레 가까이 된다. 일반적인 아파트보다 훨씬 소리가 난다. 걸을 때 조심하고 빨리 슬리퍼를 구입해서 신고 다녀달라 등의 말씀을 드릴 때까지는 아~몰랐었다. 이러시더니 나중에는 결국 사람이 예민한거라고. 자기들 쪽은 아무 문제도 없는데 우리가 예민한 사람인거라고 느껴지게 말하시고는 올라가시더라구요.

[현장 확인 세대방문]

※ 아래층 세대 - 엄마, 30대 성인 딸

▶ 아이들만 있을 때 항의를 가고 위층에 메모를 붙여도 사업하는 부모님이 내용을 전혀 모름. 대화가 단절된 듯함

► 이전 거주자는 조용했음. 위층 이삿날 첫 인터폰을 22시 이후에 함

► 다음날도 새벽 3시까지 소음이 발생해서 인터폰을 하니 바로 뛰어 내려옴

► 첫 인터폰 한 후에 바로 센터에 상담 신청을 함

※ 위층 세대 - 부부, 성인 자녀 2명

► 아래층에서 이사 첫날부터 시끄럽다고 항의가 들어와서 조심스럽게 지냈음

► 현재 슬리퍼를 사다가 착용 중. 다들 걸을 때 앞꿈치로 걷고 다니고 있음

► 아이들은 저녁 늦게 들어와서 방에서 책을 보거나 바로 자기 때문에 시끄러울 수 없음

► 아래층 사람이 너무 예민하다고 생각함. 아래층에서 소음은 줄었다고 전해달라니깐 바뀐 것 없이 똑같이 살고 있다고 함

► 아이들이 새벽에 들어와서 소음이 발생한다고 주의를 요하니깐 아이들은 밤에 들어와서 책만 읽다가 잔다고 함

► 위층에서는 항상 조용하게 살고 있고 앞으로도 조용하게 살테니 아래층에 전달해 달라

[민원인 요구사항]

층간 소음에 취약한 건물. 슬리퍼착용 및 위층의 인식변화필요

[상담 후 조정안]

※ 위층 세대

► 아파트의 구조의 특성상 층간 소음이 심한 편임을 인식하기

► 발자국 소리가 잘 울리고 특히 외부 소음(배경소음)이 낮아 조그만 소리도 아래층에 피해를 줄 수 있음

► 아이들에게 저녁 10시 이후에 발걸음 및 생활 소음을 줄일 수 있도록 주의를 주기

※ 아래층 세대

▶ 여자 둘만 있을 때 분쟁이 심해지면 외부의 도움받기

■ 사례 2 : 발걸음 소리, 물 사용하는 소리(피해기간 : 4년)

[민원접수 내용]

현재 집에서 5년 거주 중입니다. 첫 아이가 태어나서 5년 거주 했습니다. 아이가 조금 걸음을 걸으면서 부터 시작된 일입니다. 아이가 뒤꿈치를 들고 다니고 항상 조금만 뛰려고 하면 혼을 냈습니다. 그리고 시중에 판매중인 알집 매트라는 것도 100만원 상당을 들여 공사도 했습니다. 제가 할 수 있는 모든 것을 했습니다. 그럼에도 불구하고 아랫집은 위층 창문을 막대기로 때리며 항의도 하고 인터폰으로 전화하고, 여러 가지 방법으로 저희를 괴롭힙니다. 아이는 아이대로 저희는 저희대로 너무 스트레스가 심합니다. 아이가 너무 스트레스를 받아 언어장애가 온 적이 있습니다. 지금은 아니지만 아랫집에 내려가서 죄송하다고 이야기도 해 보고 저 나름대로 최선을 다한다고 생각합니다.

[현장 확인 세대방문]

※ 아래층 세대 −성인 여자 혼자 거주

▶ 소음이 발생되었을 때 직접 올라가 말해 봤지만 아니라고 하여 소음이 날 때 보복 소음으로 벽을 치거나 두드림

▶ 다세대 주택이고 5가구가 위아래 모두 붙어 있는 구조라 이해하려 했지만 소리가 너무 심해 임대인인 LH공사에 구조 문제로 항의도 해 보고 LH공사에서 윗집에게 경각심으로 공문을 보낸 적도 있음

▶ 소음이 심각할 때는 경찰 도움도 받아 봄

▶ 관할 구청에도 도움 요청했지만 해결책은 없었고 구청에서 안내하여 신청함

※ 위층 세대 - 할머니, 딸(성인)

► 씻거나 부엌조리를 하다가 순간적으로 무언가를 떨어뜨리기만 해도 천장을 망치로 치는 소리에 놀람

► 소음 유발에 대한 행동을 집에서 한 적이 없고 오히려 피해를 아랫집을 제외한 나머지 4가구가 모두 받고 있음

► 낮, 밤 상관없이 갑자기 괴성을 지르고 벽을 두드리는 소리에 오히려 수면 방해를 받고 있음

[민원인 요구사항]

밤이나 새벽 시간에 소음 줄여주기

[상담 후 조정안]

※ 위층 세대

► 소음으로 오해 살만한 행동은 자제 부탁(슬리퍼 착용 권유)

  ► 아래층에 대한 배려하기

※ 아래층 세대

► 다세대 주택이라는 구조 문제도 생각을 하고 이해하기

► 물소리 문제는 배관에서 흐르는 소리이므로 예민하게 생각하지 말기

■ 사례 3 : 인테리어 공사 후 더 심해진 소음(피해기간 : 2년)

[민원접수 내용]

현재 빌라에 거주한지 17년째임. 위층이 2년 전 이사를 오기 전까지는 소음이 전혀 발생되지 않았음. 위층이 입주하기 전에 내부 인테리어 공사를 하였음. 그로 인해 누수문제가 발생되었었고, 그 후로

는 발자국소리, 가구 끄는 소리 등이 들리고 있어서 가족 모두가 힘든 상태임.

[현장 확인 세대방문]

※ 아래층 세대(민원인) - 모, 성인 형제 2명

▶ 저녁부터 오후 12시까지 쿵쿵거리는 소리와 가구 끄는 소리가 발생함. 위층의 인테리어 공사 후 소음이 심하게 발생하는 듯함

▶ 부인을 제외하고는 직장생활 중

▶ 변화된 소음 양상으로 휴식을 방해받고 있고, 야간 시간의 소음으로 수면 방해가 있음

▶ 위층에 항의를 하였으나 개선이 안 됨

▶ 위층의 소음 행위를 중단했으면 함

※ 위층 세대 - 부부, 아들(고3, 고1)

▶ 심한 항의로 스트레스를 받고 있고, 우울증 증세도 있음. 소리만 나면 아래층은 쫓아 올라옴

▶ 최대한 소음을 자제하고 살고 있으나, 소음만 발생하면 아래층이 오인하여 항의를 함

▶ 적극적으로 참여하여 해결을 하고 싶음

[민원인 요구사항]

밤 10시 이후에는 소음이 발생되지 않도록 주의를 요함

[상담 후 조정안]

※ 위층 세대

▶ 가시적으로 카펫을 설치하고, 슬리퍼를 착용하여 소음 저감노력을 하기

로 함

▶ 발걸음에도 주의를 기울이기로 하고, 방문을 닫을 때나 화장실 문을 닫을 때도 주의를 하기로 함

▶ 야간시간에는 특히 주의를 더 하기로 함

※ 아래층 세대

▶ 직접적 항의 최대 자제하기로 함. 불만족 사항은 층간 소음관리사를 통해 전하기로 함

▶ 위층의 대책을 전달하고, 이로 인해 피해가 줄어드는지를 지켜보기로 함

▶ 배경음악 등으로 소음에 대한 집중도를 떨어뜨리고, 수면공간에 가습기, 분수대 등 음압발생 장치를 설치하는 것이 도움이 될 수 있음을 안내함. 일정 수준의 소음은 어느 정도 수인해야 함을 설명함

[3] 악기 소리

■ 사례 : 피아노 소리(피해기간 : 10년)

[민원접수 내용]

윗집에서 시도 때도 없이 쳐대는 피아노 소리로 인해 신청인이 정신이상(신경쇠약) 직전입니다. 약 10년 동안 좋은 말과 타협을 시도하였지만 일방적입니다. 수십 차례 관리실(경비아저씨)에 요청하였으나 무시하였으며, 심지어 112경찰에 신고까지 하였지만 무시하는 사람을 더 이상 이웃으로 생각하기에는 인내의 한계점에 도달하여 상담을 신청 드립니다.

[현장 확인 세대방문]

※ 아래층 세대(민원인)- 80대 노모, 50대 부부, 자녀

► 10년 정도 분쟁을 겪으면서 관리소 및 경찰이 중재를 해도 해결되지 않음

► 피아노 방이 고3 수험생의 방이고 심리치료를 받을 정도로 소음 피해가 큼

► 위층 사람도 내려와서 피아노 소리를 들은 적도 있고 위층에 방음장치를 설치하여 음소리는 들리지는 않지만, 페달 밟는 소리와 건반치는 소리가 들림

► 평일에는 10시~16시까지는 집을 비우니 제니오를 사용하여 원하는 대로 치고 16~17시까지 제니오 사용하였으면 좋겠음

► 주말에는 고3 수험생이 있으니 절대 안 쳤으면 좋겠음

※ 위층세대 - 50대 거주자, 고3, 중2 자녀

► 잦은 항의로 인해 피아노 방음장치를 다 설치하였고, 그럼에도 불구하고 부엌에서 조리 소리로 항의, 천장을 치는 보복소음 행위함

► 며느리는 피아노 안 치고 손자가 한 명이라 심심하여 피아노를 치고 있음

► 아침에는 안 치고 방과 후 한 시간 정도 침

► 아래층과 잘 대면을 하지 않으려 함. 말이 통하지 않고 자기주장만 내세움

► 주방에서 덜커덩하는 것도 아래층에서 항의를 함

[민원인 요구사항]

피아노 방에 2차 방음을 하기, 약속된 시간대에만 하기

[상담 후 조정안]

※ 위층 세대

► 아래층이 고3 자녀를 둬서 1년가량은 정온한 생활 유지하기

► 정해진 시간대에 제니오를 사용하여 피아노 치기

► 아래층이 비는 시간 10~16시는 제니오를 사용하여 원하는 시간대에 치기

► 가구 발에 테니스공을 끼워 소음 저감하기(현재 소음방지패드를 붙였지만 재질이 맞지 않아 소음이 조금씩은 발생하는 상태)

※ 아래층 세대

► 위층의 저감 노력을 인정해 주기

► 천장을 치는 보복 소음 및 항의를 한 달 정도 하지 않기

[4] 가전제품 소리

■ 사례 1 : 청소기 소리에 대한 항의(분쟁기간 : 7개월)

[민원접수 내용]

낮 시간 동안 청소기 소음이 들리면 천장을 두드려 아이가 놀랄 정도의 큰 소리로 대응

[현장 확인 세대방문]

※ 위층 세대(민원인) -부부, 자녀(2세)

► 낮 시간 동안 청소기 소음이 들리면 천장을 두드리고 친척이 방문하여도 항의함

►3월 쯤 밤 11시에 자고 있는 동안 시끄럽다 문을 두드리며 항의. 다음날 쪽지를 붙이고 감.

► 맞벌이 부부라서 집을 비우는 시간이 많음. 거실에 매트를 설치하였음.

※ 아래층 세대 – 신혼부부

► 빌라는 소음에 취약하여 청소기 소리뿐만 아니라 문을 쿵 닫는 소리, 가구를 끄는 소리 등을 포함한 전반적인 생활 소음이 크게 들림

► 위층과의 소통을 통해 소음저감 노력을 이해하고 서로 배려하기로 하였음.

[민원인 요구사항]

위층의 소음 저감노력에 대한 이해와 항의 자제

[상담 후 조정안]

※ 위층 세대

► 아래층과의 우호적인 관계를 유지하시기 바람.

► 아이가 뛰는 소리가 커질 경우 대비하여 매트 추가 설치 고려 권유

※ 아래층 세대

► 현재와 같은 이웃 간 소통이 가장 좋은 해결 방법임을 강조함.

► 추후 아이가 뛰는 소리 등의 문제가 다시 발생할 경우 우선적으로 상담사와 상의하기를 권유

■ 사례 2 : 저녁 및 새벽시간의 웅~하는 안마기 소리(분쟁기간 : 10개월)

[민원접수 내용]

야간 및 심야 시간에 소음 발생 자제 바람.

[현장 확인 세대방문]

※ 아래층 세대(민원인) - 80대 부부

► 부인은 집에 있고, 남편은 저녁시간 퇴근(80대 중반 노부부)

► 저녁 및 심야시간 안마기 소음으로 인해 수면제 복용으로 잠을 자는 등 민원인의 수면방해. 안마기 사용 자제 및 소음소리를 줄여주기 바람

※ 위층 세대 - 87세 노인, 50대 부부

► 노부(87세)는 직장 다님. 저녁 퇴근, 주로 아들(50대) 집에 있음

► 휴대용 안마기 사용으로 인한 소음은 거의 없으므로, 아래층 민원인이 예민하다고 생각

► 바닥 진동음 발생을 막기 위해 아버님 방에 침대 설치(침대위에서 사용

하면 진동도 거의 없음)

[민원인 요구사항]

야간 및 심야 시간 안마기 소리를 줄이거나, 사용 자제

[상담 후 조정안]

※ 위층 세대

► 아래층 민원인이 나이도 많고, 수면제 복용 등 수면을 못 취하고 있으니 지속적인 배려와 안마기 새벽 사용 자제 요청

※ 아래층 세대

► 위층에서 안방에 침대도 설치하고, 휴대용 안마기로 실제로 소음이 거의 들리지 않음을 주지시키고, 위층도 배려하고 있음을 요청

[5] 동물 소리

■ 사례 1 : 강아지 짖는 소리(분쟁기간 : 1년)

[민원접수 내용]

강아지 짖는 소음이 너무 심해 일상생활이 힘들 만큼 스트레스가 심함

[현장 확인 세대방문]

※ 아래층 세대(민원인) - 부부, 성인 자녀 1

▶ 두 층 위 세대에서 키우는 강아지 짖는 소음이 너무 심함.

▶ 직접방문 항의 시 다른 집개가 짖는 거라면서 인정하지 않음.

▶ 세대 간 감정 악화로 경찰도 출동할 만큼 골이 깊은 상태임

※ 위층 세대 - 부부, 성인 자녀 1

▶ 강아지 3마리를 키우고 있으나, 대체로 짖지 않음

▶ 저녁때 집으로 돌아올 때 가끔 짖기도 하지만 바로 제지시켜 별다른 소음이 발생하지 않음.

▶ 두 층 아래 세대의 과도한 항의로 스트레스를 받음.

[상담 후 조정안]

※ 위층 세대 애완동물(개짖음)소음에 대한 일반적인 권고내용을 전달함(개짖음 방지 마스크, 목걸이)

▶ 양 세대 간에 감정적으로 대하는 것을 피할 것을 종용함

※ 아래층 세대

▶ 강아지 짖음 방지 목걸이 착용 권유하겠음

► 다른 세대에서 기르는 개가 짖을 수 있음을 고려하여 과도한 항의 자제

► 양 세대 간에 감정적으로 대하는 것을 피할 것을 종용함

제3장 그 외 주거형태

■ 사례 1 : 낮 시간에 수면을 취하는데 나는 소음(피해기간 : 5개월)

[민원접수 내용]

어른은 뒤꿈치로 쿵쿵 찍듯이 걸어 다니고, 아이들은 하루 종일 TV도 안 보는 듯 집안에서 달리기를 합니다. 원룸인데 이렇게 작은 집에서 어떻게 하루 종일 쿵쿵대는지 너무 힘이 듭니다. 2번 올라가고 쪽지를 적어서 문에 붙여도 소용이 없습니다.

[현장 확인 세대방문]

※ 아래층 세대(민원인) – 신청인 1명(남)

► 오전 8시부터 오후 11시까지 쿵쿵거리는 발걸음 소리를 비롯한 아이들 뛰는 소음이 발생하여 스트레스를 받고 있음

► 오전에 퇴근해서 오후 쯤 취침을 함. 발걸음 소리로 인하여 잠을 잘 수가 없음. 지인이 왔을 때 어떻게 사냐고 이사를 가라고 할 정도임

► 소음으로 수면 방해를 겪고 있음. 음악을 틀지 않으면 잠들기 힘듦

► 관리사무소를 통해 여러 차례 항의를 하고, 주의를 해달라고 전달을 했으나, 개선이 안 되고 있음.

※ 위층 세대 – 어머니, 중학생(3명)

► 남편은 주말에만 오고, 가족이 집에 없을 때가 많음. 생업으로 낮에는 공실임

► 아래층 거주자의 얼굴도 모르고, 주의해 달라는 편지를 받기는 했었으나, 특별히 문제가 될 만한 것은 없는 상태임

► 아이들이 중학생이라 크게 뛰지 않고, 주말에는 집에 있지 않는다.

► 우리 층이 아닌 다른 집 아이들이 뛰는 소리를 오인하는 것 같음

[민원인 요구사항]

밤에 일을 해야 하기 때문에 낮 시간에 잠을 잘 수 있기를 간절히 원함

[상담 후 조정안]

※ 위층 세대

► 아래층 거주자가 야간 근무를 하기 때문에 낮에는 자야 하므로, 소음 유발 행위인 청소나 세탁기는 아래층 출근 후 오후 7시 이후에 하도록 권고함

► 낮 시간 이웃 간의 배려차원에서 슬리퍼를 신고, 발걸음에 주의하기로 함

► 아래층 수면 방 쪽에서는 주의를 더 하기로 함

※ 아래층 세대

► 생활패턴을 고려한 위층의 층간소음 저감노력을 통해 피해감이 줄어드는지 여부를 지켜보기로 함

► 불만족 사항은 층간소음관리사를 통해 전하기로 함

► 주간시간 수면으로 야간시간에 비하여 일정부분 이상의 소음도 수인해야 함을 설명함

► 잠자리 주변에 배경음악, 가습기 등 음압을 올리는 장치가 도움이 될 수 있음을 설명함. 파도 소리 등의 저주파 음이 도움이 됨을 설명함

■ 사례 2 : 창문을 쾅쾅 닫아 깜짝 놀람(피해기간 : 5개월)

[민원접수 내용]

원룸에 거주 중임. 위층에 여성 한 명이 거주한다는데, 몇 명이

거주하는지 발소리를 쿵쿵 거리고 창문을 쾅쾅 닫아서 깜짝 놀라게 됩니다. 한밤중에 자정이후 심지어 새벽 4시에도 귀가하는 것 같고, 들어온 이후에 발소리를 쿵쿵 거리며 돌아다니는 통에 잠에서 깨게 되고, 다시 수면을 취하기도 힘들어져 현재 불면증에 걸려 있습니다. 3차례에 걸쳐 방문하여 슬리퍼 착용 및 조용히 해달라고 하였으며 메모도 전달해봤으나 소용이 없습니다. 만일 제가 방문한다면 싸움이나 분쟁이 날까봐 참고 있습니다.

[현장 확인 세대방문]

※ 위층 세대(항의 피해) - 남(회사원)

► 밤 12시에서 새벽 4시 사이에도 발생함. 아래층은 밤 10시쯤에 수면을 취함

► 야간 시간대에 발걸음 소리와 문과 창문을 닫는 소리가 발생하여 수면 방해받고 있음

► 직접 항의도 해 보았으나, 여성 한 명이라 이야기하기 힘들어, 관리사무소를 통해 중재를 시도해 보았으나 개선이 힘듦. 본인 소음이 아니라고만 한다.

※ 아래층 세대 - 여(회사원)

► 혼자 살고 있으며, 늦은 시간에 퇴근하는 경우도 있지만, 자주 있는 일은 아니다.

► 위층도 쿵쿵거리는 소리가 난다. 아닌 것 같다. 원룸이라 소음에 취약한 것 같다.

► 아래층의 잦은 항의로 스트레스를 받는다. 가만있을 때도 관리실 통해 항의가 오기도 한다. 게다가 혼자 거주하는 상황이라 불안감이 크다.

► 이웃에 대한 배려차원에서 소음 저감 노력에 동참하겠다.

[민원인 요구사항]

밤 10시 이후 숙면을 취하고 싶기에 소음을 일으키지 않도록 요함

[상담 후 조정안]

※ 위층 세대

► 이해와 배려 차원에서 슬리퍼를 착용하고, 10시 이후의 야간 시간대에는 소음 유발행위를 주의해 줄 것을 요청함

► 추가로 빈 공간에 러그(카펫) 설치를 권유함

► 늦게 복귀할 시에는 특히 주의를 기울일 것을 요청함

※ 아래층 세대

► 위층의 소음저감 노력을 전달함

► 원룸의 특성상 소음에 취약할 수 있음을 설명함

► 배려된 소음은 용인할 수 자세가 도움이 될 수 있음을 설명하고, 수면공간에 배경 음압을 올려 명료도를 낮추는 것도 도움이 될 수 있음을 안내함

► 직접적인 항의의 자제와 불만족 부분은 관리사무소와 층간소음관리사를 통해 전달하기로 함

■ 사례 3 : 이사 온 후 아래층의 잦은 항의(피해기간 : 1년)

[민원접수 내용]

　1년 전 현재 집으로 이사 온 이후로 이사 온 첫날부터 아래층 아주머니로부터 아이들이 뛰는 소리 때문에 시끄럽다고 올라오더군요. 첫날부터 그래서 기분이 안 좋았지만 2살, 4살 된 애기들이라 주의를 주겠다고 얘기하고 돌려보냈습니다. 그 후로도 1년 동안 10여 차례 항의 방문이 있었습니다. 저희 집은 애들 노는 곳, 자는 곳에는 방음매트를 사서 깔았고요. 물론 돈이 많아 전체를 다 방음매트를 깔

면 좋겠지만 너무 비싸서 아이들 노는 곳이랑 자는 곳에만 깔았습니다. 애들 노는 거 가지고 뭐라고 하는 것뿐이 아니라 저녁 때 시끄럽다고 청소기 돌리지 말라고 하여 안 돌리고, 주말아침(9시경)에 청소기 돌리는 것 가지고도 쉬는 날 오전에 잠자고 있으니 시끄럽다고 문자 오더군요. 저도 오후에는 나가야 해서 지금 돌릴 수밖에 없다고만 했지만, 집에서 낮 시간에 청소기도 맘대로 못 돌린다 생각하니 기분이 씁쓸하더군요.

[현장 확인 세대방문]

※ 위층 세대(민원인) - 부부, 유아 2명(5세, 3세)

► 이사 온 후 아래층의 잦은 항의로 인한 스트레스를 호소하고 있음

► 소음저감 노력을 위해 거실, 아이들 방에 층간소음 매트를 설치하는 등 노력을 하고 있으나, 아래층의 항의가 지속되고 위협적인 행동도 지속되기에 신청하게 되었음

► 아이들은 어린이집 다녀와서 10시 이전에 취침을 하고 있음. 저녁을 먹는 시간대에도 항의를 하는 경우가 잦다. 늦지 않은 시간에도 항의를 하여 간섭받는 느낌이 든다

※ 아래층 세대 - 노부부, 성인 아들

► 애들 뛰는 소음과 어른 걸음소리, 청소소리, 가구 움직이는 소음 피해보고 있음

► 소음은 종일 시간대에 해당이다. 낮에는 휴식 방해에 수면방해도 있다

► 부인은 정신과 치료 중이라 요양이 필요하다.

► 위층에 항의 하면 잠깐 조용하고, 올라가 보면 뛴 적이 없다고 하거나 잠깐 뛰었다고만 한다. 소음을 인정하고 주의를 해 주었으면 한다.

[민원인 요구사항]

직접 올라와서 항의하는 것도 너무 잦은 항의도 하지 않았으면 함

[상담 후 조정안]

※ 위층 세대

► 매트를 아이들의 주공간의 동선 영역으로 재배치

► 어른들은 슬리퍼를 착용하고, 가구 부착 흡음재를 부착을 권고

► 10시 이후의 야간 시간대에는 주의하기로 함

※ 아래층 세대

► 위층의 소음을 위한 노력부분을 전달하고, 추가적인 노력을 실시함을 전달

► 직접적인 항의의 자제와 불만족 부분은 관리사무소와 층간소음관리사를 통해 전달하기로 함

■ **사례 4 : 걷는 소리, 개가 짖는 소리, 텔레비전 소리(분쟁기간 : 12 개월)**

[민원접수 내용]

성인 남자가 걷는 소리 등 생활 소음이 주된 원인으로 오피스텔이라 근무를 하는 동안 정신적 스트레스가 심하고, 항의를 했으나 오히려 무시하는 태도.

[현장 확인 세대방문]

※ 아래층 세대(민원인) - 30대 남자 1인, 낮 여직원 1인

► 오피스텔로 낮에는 근무하고, 밤에는 숙식

► 대로변 오피스텔로 낮에는 교통소음이 심함

► 낮에는 근무방해, 밤에는 수면 방해

► 아래층에서 우퍼를 설치하는 등 보복 조치를 취했으나, 위층 소음은 마찬가지임

※ 위층 세대 - 50대 남자, 20대 남자 2인(부자)

► 낮에는 3층에 별도의 사무실에서 근무. 20대 아들(프로그래머)이 오후에 일어나서 활동

► 밤에도 거의 밖에서 식사하는 등 소음에 신경 쓰는 편임

► 창문으로 나가는 소음으로 인해, 실내 에어컨을 설치하고, 낮에는 별도의 사무실에서 근무하는 등 다양한 방법으로 생활소음 줄이는 방법은 취함

► 아래층 민원인의 너무 예민한 반응으로 인해, 지금은 오히려 무관심한 상황

[민원인 요구사항]

　이웃 간의 분쟁보다는 서로가 배려하는 원만한 선에서 해결하고 싶음

[상담 후 조정안]

※ 위층 세대

► 위층 피민원인은 최대한의 배려를 했다고 하니, 지속적인 배려와 관심을 요청

※ 아래층 세대

► 피민원인이 사무실을 옮기고, 에어컨을 설치하는 등 다양한 방법으로 배려를 하고, 현재는 소음원이 제한되어 있으니 항의 등 태도의 유연성을 요청

■ 사례 5 : 아래층의 항의로 인한 스트레스(피해기간 : 10개월)

[민원접수 내용]

　현재 집에서 19년째 거주 중입니다. 민원이 없다가 작년 가을부터 갑자기 아래층에서 층간소음으로 항의를 하기 시작했습니다. 평소 집

에는 어머니 혼자 계시며, 아래층도 온 가족이 아닌 아저씨만이 시끄럽다는 불만과 함께 인터폰 및 저희 집으로 자주 찾아옵니다. 심지어 2박 3일 집을 비운 경우에도 시끄럽다고 나중에 인터폰이 울려 내용을 말씀드리면 믿지 않는 상황입니다. 이로 인해 온 가족이 1년 가까이 스트레스를 받고 있으며, 서로간의 해결이 되지 않아 접수하게 되었습니다.

[현장 확인 세대방문]

※ 위층 세대(민원인) - 부부, 성인 자녀

▶ 시도 때도 없이 아래층이 항의를 함. 집을 비운 적이 있었을 때도 항의를 하기도 함

▶ 잦은 항의로 인한 스트레스를 받고 있음. 아래층이 위협적 항의도 하여 불안함

▶ 성인들만 살고 있고, 소음요인이 적다. 우리도 다른 층 소음이 들린다. 모든 소음을 위층 탓만 하는 것 같다. 아래층이 예민한 것 같다

※ 아래층 세대 - 부부

▶ 뇌종양 수술 후 남편이 요양으로 종일 거주하고 있다. 휴양도 방해받고 있고, 잘 시간에도 소음이 발생하여 수면 방해도 받는다.

▶ 어른 발걸음 소리부터 물건 끄는 소리, 화장실 급배수 소음 등으로 피해를 받고 있음

▶ 몸이 안 좋기도 해서 참다가 올라가 보면 위층은 자기들 소음이 아니라고만 하고 개선을 할 의지가 없다.

[민원인 요구사항]

잦은 항의나 위협적인 항의를 하지 않았으면 함

[상담 후 조정안]

※ 위층 세대

▶ 이웃 간의 배려차원에서도 슬리퍼, 매트, 가구부착 흡음재 등을 통하여 소음 저감 노력을 하기로 함

▶ 야간시간(오후 10시 이후)에는 신경을 더 쓰기로 함

▶ 아래층과 메시지를 통해 상황을 주고 받기로 함.

▶ 아래층 세대 위층의 상황과 마음을 전달하고, 층간소음 저감 노력으로 피해감이 줄어드는지를 지켜보기로 함

▶ 공동주택에서 요양원 수준의 음압레벨을 유지하면 오히려 소음에 노출될 수 있음을 설명함. 소음에 대한 집중을 낮추고, 배경음악, 분수대 설치 등으로 음압을 높임

▶ 직접 항의 방문 자제 요청을 전달함. 메시지를 통해 상황을 주고 받기로 함

■ 사례 6 : 아래층의 잦은 항의로 인한 항의피해(피해기간 : 10개월)

[민원접수 내용]

이사 온지 한 8개월 정도 되었습니다. 이사 오고 한 이틀 지나서 아래층 여자가 친구라는 사람과 함께 올라와서 협박과 경고를 부인한테 하고 내려갔습니다. 이후 수시로 올라와서는 우리 집 애들이 뛰는 소리에 심장이 두근거려서 약까지 먹는다는 겁니다. 애들 등교시간에 시끄럽다. 또 자기 딸(중 1)이 낮에 과외를 해야 하는데 시끄럽다. 오후 4시에 자기 낮잠자야하는데 시끄럽다. 주말 아침에 자기는 늦잠을 자고 싶은데, 우리 애들이 너무 일찍 일어나서 시끄럽다. 말도 안 되는 거 가지고 시비를 겁니다.

[현장 확인 세대방문]

※ 위층 세대(민원인) - 부부, 딸(1명), 아들(2명)

► 아래층이 시도 때도 없이 항의를 함

► 오후 10시 전에는 취침을 하는데도 야간시간 소음으로 항의를 받음. 낮 시간에도 낮잠을 자야하니 움직이지 말라는 등 직접 항의와 인터폰 항 의가 지나치다.

► 최대한 주의를 하는데도 너무 지난 친 항의로 스트레스가 극심함

► 옆집에서 공사를 하는데도 우리 층에 항의를 한 적이 있음. 아래층이 너 무 예민한 것 같고, 온갖소음에 집착을 하는 것 같다.

※ 아래층 세대(소음 피해) - 부부, 딸(중1)

► 위층의 소음으로 인하여 휴식을 방해받고 있으며, 딸의 학습도 방해를 받고 있음. 수면 시간은 괜찮다고 함

► 4회 가량 위층에 방문을 했었고, 인터폰은 자주 했었음

► 관리사무소에서 주민자율협약체인 층간소음관리위원회에 접수하라고 했 으나, 그럴 필요 없다고 사양했음

[민원인 요구사항]

　작은 항의와 직접적인 항의를 하지 않길 원함

[상담 후 조정안]

※ 위층 세대

► 수면 시간대인 오후 10시 이후에는 신경을 더 쓰기로 함

► 아이들의 훈육에 신경을 쓰고, 아이들이 매트 위에서 활동하게 하기로 함

► 매트를 동선 위주로 이동하고, 슬리퍼를 착용하기로 함

※ 아래층 세대

▶ 위층의 상황과 마음을 전달하고, 층간소음 저감 노력으로 피해감이 줄어 드는지 여부를 지켜보기로 함. 추후 지속적인 관리함

▶ 배경음악 등으로 소음에 대한 집중도를 떨어뜨리고, 수면공간에 가습기, 분수대 등 음압발생장치를 설치하는 것이 도움이 될 수 있음을 안내함

▶ 낮 시간대에는 일정 수준의 소음은 어느 정도 수인해야 함을 설명함

▶ 직접항의 방문 자제 요청을 전달함. 불만족 사항은 관리사무소나 층간소 음관리사를 통해 전하기로 함

■ 사례 7 : 아래층의 항의와 보복 소음(피해기간 : 11개월)

[민원접수 내용]

아래층에서 발걸음소리로 항의를 함. 우리가 뛰지도 않았는데 전 화가 2~3번 왔다. 주기적으로 망치소리를 들은 적이 있었는데 우리 집에서 발생하는 소음이라고 항의를 한 적도 있다.

[현장 확인 세대방문]

※ 위층 세대(민원인) - 부부, 초등학생(5학년, 6학년)

▶ 오후 8시 이후 아래층이 발걸음 소리에 대한 항의를 함

▶ 맞벌이와 아이들 등교로 주간은 대부분 공실임. 퇴근·하교 후 식사를 하 고, 휴식을 취한 후 11시 정도에 취침을 함

▶ 항아리를 살짝 옮긴다거나 윷놀이 등 가벼운 소음이 발생해도 아래층은 즉각적으로 항의를 함. 아래층이 민감한 것 같음

▶ 우리 위층의 소음이 발생하면 아래층은 우리한테 항의가 옴

※ 아래층 세대(소음 피해) - 부부

▶ 오후 8시 이후 위층이 집에 돌아오면 온갖 소리가 남

▶ 발걸음 소리를 비롯하여 부산하게 움직임. 발뒤꿈치로 찍는 듯한, 조심성 없이 걷는 듯한 소음이 발생한다. 위층의 동선이 느껴질 정도이다.

▶ 위층은 대화를 하면 자기들은 아니라는 태도만 보임. 인정을 안 하고 개선의지도 없는 것 같다.

[민원인 요구사항]

직접적인 항의를 자제해 주었으면 함

[상담 후 조정안]

※ 위층 세대

▶ 가족 전원이 슬리퍼를 착용하고, 주요 동선에는 카펫, 러그 등으로 설치하여 층간 소음 저감노력을 실시를 권유함

▶ 특히 오후 10시 이후의 야간시간에는 주의를 더 하기로 함

▶ 발걸음 소리가 문제가 된 만큼 주의를 하기로 함

※ 아래층 세대

▶ 위층의 상황과 마음을 전달하고, 층간소음 저감 노력으로 피해감이 줄어드는지를 지켜보기로 함

▶ 상대적으로 낮은 음압으로 소음에 노출되기 쉽기에 배경음악 등으로 소음에 대한 집중도를 떨어뜨리고, 수면공간에 가습기, 분수대 등 음압발생 장치를 설치하는 것이 도움이 될 수 있음을 안내함

▶ 일정 수준의 소음과 간헐적 소음은 어느 정도 수인해야 함을 설명함

▶ 직접항의 방문 자제 요청을 전달함. 불만족 사항은 관리사무소나 층간소음관리사를 통해 전하기로 함

■ 편저: 대한법률콘텐츠연구회

□ 주요 저서

- 2023년 소법전
- 2023년 법률용어사전
- 형사사건 탄원서 작성방법
- 새로운 고소장 작성방법 고소하는 방법
- 민사소송 준비서면 작성방법
- 2023년 각종시험대비 판례법전

□ 주요 공·편저

- 자동차사고로 인한 손해배상
- 산재판례 100선
- 학교폭력 해소와 법률적 대처

층간소음, 반려동물, 주차문제, 간접흡연 등

이웃간의 분쟁!
이렇게 해결하세요!

2023년 7월 10일 초판 1쇄 **인쇄**
2023년 7월 15일 초판 1쇄 **발행**

편 저 대한법률콘텐츠연구회
발행인 김현호
발행처 법문북스
공급처 법률미디어

주소 서울 구로구 경인로 54길4(구로동 636-62)
전화 02)2636-2911~2, 팩스 02)2636 3012
홈페이지 www.lawb.co.kr

등록일자 1979년 8월 27일
등록번호 제5-22호

ISBN 979-11-92369-83-9 (13360)
정 가 28,000원